노산 이은상과 대통령


전점석 지음

**노산 이은상과 대통령**

**초판 1쇄 발행 2022년 11월 10일**

**지은이** 　전점석
**펴낸이** 　구주모
**편집책임** 김훤주
**디자인** 　박인미
**마케팅** 　정원한
**펴낸곳** 　도서출판 피플파워
**주소** 　　(우)51320 경남 창원시 마산회원구 삼호로38(양덕동)
**전화** 　　055-250-0190
**홈페이지** www.idomin.com
**블로그** 　peoplesbooks.tistory.com
**페이스북** www.facebook.com/pepobooks

**ISBN 979-11-86351-53-6  03910**

# 노산鷺山
# 이은상과
# 대통령

**전점석** 지음

도서출판
**피플파워**

# 목차

# 「가고파」에서 「새길론」까지

전점석(경남작가회의 회원)

연암 박지원이 창애(蒼厓) 유한준(兪漢寯, 1732~1811년)에게 보낸 편지에서 "마을의 꼬맹이에게 천자문을 가르치는데, 그 읽기 싫어함을 꾸짖자 '하늘을 보면 푸르기만 한데, 하늘 천(天)자는 푸르지가 않으니 그래서 읽기 싫어요!'라고 합디다. 이 아이의 총명함이 창힐을 기죽일 만합니다."라고 했다. 창힐은 옛날에 글자를 만든 사람이다. 한양대 정민 교수는 '모두들 아무 의심 없이 관성적으로 읽어오던 천자문을 두고 꼬마는 처음부터 헛소리만 가르치는 것'으로 여겼다고 한다.[1] 기교에만 능하고, 진실을 외면한 글은 마을 꼬맹이로부터 외면당하는 게 당연하다. 고등학교 시절부터 좋아했던 노산의 작품이 천자문의 '하늘 천자'가 아니길 바라면서 마산에 있는 「가고파」 시비 순례를 시작했다.

둘러보면 둘러볼수록, 찾아보면 찾아볼수록 이은상 인물 탐구는 흥미진진하였다. 먼저 사실 확인을 위해 광주와 왜관, 벌교, 거창, 통영, 거제, 삼천포, 김해, 마산 등지를 뛰어다녔다. 노산을 이해하기 위해서

---

1    『비슷한 것은 가짜다』, 정민, 113쪽, 태학사, 2000년

시조에 관한 책을 보고, 음악회, 전시회에도 갔다. 경북 칠곡에서는 낙동강 전투의 처절함을 알게 되었다. 그를 통하여 김성숙, 정인보, 이윤재, 안확, 최남선, 이광수, 조지훈, 안기영, 현제명, 홍난파, 김동진, 박태준, 윤이상 등을 알게 되었다. 처음에는 노산에 관한 연구서적을 구하여 읽었다. 노산문학회 자료집은 마산대 이성모 교수께서 주셨다. 월간 《피플파워》2017년 12월호부터 2년간 연재하면서 많은 분들로부터 격려와 정보제공이 있었다. 글을 쓸 때는 중요한 부분에 대해서 종적으로 당시의 시대적 배경을, 횡적으로 노산이 관계 맺은 인물들이 어떤 분인가를 살펴보았다. 부족한 부분을 보충하기 위해 경남시조시인협회와 화중련이 엮은 『노산 이은상 시조선집 가고파』와 노산문학회가 펴낸 『노산문학연구』를 참고하면서 연표를 만들어보기도 했다. 사실을 확인하는 과정에서는 시인 김태수와 친일역사전문가 정운현 선생을 알게 되었고, 「낙동강」 악보는 영화전문가 이승기 선생께서 주셨다. 수십 편의 석·박사 학위논문은 김용기 교수가 구해주었다. 마산지역 시인인 오하룡 선생과 가진 여러 차례의 토론은 항상 평행선이었지만 나에게는 균형감각을 잃지 않고, 사실에 근거하도록 자신을 돌아보는 좋은 시간이었다. 작성과정에서 특히 도움을 많이 받은 책은 김봉천 선생의 『노산 이은상 선생』과 김복근 선생의 『노산시조론』이다. 새로운 시각은 인천대 노지승 교수, 경남대 이선미 교수에게 배웠다. 이 자리를 빌려 모든 분께 감사드린다.

　　노산이 가장 영향을 많이 받은 분은 환산 이윤재이고, 해방 후의 어려운 시절에 감싸주신 분은 운암 김성숙이다. 이 두 분은 별도로 정리

했다. 이승만, 박정희 대통령 시절에는 이선근, 윤치영과 각별한 관계였다. 이분들과는 체제 내에 적극 참여한 것은 같았으나 그 방식은 서로 달랐다. 일제강점기의 눈부신 활동에서는 최남선, 이광수와 함께했으나 그들과도 다르다.

성장 과정과 학생 시절, 일본 유학 생활과 가족관계를 제외하고는 어지간히 살펴보았다. 집필은 충무공, 조선어학회, 친일문제, 국토순례, 대통령과의 관계, 시조, 비문, 노래 그리고 단체 활동 등 아홉 분야로 나누어서 작성했다. 그러나 노산이 열심히 살아온 활동의 폭과 깊이가 워낙 방대하여 글쓴이가 감당하기에 역부족이었다. 미진한 부분도 많다. 대표적으로 노산이 서울 생활을 정리하고 광양으로 내려오는 과정, 해방 후 광주에 있을 때 겪었던 여순사건 김지회와의 관계는 더 보완해야 할 부분이다. 여러 글 중에서 미흡함이 있음에도 불구하고 이번에는 해방 후에 초점을 맞추어 대통령과의 관계를 중심으로 책을 펴내는 이유는 가장 논란이 많은 부분이기 때문이다. 특히 우리 주변에 노산을 존경하는 사람이나 싫어하는 사람들 중에서 자기가 보고 싶은 부분만 보고, 보기 싫은 부분은 애써 비켜 가는 경우가 많다. 그런 식으로는 역사적 인물에 대한 객관적인 평가가 힘들다. 그래서 가능한 한 있는 그대로의 다양한 모습을 살펴보려고 노력했다.

글쓴이는 시조시인도 아니고, 우익 청년단체 회원도 아니다. 생전에 노산을 만나 뵌 적도 없다. 단지 고등학교 음악 선생님 덕분에 「가고파」를 좋아했다. 그래서 이 책의 처음 출발은 가고파 시비를 둘러보는 것으로 시작했다. 왜냐하면 대부분의 시민들도 비슷할 것이기 때문이다. 일제강점기의 노산은 조국 순례에서 보여주듯 관념적인 민족주의에 머물러 있긴 했지만 직접적인 친일 활동은 없었다. 그는 치열한 독립운동가도 아니었고, 스승을 배반하는 친일파도 아니었다. 그러나 해방후 이승만, 박정희, 전두환 대통령에 대한 자발적이며 적극적인 독재 부역은 그 정도가 너무 지나쳐서 그를 아는 사람들은 모두 변절자라고 욕하였다. 그런 비난을 노산도 알고 있었다. 어떤 분은 독재 부역이 아니고 '원로로서 자문'에 응했을 뿐이라고 변호하지만 사실은 자문에 그치지 않았다.

노산이 온갖 비난을 감수하면서도 흔들리지 않고 독재에 부역한 것은 분명 무엇인가를 위해서일 것이라고 생각하고 이 글을 쓰면서 계속 그걸 찾고자 했다. 친일과 항일을 구분하지 않을 정도로 중요한 것을 노산은 추구하였다. 그 해답을 다른 곳이 아니라 노산, 스스로에게서 찾아야겠다는 생각을 했다. 왜냐하면 작품은 아름답고, 독재 부역은 사실이기 때문에 각각 떼어놓은 상태에서는 도저히 이해할 수 없기 때문이다. 작품과 독재 부역이 하나라는 생각에서 출발해야 훌륭한 시조시인이며 청년운동가인 노산이 독재 부역을 한 이유를 찾을 수 있다. 노산은 전 생애에서 시조시 2천여 편, 충신, 의사, 열사들의 비문 2백여 편, 50여 권의 저서, 학교 교가 작사 수백 편을 남겼다.[2] 비록 일부분이긴 하지만 그곳에서 답을 찾기로 했다. 노산의 음성을 직접 들어야겠다는 생각에서 마산문학관, 창원대학교 도서관, 경남대표도서관, 경상남도 자료실 등에서 그의 저서를 구했다.

---

2    『한국시조시논총』, 한춘섭, 383쪽, 을지출판공사, 1990년

오랫동안 헤매다가 8·15해방 직후에 쓴 「대도론」과 5·16쿠데타 직후에 쓴 「새길론」을 읽고서야 비로소 노산이 '강력한 지도자'를 원했다는 걸 알았다. 주변의 평가에 연연하지 않고, 상상을 초월할 정도로 독재 부역을 열심히 한 것은 나름대로 생각이 있었기 때문이었다. 그의 간절한 관념적 민족주의가 파쇼체제와 영합하는 건 당연한 귀결이었다. 그는 세종대왕과 이순신 장군보다 더 강력한 지도자를 찾고 있었다. 그래서 이 책은 「가고파」로 시작해서 「새길론」으로 마친다.

이 책을 읽으시는 분들 중에는 너무 노산을 부정적으로 본다는 분도 있을 거고, 지나치게 좋은 점을 강조한다는 분도 있을 수 있다. 글쓴이는 두 가지 상반된 의견이 모두 맞다고 생각한다. 왜냐하면 노산의 이중성은 일반인의 상상을 훨씬 뛰어넘고 있기 때문이다. 글을 정리하면서 가장 단순한 원칙을 지키고자 했다. 좋은 건 좋다 하고, 나쁜 건 나쁘다고 한다는 원칙이다. 글쓰기는 가치판단과 감정을 가능한 자제하고 사실만을 나열하고자 했다. 그렇게 하는 것이 객관적이기 때문이며, 가치판단은 독자의 몫으로 남겨두고자 했다. 나름 노력하긴 했지만 군데군데 글쓴이의 생각이 묻어 있다. 어디까지나 개인 생각이다. 이 책은 글쓴이의 독창적인 저서라기보다 기존의 연구 문헌에 의지하면서 노산이 저서를 통해 직접 어떤 말을 하고 있는지를 살펴보고자 했다. 그러나 글쓴이의 지식과 경험이 짧아서 사실을 살피는 과정에서 잘 모르는 분야도 있었고, 본의 아니게 빠트리거나 사실과 다른 내용도 있을 수 있다. 언제든지 따가운 질책을 부탁드린다. 아무쪼록 이 책이 문학, 문학인과 권력의 바람직한 관계를 생각하는 데 조금이나마 도움되기를 바란다.

그리고 이 책에서는 시를 인용할 때 원문을 그대로 옮겼기 때문에 맞춤법이 틀린 곳이 있는 걸 양해해 주시기 바란다. 또한 전후 맥락에서 어색하지 않으면 이름보다 호를 주로 사용했다. 왜냐하면 아랫사람도 존칭 없이 부를 수 있는 게 '호'이기 때문이다.

여러 가지 부족한 부분이 있지만 한 권의 책으로 펴낼 수 있도록 수고해주신 경남도민일보사 출판국에 감사드린다.

2022년 9월

# 1. 「가고파」를 사랑하는 마산시민

　　나는 「가고파」라는 노래를 고등학교 시절부터 좋아했다. 부르면 부를수록 노래의 매력에 더 빠져들게 된다. 지금 생각해보면 반복되는 시조의 운율이 갖는 매력인 것 같다. 눈을 감고 노래를 부르다 보면 어릴 적 동무들과 뛰어놀던 장면이 떠오른다. 마산 출향 인사들은 어김없이 고향 바다의 파란 물과 물새들이 눈앞에 나타난다. 특히 '가고파라 가고파, 보고파라 보고파, 돌아갈까 돌아가, 찾아가자 찾아가'에서는 고향을 떠나 객지에서 생활하고 있는 모든 이들의 마음을 아련하게 한다. 시조시인 김복근은 거듭 반복되는 종장 끝 음보의 율조는 「가고파」가 시 자체로서 이미 음악성을 획득하고 있음을 입증하고 있다[1]고 한다. 임선묵은 '반복의 원리는 그리운 것을 더 그리운 것으로, 괴로운 것을 더 괴로운 것으로 항상 새로운 모습의 변화 속에 있게 한다.'고 했다.[2]

　　'가고파라 가고파'라는 식으로 그리움을 강조할 뿐만 아니라 이에

---

1　노산의 삶과 문학에 대한 재조명, 김복근, 189쪽, 『노산시조론』, 도서출판 경남, 2008년
2　『한국 시조시 논총』, 한춘섭, 409쪽, 을지출판공사, 1990년

추가해서 그 파란 물, 그 잔잔한 고향, 그 동무들, 그 뛰놀던 고향동무 등 과 같이 지시(指示) 관형어(冠形語) '그'를 사용하여 부르는 이로 하여금 어릴 적 고향을 구체적으로 보고 느끼게 할 뿐만 아니라 당장이라도 가 고 싶게 한다. 시조시인 한춘섭(성남문화원 원장)은 그의『한국 時調詩 논 총』에서 이 부분에 대하여 '가고파의 강조 수법에 대한 보충작업이다. 연(聯)이 거듭될수록 그리움이 솟아올라 새로운 추억으로 온몸을 사로 잡는 듯하다'[3]고 했다. 시조시인 이우종은「가고파」의 가사 중에서 '그' 라는 관형어를 첨가시킨 것은 시조 시어(詩語) 측면에서 가히 혁명적인 표현이라고 하였다. 당시의 일반적인 시조는 '파란 물 눈에 보이네/ 잔 잔한 고향 바다'라고 표현했다. 그런데 놀랍게도 '그 파란 물 눈에 보이 네/ 그 잔잔한 고향 바다'라고 '그'자를 보탬으로써 이미지의 선명함과 율격(律格)의 단조로움을 피했다는 사실은 놀라운 일이라는 것이다. 위 당 정인보는「가고파」에 대해서 "처음에는 어떤지 거칠게 느껴져서 불 평을 토로했으나 읽어 볼수록 또 다른 시조의 맛이 생기는 위대한 발견 이었다."라고 말하였다.[4] 서울대 구인환 교수는 노산의 문체와 화법이 '한번 붓을 잡으면 청산유수와 같이 흘러내려가고, 한번 말을 시작하면 밤새워 얘기'한다고 한다.[5] 노산은 낭송할 수 있게 글을 썼다. 눈으로 볼 수 있는 것이 아니고, 입으로 읽을 수 있게 표현[6]하는 것이 노산의 글쓰

---

3    『한국 시조시 논총』, 한춘섭, 399쪽, 을지출판공사, 1990년
4    노산시조에 나타난 염원(念願)의 사상, 이우종, 90쪽, 『노산문학연구』, 노산문학회, 1976년
5    노산의 문체론, 구인환, 136쪽, 『노산문학연구』, 노산문학회, 1976년
6    소설가 구인환이 1973년 1월 20일, 동지날 노산댁에서 김종문, 윤재천, 김해성과 같이 들 은 말이다.(노산의 문체론, 구인환, 142쪽, 『노산문학연구』, 노산문학회, 1976년)

기 특징이다.

### 마산 시내에 있는 「가고파」 시비를 찾아서

5년 전 어느 날, 노산 이은상의 시비를 살펴보기 위해 하루종일 마산 시내를 헤매었다. 마산문학관 1층에 전시되어있는 〈창원의 문학지도〉에는 노산의 「가고파」 시비가 돝섬 해상유원지, 마산여객선터미널, 양덕동 수훈공원, 자산동 통일동산, 창신대학 내 다섯 군데에 표시되어 있다. 먼저 마산합포구의 산호공원으로 갔다. 산책로에서 너무 안쪽에 세워져 있어서 글씨를 알아볼 수가 없었다. 네 개의 평평한 돌을 이어 붙인 병풍 모양으로 「가고파」가 새겨져 있었다. 뒷면에는 시인 김용호가 쓴 노래비 설명이 적혀 있으며 건립위원회 명예회장이 김팔봉[7], 회장이 김종신(金鍾信)[8]이라는 것과 박정희 대통령의 경호실장이었던 박종

---

[7]  1903~1985년. 본명 김기진. 1922년 가을부터 일본 유학에서 사회주의 사상과 노동조합 운동에 영향을 받았고 귀국하여 박영희, 김형원(동아일보 기자), 김복진, 이상화 등과 함께 파스큘라를 조직함으로써 카프를 결성하는 데 주도적인 역할을 하기도 했다. 1963년 9월 1일자로 출판된 박정희의 『국가와 혁명과 나』의 원고를 감수해주었다. 박상길이 대필한 이 책은 선거를 앞두고 자신의 정치철학과 국가 근대화에 대한 소신을 밝힌 책이다.(『박정희 6권 대통령 선거』, 조갑제, 200쪽, 조갑제 닷컴, 2006년)

[8]  1904~1978년. 일본 유학을 하면서 대부분이 그러했듯 공산주의와 민족주의에 영향을 받았다. 좌우합작 비타협 민족주의 단체인 신간회에 참여, 신간회 해체 이후 해방 전까지 마산에서 기업을 경영하는 등 일제강점기의 젊은 시절 진보적 민족주의자로서 활동하였고, 해방 이후 여운형 주도의 건국 준비 위원회에 참여하였으나 1945년 10월 미군정에 의해 일본인 재산(적산) 관리소장 임명, 동양 주정 공장 관리인이 되면서 우익 진영에서 활동했다. 1946년 5월 남선신문(現 경남신문) 초대 사장, 마산 상공 회의소 회두를 거쳐 1949년 마산 약주, 동양 주류, 소화 주류 사장을 지냈다. 1952년 자유당 마산시당 초대 위원장, 초대 마산시의원, 민선 시장(간선), 1954년 제3대 국회의원, 1958년 10월 자유당 마산시당 위원장, 1960년 2월 자유당 마산시당 상임 고문, 3·15 의거 이후의 마산 민심 수습대 5명 중 1명으로 참여했으나 민주당의 반발을 샀다. 1961년 5·16군사정변 후 창

규[9]가 기증했다는 것도 밝혀놓았다. 1970년 10월 24일에 만들어진 것을 시의 거리가 조성되면서 1990년 5월 1일, 산호공원으로 옮겨놓았다.

시인 고은은 그의 『만인보』에서 「김팔봉」[10]을 다음과 같이 소개하였다.

'6.25사변 서울에 남아 있다가/ 인민재판에서 사형선고/ 사형 집행되어/ 꿈처럼 시체 더미 속에서/ 살아나// 한밤중 기어나가 숨어 있었다/ 그렇게 살아나서/ 1961년 5월 군사쿠데타 뒤/ 그는 박정희를 지지했다/ 그런 뒤 수유리 드넓은 산기슭을 얻었다// 그는 이후락의 부탁으로/ 전국불교신도회 회장 노릇도 했다/ 불교와 상관없이/ 대통령 선거 지난 뒤/ 덤덤하게 물러났다' 그리고 김팔봉의 삶에 대해서는 '사람

당한 민주공화당에 참여, 중앙 상임위원이 되었다. 1969년 경남신문과 경남방송 사장에 취임하였다. 1972년 마산 문화TV방송 2대 사장으로 취임했다.(디지털창원문화대전에서)

9   14년간 경호실장 박종규의 위세는 대단했다. '수틀리면 장관, 도지사도 정강이를 차기 일쑤였다. 실제로 육사 8기 혁명주체로 문공장관을 지낸 홍종철은 박종규의 피스톨에 맞아 발목 관통상을 입기도 했다. ……대통령의 목숨을 책임진다는 경호실의 힘은 그만큼 막강했다. 박 대통령 같은 철권통치 권위주의 지도자를 둘러싼 경호팀은 더욱이 그랬다.'(『정치공작사령부 남산의 부장들2』, 김충식, 138~139쪽, 동아일보사, 1992, 『한국현대사 산책 3권』, 강준만, 283쪽, 인물과 사상사, 2002년) 대한체육회 회장, 국제올림픽위원회 위원, 서울올림픽 조직위원회 부위원장, 국회의원, 경남대학교 이사장을 역임했다. 1980년 5월 13일, 박정희 시대에 청와대 경호실장으로 폭력적 권력을 휘둘렀던 박종규 의원이 공화당을 탈당했다. 자신은 부정축재를 한 것이 없다고 하면서 최규하 정권에 공개조사를 요구한다고 발언했다. 그때까지는 김종필 씨에게 붙어서 잔명을 유지하려고 재산의 일부를 공화당에 헌납할 것이라고 알려졌지만 갑자기 태도를 바꾼 것이다. 그의 공화당 탈당에 대한 여론은 김종필 밑에서는 더 이상 잔명을 보존하는 것이 불가능하다고 판단하여 전두환 편에 선 것으로 보았다.(『제5공화국』1권, 岩波편집부, 황인 옮김, 185쪽, 도서출판 중원문화, 1993년) 1930년생으로 서울대 병원에서 1985년 12월 3일, 간암으로 사망. 같은 1930년생인 소설가 오상원도 같은 날, 같은 병원에서 같은 암으로 죽었다.(『1980년대 글동네의 그리운 풍경들』, 정규웅, 235쪽, 책이 있는 마을, 2018년)

10  『고은 전집』제14권, 고은, 646쪽, 김영사, 2002년

산호공원에 있는 가고파 시비

같은 사람이었다/ 시대의 깨달음과/ 시대의 실패/ 그리고 시대의 혼란 가운데서/ 터벅터벅 걸었다'라고 터벅터벅 걷는 모습으로 요약하였다. 그리고 「박종규」[11]를 다음과 같이 소개하였다.

'야전복이 몸에 밴 장교/ 1961년 5월 16일 밤 이제/ 그 쿠데타 이래/ 박정희 뒤에 항상 서 있는 사람/ 네모진 눈/ 네모진 광대뼈/ 굵은 목소리에는/ 어떤 고민도 사색도 없다// 그 아래 손아귀에는/ 묵직한 권총이 들려 있어

---

11 『고은 전집』제15권, 고은, 367, 646쪽, 김영사, 2002년

야 한다/ 이 새끼/ 김형욱 이 새끼// 경쟁자 김형욱의 독오른 이마에/ 권총 구멍 들이대며 윽박지른다// 피스톨 박/ 경호실장 피스톨 박/ 벌써 그의 고향 많은 땅을 사들였고/ 그 영달깨나 치솟았다가/ 대통령 암살 미수사건/ 즉 대통령 부인 피살사건 이후 물러났다// 그래서 사격대회장 피스톨 박'

　다음은 산복도로로 갔다. 식당 「소반」 건너편의 도로변에 「民族統一」이라는 글이 크게 적힌 비석 옆에 「가고파」 시비가 세워져 있다. 그런데 시비에는 언제, 누가 세웠는지 표시되어 있지 않지만 「민족통일」 비석에는 1991년 12월 3일 민족통일마산시협의회가 통일동산을 조성했다고 새겨져 있다. 주민들은 약수터가 인근에 있을 때는 많은 사람들이 찾았다고 한다.

　양덕동 수훈공원을 찾기가 어려웠다. 삼각지공원 파출소에 물어보았는데 인터넷 검색을 하고서야 가는 길을 알려주었다. 알고 보니 주소지는 양덕동 933-15 석전삼거리 소공원 안에 있었다. 성은교회 건너편의 도로변이다. 이곳은 국가보훈처가 지정한 현충시설인데 가운데 있는 무공수훈자전공비를 중심으로 오른쪽에는 공훈비, 왼쪽에는 시비가 각각 세워져 있다. 시비의 앞면에는 「가고파」가, 뒷면에는 유호가 작사한 「전우야 잘 자라」가 새겨져 있다. 무공수훈자 마산시지회, 마산시, 마산시의회가 참여한 건립추진위원회가 1990년 10월 15일 전공비를 준공하였고, 공훈비는 2005년 10월 15일에 국무총리가 했다고 되어 있는데 시비에는 2004년 12월 31일이라고 날짜만 적혀 있었다. 수훈공원은 6.25와 월남전 참전 군인들을 기리기 위해 조성하였다.

　그 다음은 여객선터미널로 갔다. 터미널은 다른 곳으로 임시 이전

하였고 건물은 철거하였는데 주차장 옆에 1981년 9월 23일 준공을 기념하여 「밝아오는 마산항」이라고 세로로 크게 적힌 기념비가 있었다. 대호건설이 기증한 이 기념비의 하단에 「가고파」를 새겨놓았다. 자세히 살피지 않으면 찾을 수 없다.

끝으로 창신대학, 구 캠퍼스를 생각하다가 혹시나 하는 생각에서 이전한 창신대학교를 헤맸으나 시비를 찾을 수 없었다. 곧바로 양덕동 창신고등학교로 갔더니 교회 건물 앞에 세워져 있었다. 창신학교 졸업생이니까 당연한 일인데 미처 생각을 못해서 헤매었다. 창신고등학교

마산역 광장에 있는 가고파 시비

에서 2011년 3월 1일에 세웠는데 시비에 「가고파」와 함께 학교 마크도 새겨져 있었다.

　가장 최근에, 가장 크게 세운 「가고파」 시비는 2013년 2월 6일 국제로터리 3720지구가 마산역 광장 앞에 세운 것이다. 마산역장이 제안하여 진행되었다.[12] 글씨는 서예가 다천 김종원이 썼고, 뒷면의 약력 정리는 노산시조연구회의 김복근 회장이 했다. 약력에는 안중근 의사 승

---

12　『시민을 위한 도시 스토리텔링』, 김태훈, 153쪽, 피플파워, 2017년

마산역 광장에 있는 민주성지 마산수호비

모회장[13], 광복회 고문, 독립운동사편찬위원장 등이 적혀 있다. 이 시비

---

13  안중근 의사 숭모회는 1963년 12월 친일, 항일인사들이 모여 만든 단체이며 초대, 3대
    이사장 윤치영(1898~1996년)은 일제시대 미국에서 이승만을 도와 독립운동을 하다가
    1938년 전향성명서를 발표하고 조선임전보국단에서 활동하면서 침략전쟁을 찬양하고
    대동아전쟁 참가를 청년에게 독려하는 시국강연회를 하였다. 그의 친일 행위가 논란이
    되어 2010년 국가 서훈이 취소되었다. 2대 이사장이 이은상이며 그 후 백두진도 역임하
    였다. 이 단체가 나서서 남산에 있던 기념관을 철거하고, 그 자리에 순국 100주년 기념관

가 세워지고 난 뒤 철거 문제가 불거졌다. 3·15마산의거를 하루 앞둔 3월 14일에 시비 철거를 주장하는 시민단체에서는 페인트를 끼얹고 검은 천으로 뒤덮는 등의 시위를 했다. 계란 투척, 밀가루 세례를 퍼부어 곳곳이 얼룩져 흉물스러웠다. 찬성하는 쪽에서는 7월 9일, 시비 보존 궐기대회를 열었다. 옥신각신하다가 결국 마산역 앞의 시비 문제는 가고파 시비 옆에 민주성지 마산수호비를 세우는 것으로 마무리되었다. 8개월 동안의 치열한 싸움이었다. 현재 마산사태 불합리, 불상사 등의 글씨가 적힌 둥근 기둥 모양의 녹슨 쇠가 세워져 있다. 2013년 10월에 3·15정신계승시민단체연대회의, 전국철도노동조합 부산지방본부, 민주노총 경남지역본부 등이 함께 세운 〈한국민주주의의 요람 민주성지 마산수호비〉이다. 시인 오하룡은 그의 시 「마이동풍」[14]에서 '……/ 지금 마산역 광장 한쪽 「가고파」 시비 곁에/ 이런 마이동풍 식 주장 새긴 쇠붙이 조형물/ 굳건히 세워놓은 철면피 있으니'라고 비난하였다. 이런 논란은 순천에서도 있었다. 순천만 정원 내에 있는 한국정원 앞에, 노산의 「나무의 마음」 시비가 세워져 있다. 2013년 정원박람회 개장을 앞두고 폭 3m, 높이 5m의 큰 돌에 새긴 시비이다. 그런데 순천예총과 문협 회원들 중에서는 철거해야 한다고 주장하는 분들이 있었다.[15]

마산역 가고파 시비 논란은 이미 14년 전 1999년 8월 마산시가 이

---

을 짓기 위해 모금운동을 할 때 안중근의사 기념사업회(회장 함세웅)와 민족문제연구소에서 문제제기를 하였다.

14  마이동풍, 오하룡, 19쪽, 《경남PEN문학》 2018년 제14호, 국제펜한국본부경남지역위원회

15  순천만 정원에 설치된 이은상 시비 논란, 이종관, 순천광장신문 2014년 4월 16일(www.agoranews.kr)

은상기념관을 짓겠다는 계획을 발표할 때부터 그의 친일 의혹과 독재 부역 행위는 지역의 큰 쟁점이었다. 결국 마산시 의회가 나서서 여러 의혹과 쟁점을 분명히 하기 위해 2000년에 『노산 이은상 탐구』라는 제목의 보고서를 펴냈다. 처음에 이은상 기념관으로 기획되었던 기념관은 이러한 우여곡절을 겪으면서 마산문학관으로 이름을 바꾸어 2005년에 개관되었다.

### 신중현과 베토벤은 음악만 할 줄 알았던 게 아니다

마산 노산동에 조성해놓은 가고파 거리에는 이은상 안내판이 있는데 3·15의거를 폄훼했다는 친독재 전력도 적어놓았다. 한편 시인 오하룡은 마산역 광장에 있는 「한국 민주주의의 요람 민주성지 마산 수호비」를 「이은상 선생 폄훼 철판비」[16]라고 부른다. 폄훼(貶毁)는 다른 사람을 깎아내릴 뿐만 아니라 헐뜯는다는 뜻도 포함되어 있다. 노산이 3·15를 폄하했는지, 시민단체가 노산을 폄훼했는지는 노산이 살아온 삶 전체를 진지하게 살펴보면서 판단해야 할 문제이다. 일부 시민들은 그 시대의 험악한 상황에 대해 지금을 기준으로 평가하는 것은 옳지 않다는 견해도 있다. 어쩔 수 없어서 유신을 지지했을 것이니 이해하자는 의견이다. 원로의 적절치 못한 처신을 변호하기에는 너무 옹졸하고 궁색한 논리이다. 무소불위의 권력으로 인해 한 치 앞도 보이지 않던 그 시대에도 민주주의를 위해 목숨을 걸고 권력에 저항했던 사람이 있었다.

---

16 《창원의 숨결》2015년 제3호, 130쪽, 창원문화원

한국 록의 대부 신중현에게 1972년 유신 직전에, '박정희 대통령의 새로운 통치를 내용으로 한 노래를 만들어 달라' 즉 박정희 찬가를 만들라는 주문을 했는데 신중현은 단호히 거절했다. 이 거절 이후 박 정권은 신중현의 공연장에 늘 경찰을 내보내 단속을 하게 했고, 나중에 '대마초 파동'이라는 결정적인 보복을 하였다.[17] 신중현은 노래만 부르는 음악인이 아니었다. 시인 고은은 그의 만인보에서 「신중현」[18]에 대해 다음과 같이 소개하였다.

'…… // 대통령 아들인 고등학생이 대마초꾼이었다// 미8군 밤무대/ 히피들이 퍼뜨린 대마초/ 그 환각의 왕이기보다/ 록음악의 왕이 있었다/ 신중현// 본디 전후의 폐허 명동에서 전쟁고아 구두닦이였다/ 작은 키/ 작은 몸 매운 고춧가루 가득 차/ 좀처럼 점수를 주지 않는 사람이었다/ 거만한 눈꼬리에다/ 메기 입에다/ 그가 기타 하나 들고 앉은 듯 서서/ 그가 작곡한 노래 마수걸이로 온 나라에 퍼졌다/ 이웃나라에까지// 박정희 찬가 지으라 했는데 사절했다/ 죽도록 지하실 고문 받았다/ ……'

베토벤은 자신의 모든 힘을 발휘해 나폴레옹에게 바칠 걸작을 작곡하였다. 그러나 멀리 파리에서 나폴레옹 보나파르트가 자기 손으로 왕관을 쓴 황제에 즉위했다는 소식을 듣고 '보나파르트'라고 적혀 있는 악보 사본의 표지를 갈기갈기 찢어버렸다.[19] 나폴레옹이 귀족들의 우

17　『한국현대사 산책』 1권, 강준만, 290쪽, 인물과 사상사, 2002년
18　『고은 전집』 제15권, 고은, 107쪽, 김영사, 2002년
19　『세상을 바꾼 예술 작품들』, 이유리, 임승수, 37쪽, 시대의 창, 2015년

두머리인 황제에 등극했다는 사실에 배신감을 느낀 것이다. 2년 뒤인 1806년의 교향곡 3번 「영웅」을 출판하면서 한 사람의 영웅을 회상하기 위해 작곡했다는 문구를 적어놓았다. 베토벤 역시 작곡만 할 줄 아는 음악인이 아니었다.

### 시의 거리에서 맑은 영혼을 담은 시를 만나고 싶다

노산의 시비는 이외에도 돝섬과 자산동 약수터에도 가고파 시비가 있고[20], 임항선에는 「고향생각」, 노산동의 마산문학관 앞에는 「옛 동산에 올라」 시비가 있다. 2012년 6월 20일 창원시 문학관운영위원회가 세워놓았다. 돝섬 이외는 모두 둘러보고서 느낀 점은 정말 각계각층의 많은 사람들이 노산 특히 「가고파」를 사랑하고 있다는 사실이다. 물론 2개를 제외하고 모두 노산이 돌아가신 후에 세워진 것이다. 만약 노산이 이렇게 많은 시비가 세워져 있다는 걸 아신다면 뭐라고 말씀하실까? 분명 고마워하면서 미안하다고 하실 것 같다. 마산 시민들이 자신에게 과분한 사랑을 준다시며 불의에 저항한 3·15를 불상사라고 한 것을 이해해달라고 하실 것 같다. 마산 이외에 충청남도 보령시 성주면 개화예술공원에도 「가고파」 시비가 세워져 있다.[21]

마산합포구 추산동에는 특별한 조각이 있다. 창원시립문신미술관 일대에 조성된 조각공원이다. 2010년 창원조각비엔날레의 전신인 문신 조각 심포지엄 때 설치된 작품들로 '자연과 생명의 균형-불균형

---

20  『마산의 시비와 시』, 마산문인협회, 29, 79쪽, 도서출판 경남, 2012년
21  『한국의 노래비』, 심재영, 이지환 엮음, 248, 400쪽, 나무향, 2018년

(Symmetry-Asymmetry in the Nature)'을 주제로 작가들이 직접 현장을 찾아 완성한 작품들이다. 마산 출신 박종배, 진해 출신 박석원을 비롯해 로버트 모리스(미국), 피터 버크(영국), 장 뤽 빌무스(프랑스), 데니스 오펜하임(미국), 세키네 노부오(일본), 가와마타 타다시(일본), 쉬빙(중국), 왕루옌(중국) 등 총 10명의 작품이 전시돼 있다. 자연, 생태, 환경에 대한 작가들만의 다양한 시선을 감상할 수 있다. 미술관으로 올라가는 계단 근처 숲에도 작품이 숨어 있다. 수풀 속에 줄줄이 놓여 있는 돌 징검다리에는 독특한 글자가 새겨져 있다. 작가가 노산의 「가고파」를 자신만의 독특한 방식으로 조형한 한자를 새겨놓았다. 문자가 조형적 형상을 지닌 상징 기호로 읽히면서 감상자들을 색다른 사색과 명상의 공간으로 안내한다.[22]

시인 조남훈은 그의 시 「詩碑 또는 是非」에서 '시비를 세운다고/ 돌에는 탄탄한 문장 가득하다/ 돌에는 덧씌울 문장이 없다/ 시비를 세운다고/ 詩마저 죄짓게 하지 마라/ 돌에 죄짓지 마라. 시인들이여'[23] 나는 솔직히 이유는 알 수 없지만 시비에 시비를 거는 시인의 죄짓지 말라는 주장에 동의할 마음은 전혀 없다. 왜냐하면 우리들의 생활환경 속에 시비가 없다면 무척이나 삭막할 것이기 때문이다.

88올림픽이 열렸을 때 한국시인협회와 현대시인협회가 11월 1일을 '시의 날'로 제정하였다. 마산시에서는 3·15아트센터 개관을 앞두고 전국에서 최초로 '시의 거리 추진위원회'를 구성하여 산호공원에 시

---

22    수요문화기획 창원의 조각공원, 경남신문 2018년 1월 2일
23    詩碑 또는 是非, 조남훈, 147쪽, 《작은문학》 2017년 상반기, 통권 제53호, 도서출판 경남

비를 세우고, 1990년에 시의 거리로 명명하였다. 2008년 5월에는 문향, 마산의 전통을 잇기 위해 시의 도시, 선포식을 하였다. 2012년에는 임항선 그린웨이 준공과 더불어 목비를 세웠고, 같은 해 6월에는 마산 문학관 입구에 석비를 세웠다. 돝섬에는 시와 함께하는 산책로를, 3·15 국립묘지에도 시가 있는 길을 조성했으며 상남동 고인돌공원에는 시가 흐르는 공원을 조성해놓았다. 마산문인협회는 시의 도시, 선포 9년째를 맞이하여 2017년 5월 6일 임항선 시의 거리에서 기념행사를 하였다.

시비를 통하여 시인과 독자가 아름다운 대화를 꽃피울 수 있을 것 같다. 다만 현실도피와 이념적 편향이 아니라 아름다운 미래를 꿈꾸는 맑은 영혼이 살아있는 시를 만나고 싶다.

## 2. 한국청년운동협의회 활동과 가고파시비보존결의대회

### 1962년, 첫 번째 휴전선 종주를 다녀와서

1962년 첫 번째 휴전선 종주를 하고 나서 노산은 그냥 이대로 있어서는 안 된다는 생각으로 청우회 제2대 회장이 된 1965년 10월 10일부터 죽을 때까지 무려 17년이나 열심히 활동했다. 이 단체야말로 휴전선을 걷어내고 통일 조국의 미래를 건설하는 가장 좋은 방법이라고 생각한 것 같다.

청우회는 세 가지 사업을 했는데 하나는 전국 곳곳에서 순국한 반공청년운동자들에 대한 합동위령제이고, 둘째는 수많은 순국 청년들의 유가족을 찾아내어 국가의 원호를 받게 하는 일이고, 셋째는 반공청년운동 기념비석을 전국에 건립하는 일이었다. 1969년에는, 반공청년운동기념비 건립과 함께 청우회의 지도 정신을 책자로 간행하였는데 1권은 이은상이 4~5년 동안에 걸쳐 회합이 있을 때마다 수많은 청년들을 지도해온 강연내용을 모아서 『짧은 일생을 영원한 조국에』라는 제목으로 펴낸 책이다. 2권은 청우회의 상임고문인 하성 이선근이 쓴 한국 역사에 관한 논문과 청년운동에 관한 글을 모은 『민족의 혈맥』이며, 3권

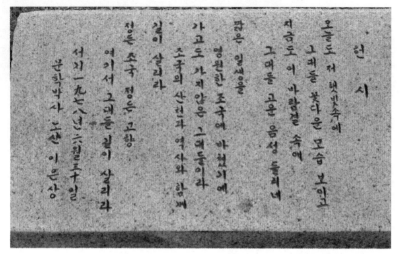

서울 남산에 있는 반공청년운동기념비 헌시

은 청우회 부회장 선우기성과 간사장 김판석이 공동 집필한『청년운동의 어제와 내일』이다.[1] 1969년 6월 25일에 쓴 제1권 머리말에서 청우회 선전부는 '조국광복을 위한 일제에의 항쟁과 해방 후의 건국을 위한 반공투쟁은 그 형태상으로 보아서는 성격을 달리하는 것이지마는 실상 내용에 있어서는 일맥상통한 것이다'라고 하였다.[2] 청우회는 스스로 자기 성격을 항일과 반공으로 규정하고 있었다.

1965년 10월 10일, 청우회 회장으로 추대된 노산의 취임사는 「뭉치는 방법」이라는 제목이었다. 모래를 뭉치게 하는 데에는 시멘트가 필

1   『한국전쟁과 기독교』, 윤정란, 255쪽, 한울아카데미, 2016년
2   『짧은 일생을 영원한 조국에』, 이은상, 1쪽, 횃불사, 1969년

요하고, 물과 시간도 필요하다고 하면서 지도이념과 사랑을 강조하였다. 국민을 단합하기 위해서 청우회 회원들의 시멘트 역할이 중요하다는 주장이다. 노산은 '청년운동이 애국운동'이라고 생각했고, 회장으로 추대된 것을 영광스럽게 생각하였다.[3] 노산은 회장 하기 전부터 청우회를 알고 있었다. 1965년 3월 22일에 쓴 「나발 부는 사나이」는 통일과 근대화에 앞장서는 청우회 회원들을 가리킨다. 청우회 회원들이 바로 마을을 내려다보며 나발 부는 사나이이다. 이 시에서 노산이 얼마나 청우회 활동을 중요하게 생각했는지를 알 수 있다.

> '새벽마다 뒷산에 올라/ 나발 부는 사내가 있다/ 온 마을을 내려다보며/ 나발을 분다/ …… / 가시밭길에 불을 질러/ 옥토를 만들려고/ 높은 고개를/ 헐떡이며 넘어간다// 나발 소리는 앞을 간다/ 모두들 뒤따라 춤추듯 간다'

1966년, 청우회의 새해 첫날 모임에서는 「제 뜻으로, 제 힘으로」, 1967년에는 「무서운 자각, 무서운 전진」, 1968년 청우보 창간 4주년 기념사는 「새롭고, 의롭게」, 1969년을 맞이하면서 「쓰이는 사람」이라는 주제로 사랑하는 청우회 동지들에게 강연을 하였다. 그 외에도 청년간담회, 학생모임, 여자청년모임, 소년화랑단 모임에서도 많은 강연을 하였다.

1967년 3월 31일에 열린 민족문화협회 창립 2주년에서 노산이

---

3    『짧은 일생을 영원한 조국에』, 이은상, 223쪽, 횃불사, 1969년

행한 기념강연 제목이 '짧은 일생을 영원한 조국에'였다. 1968년 5월 17일 마산 창신고등학교 개교 60주년 기념강연회에서도 노산은 이 제목으로 강연을 하였고, 1969년, 횃불사에서 발간한 책 제목이기도 하다. 이 구호는 노산의 지도이념을 가장 정확히 나타내고 있다. 민족문화협회에서는 '내 얼 지니고 인류의 광장에'와 함께 이 구절을 표어로 제정하였고, 청년운동단체인 청우회에서도 표어로 채택하여 전국의 청년운동자들이 생활의 지침과 신조로 삼았다. 이 제목의 노래도 지었는데 작사는 이은상, 작곡은 김동진이다.[4]

'동방에 터전을 잡고 자유 평화 정의를/ 생명보다 더 사랑하는 슬기론 겨레가 있다/ 여기 역사의 옛 땅에 문화의 탑을 쌓아올리는/ 정열과 의기로 뭉친 보람찬 대열이 있다/ 가슴에 다짐하는 말 짧은 일생을 영원한 조국에/ 영광이 약속된 걸음 내 얼 지니고 인류의 광장에'

1968년 2월 8일 청우회 회원들에게 행한 「통일은 눈물과 땀과 피를!」이라는 제목의 강연에서는 "피의 희생을 각오한다는 자신의 말이 반드시 어떤 무력에 의한 통일을 뜻하는 말은 아니라"고 하면서 그러나 그것은 "상대방의 악과 침공을 이길 수 있는 힘, 평화통일을 뒷받침 할 수 있는 힘의 축적과 함께 그 힘의 최후 발휘를 요구하는 역사의 명령이 있을 때면 조금도 주저 없이 거기에 응할 수 있는 의기, 그것을 뜻하는

---

4    『짧은 일생을 영원한 조국에』, 이은상, 408쪽, 횃불사, 1969년

것임을 잊어서는 안 된다."[5]라고 하였다. 무력 통일에 대한 노산의 이중성을 나타낸 말이다. 노산은 1969년 1월 12일, 청우회 회원들에게 행한 「인간개조란 것」이라는 주제의 강연에서는 조국 근대화의 모든 과업을 수행하기 위해서는 자주적 인간상, 협동적 인간상, 전진적 인간상으로 개조되어야 함을 강조하였다. 노산은 인간개조의 유형과 역사를 살펴본 다음 아무리 좋은 수양 항목도 그 시대가 요구하는 민족적 투쟁을 선행하지 않으면 도리어 굴욕적인 역작용을 하게 된다고 했다. 그가 말한 민족적 투쟁은 청우회의 활동을 의미하고 있었다.

### 청우회 중앙본부 제2대~10대 회장으로 17년간 활동

6·25 전후 시기에 이 청우회 활동을 하다가 죽은 회원을 건국운동 순국열사라고 부르는데 노산은 이들의 죽음을 누구보다 더 아파했고, 그 정신을 이어받아야 한다고 주장하였다. 이승만의 단독정부가 수립되는 과정, 제주4·3과 여수 그리고 전국 곳곳에서 있었던 일이다. 노산이 제2대 회장으로 취임한 지 4년이 지난 1969년 6월 25일, 청우회 중앙본부 반공청년운동 기념비 건립위원회가 박정희 대통령의 하사금과 정일권, 김종필, 이범석, 유진산, 안호상, 이후락, 방일영, 김성곤 등의 성금으로 반공청년운동 기념비[6]를 서울 남산에 세웠다. 건립위원회의 회장은 이은상이고, 상임고문 이선근, 고문 이범석, 유진산, 안호상, 전진

---

5  『짧은 일생을 영원한 조국에』, 이은상, 75쪽, 햇불사, 1969년
6  기념비 건립취지문에는 청우회(晴雨會)라고 되어있고, 홈페이지(www.geonguk.or.kr)의 소개 – 연혁과 총람-발자취 기록사진에는 청우회(靑雨會)라고 되어있다. 홈페이지에 소개해 놓은 역대 회장 명단에는 청년우인회(청우회)라고 되어 있다.

한, 임영신이었다. 기념비 제막식 사진을 보면 노산과 함께 이선근, 정일권, 김성곤이 참석하였다.[7] 앞면에는 세로로 노산이 쓴 「짧은 인생을 영원한 조국에」[8]가 새겨져 있다. 뒷면에는 역시 노산 이은상이 쓴 감동적인 비문이 새겨져 있다.[9] 청우회의 노래이기도 하다.

'해 돋는 동방의 나라/ 아름다운 내 조국/ 화랑의 얼을 이어받은 너와 나/ 피와 사랑으로 얽힌 동지여/ 자유 평화 정의의 깃발을 들고/ 승리의 신념으로 뭉쳐 나가자/ 밝고 바른 영광의 새 역사/ 이루기까지 이루기까지'

기념비 뒷면 아래에도 1968년 개천절에 노산이 쓴 글이 새겨져 있다.

'강산은 아름다운데 역사는 기구도 하다/ 민족은 해방되어도 국토는 갈라졌었고/ 혈통은 하나여만은 사상은 둘로 나뉘어/ 그로써 쓰린 역사가 이 땅을 지나갔었다/ 슬프다 1950년 뼈저린 6·25동란/ 북한의 공산도당들

---

7  『노산 이은상 선생』, 김봉천, 사진화보, 창신고등학교, 2002년
8  '짧은 일생을 영원한 조국에'라는 구절은 포스코의 설립자인 철의 사나이 박태준의 좌우명이기도 했다. 김승일이 2001년에 쓴 『석정 윤세주 열사』라는 책 제목에도 '짧은 일생을 영원한 조국에'가 접두어처럼 붙어 있다. 윤세주는 1901년에 태어나서 1938년 김약산, 김두봉과 함께 황포군관학교 교관으로 활동하다가 같은 해에 중국 호북성 무한에서 김약산과 함께 조선민족전선연맹의 독립군 조직인 조선의용대를 창군하고, 1941년 조선의용대 화북지대로 개편되면서 부지대장에 임명되어 중국 팔로군, 신사군과 협력하여 40여 차례 전투를 진행하였다. 화북조선청년 간부학교의 교관으로 조선인 인재를 간부로 양성하였다. 2차 대전 발발 이후 일본군은 화북지대의 항일세력을 적극적으로 소탕하는 작전을 벌였다. 석정은 1942년, 42세의 젊은 나이로 태항산 항일근거지에서 벌어진 반소탕전에서 일본군과 교전하다가 적의 총탄에 맞아 전사하였다.(『짧은 일생을 영원한 조국에, 조선의용군 석정 윤세주 열사』, 김승일, 30~31쪽, 도서출판 고구려, 2001년)
9  『한국전쟁과 기독교』, 윤정란, 255쪽, 한울아카데미, 2016년

남한을 침공했을 때/ 조국과 자유를 위해 생명을 걸고 싸우니/ 피흘린 청
년 동지들 17,274명이라/ 살아서 남은 벗들이 이곳에 비를 세우고/ 비 아
래 위패를 묻어 혼령을 모시었나니/ 원한의 혼백들이여 여기 평안히 쉬시
라/ 돌아보건대 지난날 수많은 청년단체들/ 하나로 뭉쳤던 것이 삼백만
대한청년단/ 그 전통 이은 동지들 청우회로 다시 모여/ 반공투쟁 다짐하
고 통일을 맹세하노니/ 여기 세운 이 비석은 돌 아니요 심장이다/ 맥박이
뛰지 않느냐 숨소리도 들려온다/ 피끓는 젊은이들아 승리는 우리 것이니/
일어나 힘을 길러라 눈부신 역사를 짓자'

이 단체 회원들은 매년 6월, 이 기념비 앞에서 추모제를 한다.
2014년 6월 25일에는 유족회, 《한국논단》 발행인, 이승만대통령기념사
업회 등이 참석한 가운데 추모식을 가졌는데 노산의 시를 낭송하였다.
그는 영원한 청년운동 지도자이다. 평소 노산에게는 서원(誓願)이 세 가
지 있었다. 첫 번째는 국토예찬이고, 두 번째는 우리 역사와 전통을 발
양해 보고 싶은 것, 세 번째는 구국행(救國行)을 짓고 있는 모든 동지들
앞에 경례해보고 싶은 것이라고 하였다.[10] 이제 반공청년운동 기념비를
건립하여서 노산의 세 번째 서원인 동지들 앞에 경례하는 정기적인 행
사를 할 수 있게 된 것이다.

기념비를 건립한 1969년은 닉슨 독트린이 발표되고, 박정희 대통
령이 장기집권을 위한 3선 개헌을 완료한 시기였다. 3선 개헌안의 요
지는 대통령의 연임 금지 조항을 삭제하고 3선 연임을 허용, 대통령 탄

---

10  三願, 이은상, 124쪽, 『노산문학선』, 탐구당, 1975년

# 짧은 일생을 영원한 조국에!

이은상 작사
김동진 작곡

동 방에 터 전을 잡고 자유 평 화정 의 를

생 명보 다 더 사랑하는 슬 기 른 겨 레가있 다

여 기 역 사 의 옛 땅 에 문화의 탑 을 쌓 아 올 리 는

정 열 과 의 기 로 뭉 친 보 람 찬 대 열 이 있 다

핵 발의에 필요한 의원 수를 30명에서 50명으로 하며 통과에 필요한
의원 수를 과반수에서 2/3로 상향 조정한 것 등이다. 3선 개헌 추진은
1967년 6월, 제7대 국회의원 선거에서 민주공화당이 개헌 가능선인
2/3 이상의 의석수를 차지하기 위해 부정선거를 하면서부터 시작되었
다. 개헌안은 1969년 9월 14일 일요일 새벽 2시 국회 제3별관에 모인
122명의 여당 의원에 의해 기명투표 방식으로 변칙·통과되었다. 당시
국회의사당 주변에는 1,200여 명의 기동경찰이 통행을 차단하고 있었
다. 개헌안은 10월 17일 국민 투표에 부쳐져 65.1%의 찬성을 얻어 통과
되었다. 이 개헌으로 박정희는 1971년 4월 제7대 대통령 선거에 민주공
화당 후보로 재출마하여 당선되었고, 1972년 유신체제 수립으로 계속
집권했다.

청우회의 역사는 해방 직후 살벌했던 좌우이념 갈등에서부터 시작되었다. 미군정 경찰의 강력한 후원을 받은 우익청년단체들은 특히 1946년 이후 무소불위의 권력을 휘둘렀다.[11] 1947년부터 1948년까지 미24군단 민간정보부의 정치분석관 겸 자문관으로 활동했던 재미한국인 강용흘[12]이 작성한 비밀보고서[13]에 의하면 혼란스런 남한의 정국을 안정시키기 위해서는 테러와 암살의 배후조종자인 김구와 이승만을 체포하고, 서북청년회, 대한독립촉성전국청년총연맹, 조선청년동맹, 한국광복청년회 등 18개 청년단체를 즉각 해산시키고 경찰개혁을 하면 한국인들은 자유롭게 거리를 활보할 수 있고, 사회는 안정을 되찾을 것이라고 했다. 그는 청년단체들이 이승만과 김구의 노선을 따르면서 테러와 암살을 자행한다고 본 것이다.[14] 그러나 이들의 이런 경향을 파악한 미군정청은 해산은 하지 않고, 1948년 제주 4·3항쟁 진압에 이들을 동원했다. 이들은 빨갱이 토벌이라는 명분을 내세워 무고한 제주도민을 대량 학살하였다. 1948년 12월 10일, 이승만 대통령이 서북청년단 총

---

11 『대한민국史』 1권, 한홍구, 78쪽, 한겨레출판, 2006년
12 1898~1972년. 함경남도 홍원 출신. 함흥 영생중학교를 졸업하고 3·1운동에 참여했다가 경찰에 체포되었다가 석방되었다. 캐나다 선교사의 도움으로 미국으로 건너가 보스턴대학을 거쳐 하버드대학 대학원에서 영문학을 전공했다. 3·1운동을 배경으로 한 자전소설 「초당(草堂)」을 발표하여 미국에서 작가로 유명해졌다. 펄벅의 「대지」와 함께 1932년 퓰리처상 최종후보에 올랐으나 아깝게 탈락되었다. 그러나 독일어, 불어 등 10개 국어로 번역될 만큼 국제적인 관심을 끌었다. 당시 이광수가 동아일보(1931. 12. 10)에 이 소설을 소개했다. 1946년 주한 미점령군사령관 하지 중장의 초청으로 미군정청 출판부장으로 부임했다.
13 미국 정부가 45년이 지난 1992년 비밀해제하여 일반에게 공개되었다.
14 비정치적 작가의 정치적 견해, 정지창, 253쪽, 《문학인》 2022년 여름 통권 6호

회에 참석해 제주 4·3사건을 진압하기 위해서는 사상이 투철한 여러분이 나서야 한다고 말했다. 그래서 동료들과 함께 제주도에 와서 경찰과 군인이 되었다고 서북청년단 출신 경찰관이 증언하기도 했다. 서북청년단은 제주에서 봉급 없는 경찰보조 역할을 하면서 갈취와 폭행을 일삼았다.[15] 서북청년회가 이렇게 격렬하게 행동한 것은 북한으로 돌아갈 수 있으리라는 기대가 있었기 때문이었다.[16] 이 당시에는 좌익 청년단체도 폭력적이기는 마찬가지였다. 다만 미군정청의 협조와 보호를 받지 못한 게 다른 점이었다.

대한독립촉성전국청년총연맹(전진한), 대한독립촉성국민회청년단(강낙원), 대한민주청년동맹(유진산), 한국광복청년회(오광선), 대한독립청년단(서상천), 대한민족청년단(이범석), 서북청년단(선우기성[17]), 대동청년단(지청천) 등 반탁, 반공투쟁으로 건국운동에 앞장선 8개 단체[18]는 정

---

15  제주4·3평화기념관 전시실
16  서북청년회 출신들의 정치적 배제와 부활, 윤정란, 240쪽, 『한국전쟁과 기독교』, 한울아카데미, 2016년
17  고은이 쓴 시 「선우기성」의 일부이다. '1946년 11월 30일 서북청년회가 결성되었다/ 오직 이승만 박사에게 충성을 바쳤다/ 나는 선우기성이 아니라 이승만 박사의 손가락이다/ 오늘도 이승만의 주먹 두 개를 쥔다/ 서북청년회 지도자 선우기성/ 조국의 완전 자주독립 쟁취 균등사회 건설 세계평화의 건설/ 서북청년회 3대 강령 오죽이나 이상적이냐/ 자주와 평등 평화가 오죽이나 이상적이냐/ 철저한 반공노선 회원 6천명/ 첫 투쟁은 좌익단체 습격/ 백색테러가 시작되었다 유혈 낭자/ 군정청 경무부장 조병옥의 지원을 받았다.'
18  대한청년단에 참가한 단체의 특징을 살펴보면 1945년 11월에 창립된 대한독립촉성전국청년총연맹과 대한독립청년단은 이승만 계열이었다. 전국청년총연맹은 가장 큰 전국조직으로 회원 296만 명이었고 부총재는 김구였다. 전국청년총연맹은 주로 경찰의 폭동진압에 협조하였고, 독립청년단, 광복청년회는 군사적 경향을 띠고 있어서 테러집단으로 비난받았다.(『한국현대사 강의』, 김인걸 외, 52쪽, 돌베개, 1998년) 독립청년단과 광복청년회가 11만 명으로 그 다음이었으며, 1946년 4월에 결성된 대한민주청년동맹은 서울에서만 활동하였다. 대한민주청년동맹의 명예회장은 이승만, 김구이고, 회장은 유진산(『한

부 수립 후인 1948년 12월 19일[19] 300만 대한청년단(총재 이승만 대통령[20])
이란 이름으로 유일한 전국조직의 청년단체로 통합하였다. 바로 청우회
의 전신이다. 대한청년단이 발족된 것은 이승만의 위기의식 때문이었
다. 1948년 남한의 단독 총선거에 반대해 제주4·3사건, 여순사건이 일
어났고, 이어서 지리산을 중심으로 빨치산 부대가 저항하고 있었다. 이
승만 정부는 이에 대한 대책으로 국가보안법을 제정하는 한편 이에 맞
설 수 있는 조직을 결성하기로 결정했다. 그 결정은 청년단체의 통합으
로 나타났다. 대한청년단 결성대회 성명서에서도 '전남사건이 발발한

---

국독립당 연구』, 노경채, 144쪽, 도서출판 신서원, 1996년), 감찰부장은 김두한이었다. 대
한민족청년단은 이범석과 안호상이 만든 반공민족주의 단체였다. 당시 청년단체의 감찰
부는 백색테러의 행동대였다. 청년단체에게 우익이 파업진압자금을, 경찰이 무기를 제
공했고, 60명 단위로 50개의 특공대를 조직했다. 완장을 차고 장총, 단검 등으로 무장하
고 활동했다. 우익청년단 하루 일당이 300~500원이었다. 당시 노동자 평균 하루 임금이
60원이던 상황에서 대단히 매혹적인 일자리였다.(『심용환의 역사토크』, 심용환, 157쪽,
휴머니스트, 2017년) 서북청년단은 1946년 11월 30일(서북청년회 출신들의 정치적 배
제와 부활, 윤정란, 220쪽, 『한국전쟁과 기독교』, 한울아카데미, 2016년) 북에서 월남한
평남, 평북, 함남, 함북, 황해도의 5도 청년들이 만든 극우 반공단체이다. 선우기성이 중앙
집행위원장이었다. 그는 민족운동가 집안에서 성장하였고, 오산학교 재학 중에 광주학생
항일운동을 주도해 학생 신분으로 체포되어 유죄 판결을 받았다. 그는 『서북의 애국자』
(1946년), 『청년운동의 어제와 내일』(1969년, 횃불사), 『한국청년운동사』(1973년, 금문
사), 『어느 운동자의 일생』(1987년, 배영사) 등의 책을 펴냈다.(서북청년회 출신들의 정
치적 배제와 부활, 윤정란, 222쪽, 『한국전쟁과 기독교』, 한울아카데미, 2016년) 이들은
우익의 선봉에 서서 좌익에 대한 무분별한 폭력행위를 일삼았다.

19  서북청년회 출신들의 정치적 배제와 부활, 윤정란, 217쪽, 『한국전쟁과 기독교』, 한울아
   카데미, 2016년
20  대한민국건국회 홈페이지에 단체소개를 해놓았는데 '연혁과 총람'에는 9, 사단법인 대한
   민국건국회 발자취. 창립 초기에는 총재 이승만, 최고위원 장택상, 지청천, 전진한, 유진
   산, 신성모, 노태준 등으로 조직했다. 그런데 위원들 간의 내부 분열로 1950년부터 단장
   제로 바꾸었다. 초대 단장, 신성모, 제2대 안호상, 제3대 김윤근(국민방위군 사령관) 등이
   있었다.

이래……국론은 민족진영의 강력한 결속을 요청하게 되었으며'라고 밝히고 있다.[21] 통합된 대한청년단의 감찰국장은 나중에 국민방위군 사령관이 되어 부정을 저지르다가 사형을 당한 김윤근이고, 부국장이 김두한, 감찰부장이 정치깡패 이화룡이었다.[22]

6·25전쟁[23]이 발발하자 이승만 대통령은 대한청년단을 법적 근거도 없는 청년방위대라는 반군사조직으로 만들어 향토방위에 투입시켰다. 그리고 1·4후퇴를 할 때에는 조직을 개편하여 국민방위군 설치령에 따라 국민방위군을 이동, 훈련시키는 임무를 맡겼다. 그러나 20여만 명의 국민방위군에게 배당되는 자금을 소수의 간부들이 착복하는 사건이 발생하였고, 그 책임을 지고 5명의 간부가 처형되면서 대한청년단은 극도로 약화되었다. 그 후 제4대 안호상 단장, 제5대 유지원 단장 등이 재건을 모색했지만 실패했다. 결국 이승만 대통령이 더 이상 대한청년단이 자신의 권력을 위해 크게 도움이 되지 않는다고 판단하고[24], 향토방위를 목적으로 한 민병대를 창설하고 전국의 청년들을 민

---

21  서북청년회 출신들의 정치적 배제와 부활, 윤정란, 241쪽, 『한국전쟁과 기독교』, 한울아카데미, 2016년

22  『대한민국史』 1권, 한홍구, 81쪽, 한겨레출판, 2006년

23  경남에서도 대한청년단의 활동은 활발하였다. 6·25전쟁이 발발한 지 한 달이 지난 1950년 7월 25일경 함양군 마천면 군자리 솔봉에서 민간인 52명에 대한 학살이 있었다. 추성마을 문창권 할아버지의 증언에 의하면 학살이 있던 날 아침에 한청 단장이 청년들을 소집하면서 삽과 괭이를 들고 나오라고 하였다고 한다. 당시에 자신은 청년단 단원이었다. 솔봉에서 방 두 개 넓이로 가슴까지 들어가는 깊이의 구덩이를 파놓고 돌아왔는데 저녁 여덟 시쯤 총소리가 났다고 한다. 포승줄로 묶은 사람들을 일렬로 솔봉에 끌고 가서 총부리에 착검한 상태로 총검술 하듯이 찔러서 구덩이에 밀어 넣은 후 총으로 쏘아 죽였다. 구덩이는 청년단이 파고, 학살은 철모를 쓴 군인들이 하였다.(함양 민간인학살 목격자를 만나다, 35쪽,《초록이파리》2018년 6월, 66호, 파랑게낭)

24  서북청년회 출신들의 정치적 배제와 부활, 윤정란, 245쪽, 『한국전쟁과 기독교』, 한울아

병대에 규합한다고 발표했으며 이에 따라 1953년 9월 10일 당시 이승만 대통령의 명령에 의해 대한청년단 해산이 선포되었다. 이로써 해방 후 8년 동안 지속되었던 남한에서의 우익청년운동이 중단되었다. 이 단체의 성격은 선언문에 잘 나타나 있다. '우리는 총재 이승만 박사의 명령에 절대 복종한다. 우리는 피와 열과 힘을 뭉치어 남북통일을 시급히 완수하여 대한민국의 국위를 천하에 선양하기를 맹세한다. 민족과 국가를 파괴하려는 공산주의의 도구배를 남김없이 말살하여 버리기를 맹세한다.'[25]

### 1963년, 10년 만에 청우회로 부활

해산된 지 10년이 지난 1962년 12월 23일, 과거 우익청년운동을 함께 한 18명이 모여서 앞으로 위령제라도 함께 지내자는 의논을 하였다. 처음에는 서북청년회의 위원장이었던 선우기성의 주도로 다음 해인 1963년 1월부터 친목회 형태로 모임을 가지기 시작했는데 전국 각지에 흩어져 있던 과거 회원 중 200여 명이 이 소식을 듣고 모여들었다. 많은 인원이 모여들자 친목회만으로 모임을 유지하기 어려워 청우회를 조직한 것이다. 2월 18일 전국에 흩어져 있는 청년운동 지도자들이 모여 청년단체의 부활을 의논한 다음 같은 해 10월 10일 서울시민회관 대강당에서 전국 청년운동자 대표 2,118명이 참석하여 청우회란 이름으로 결성대회를 하여 회장에 일제강점기에 독립군 간부를 양성하던

카데미, 2016년
25    다음 백과, 대한청년단

독립운동가 오광선을 선출하고, 부회장에 선우기성과 이창우, 간사장에 김판식 등을 선임하고 고문에 이선근을 추대하였다. 선우기성은 동경독립선언일인 2월 8일을 '청년의 날'로 선포해줄 것을 국회에 청원하였고, 전국순국청년운동자 합동 위령제를 개최하였고, 1964년 10월 29일, 순국반공청년운동자들에 대한 연금 부여에 관한 청원서를 국회에 제출하여 이를 통과시켰다. 한국청년운동의 전통을 계승하여 반공투쟁의 대열을 정비하였다. 청우회는 박정희 정권의 반공정책을 지지하는 민간단체로 활동하면서 박정희 정권에 반대하는 시위가 있을 때마다 이들은 조직원을 동원해 정권을 지지하는 시위를 벌였다.[26] 이때는 문화공보부 등록 사회단체였다.

　제1대 회장 오광선[27]이 1963부터 1965년까지 활동하였는데 이때 단체 명칭은 청우회[28]였다. 노산은 제2~10대 회장을 연임하면서 1965년부터 1983년까지 무려 17년간 활동하였다. 단체 연혁에 의하면 전체 22대의 역사에서 노산은 연이어 회장 재임을 9대에 걸쳐 계속했

26　『한국전쟁과 기독교』, 윤정란, 252, 253, 254, 쪽, 한울아카데미, 2016년

27　1896~1967년. 경기도 용인 출생, 독립운동가. 1914년 서울 종로에 있는 상동청년학원에 입학했다가 총독부의 탄압으로 문을 닫자 중국으로 가서 신흥무관학교 졸업, 1930년 한국독립당의 의용군 중대장과 동북항일한중연합군 독립대대장을 지냈다. 광복 후 귀국하여 대한국군준비위원회, 광복군 국내지대장, 한국광복청년회 회장, 대동청년단 등을 지냈고, 한국군 육군 대령으로 임관되어 준장으로 예편. 1961년 대한혁명유족후원회 이사장 역임. 부인 정현숙은 '만주의 어머니'라 불리며 1941년 한국혁명여성동맹, 1944년 한국독립당 당원으로 임정 활동에 참여했다.

28　명칭은 같지만 북청 사람들을 중심으로 한 또 다른 모임이 있었다. 청곡 윤길중은 함경남도 북청 태생인데 북청 출신들의 친목회인 '청우회'가 있었다. 윤길중이 중심인물이고 아호가 청곡이어서 청곡을 위한 모임이라는 뜻이다.(『통 큰 사람들』, 남재희, 147쪽, 리더스하우스, 2014년) 윤길중은 진보당 간사장, 통일사회당 국회 대책위원장, 11대 민정당 국회의원으로 국회부의장 등을 역임.

다. 역대 16명의 회장 중에서 가장 오래 활동하였다. 노산이 한평생을 바쳐 열심히 활동한 충무공기념사업회와 한국산악회보다 회장 재임 기간이 더 길다. 1975년에는 단체 명칭을 한국청년운동협의회로 바꾸었으며 제1회 반공청년운동 순국자 합동추념제를 시작했다. 후임 회장 윤치영은 1984~1989년 제11~13대 회장을 역임했다. 한국청년운동협의회는 이후 건국청년운동협의회(1987년), 대한민국건국회(1995년)와 대한민국통일건국회(2017년)로 이름을 바꾸었다.

### 「가고파」 시비 보존 결의대회의 후원단체인 건국회

조정래의 소설 「태백산맥」을 국가보안법 위반으로 고발하기도 했던 대한민국건국회는 「가고파」 시비 보존 결의대회에 참석하기 위해 마산에 나타났다. 노산 가고파 시비보존회가 주최, 노산동주민자치위원회, 노산동도시재생추진위원회가 주관하여 2013년 7월 9일 저녁 마산역 광장에서 300여 명의 시민이 참석한 가운데 「노산 가고파 시비 보존 및 마산사랑 범시민결의대회」가 열렸다. 시비 보존회 공동의장은 조민규 이사장(합포문화동인회), 윤영호 총재(국제로타리3720지구), 조현술 회장(가락문학회)이었다. 한국시조시인협회, 박정희대통령정신문화선양회 영남본부, 마산살리기범시민연합, 3·15의거희생유족회[29] 등 50여 개 단체가 참여한 이 행사에는 김복근 회장(노산시조연구회), 조용식 회장(경남상인연합회), 홍판출 전 위원장(노산동주민자치위원회), 김봉호 회장(남마산로타리클럽) 등이 참석하여 발언하였다. 그런데 결의대회의 순서

---

29  경남도민일보 2017년 7월 9일

에 따라 연단에 오른 대한민국건국회 전석환 수석부대표는 난데없이 이념 공세를 하였다. 대한민국건국회는 이 행사의 후원 단체였고, 권영해(전 국방부장관) 대한건국회 회장을 대신해 참석한 것이었다. 전석환 수석부대표는 "내 고향이 이북이다. 빨갱이들이 하는 짓이 바로 (시비를 훼손하는) 이런 짓이다. 빨갱이 새××은 동네 존경받는 분들의 비를 부수고 다니는 게 일이었다. 김대중, 노무현 정부 동안 빨갱이 새××이 우리 주변에서 기고만장했다. 잘나가는 사람들을 몽땅 없애라는 지령을 받은 놈들이다."라고 말했다.[30]

　　노산은 1962년에 쓴『피어린 육백리』에서부터 한국청년운동협의회 활동을 시작했고, 건국회는 2013년에 있었던「가고파」시비 보존 결의대회를 통하여 우리 앞에 나타났다.

---

30　경남도민일보 2013년 7월 11일

## 3. 해방 직후 광양건준 부위원장, 호남신문 사장

해방 정국에서 미군정이 시작되기 전에 이미 남조선 지역에는 145개의 건국준비위원회 지부가 결성되었다. 1945년 9월 6일에는 건국준비위원회를 해소하기 위한 전국인민대표자대회를 개최하여 조선인민공화국을 선포하고, 이를 운영할 중앙인민위원회를 선출하여 전국적으로 건준이 인민위원회로 명칭을 변경하는 절차가 진행되었다. 그 결과 해방 후 몇 달도 채 지나지 않아서 전국의 거의 모든 지역에 지방인민위원회가 만들어졌다.[1] 그러나 조선인민공화국은 졸속으로 인한 내부 분열과 미군의 방해로 아무런 힘도 써보지 못하고 없어졌다.[2]

### 이은상, 광양건국준비위원회 부위원장으로 추대

광양은 일제 때부터 사회운동의 전통이 지속되어 좌익세가 강한 지역이었다. 광양건준은 경찰서를 접수하여 자연스럽게 치안을 담당하

---

1    『전두환과 80년대 민주화운동』, 정해구, 14쪽, 역사비평사, 2011년
2    『전복과 반전의 순간 2권』, 강헌, 31쪽, 돌베개, 2017년

였다. 우익의 경우 이은상을 중심으로 결집[3]하였는데 좌익세력과는 큰 마찰이 발생하지 않았다. 광양은 전남에서 마지막까지 인민위원회가 활동한 지역이었다.

8월 15일, 해방과 함께 광양경찰서에서 풀려난 노산은 곧바로 오후에 광양경찰서 무덕전[4]에서 열린 시국수습 군민회의에 참석하였다. 대부분 우익이 모인 이 회의를 노산이 주도하였다고 한다.[5] 다음 날인 8월 16일에는 좌익이 주도한 모임도 있었다. 이 모임에서 광양자치위원회 구성을 협의하고, 위원장 김완근, 부위원장 이은상, 정진무를 선출했다. 그러나 노산은 이 모임에 참석하지 않았다. 김기선, 박봉두, 이경호 등 임원 세 사람이 부위원장 승낙을 받기 위해 노산의 집을 방문하였더니 상임위원 24명 중에서 친일파 몇 명을 교체하자는 등의 수정 제안 몇 가지를 한 뒤 쾌히 승낙하였다고 한다. 위원장 김완근은 당시에 70세의 고령이었지만 이미 일제강점기에 조선공산당 1차 조직에도 가담하였으며 신간회, 광양청년회, 광양소작쟁의 등을 주도하면서 수년 동안 감옥 생활을 한 분으로 지역에서 영향력이 컸다. 노산은 비록 지역민은 아니지만 전국적인 명망가였기 때문에 부위원장으로 선출되었다.[6] 현대사연구자 안종철은 노산이 개인적인 사정으로 일제 말에 서울

---

3    『여순사건과 반공국가의 형성』, 김득중, 182쪽, 선인, 2009년
4    일제강점기 경찰서 내에는 경찰들이 모여 유도와 검도를 연마하는 도장인 무덕전(武德殿)이 있었다. 회원증을 발급했는데 대일본 무덕회원증이라고 적혀 있다.(『일제의 순사들』, 심정섭, 251쪽, 도서출판 예원, 2014년)
5    광양N 광양이야기, 해방에서 한국전쟁까지, 격동의 광양, 광양시민신문(www.gycitizen.com/news) 2013년 2월 19일,
6    『광주, 전남 지방현대사 연구』, 안종철, 186쪽, 도서출판 한울, 1991년

에서 내려와 광양에서 은거하고 있었다고 한다.[7]

　이튿날인 8월 17일, 아침부터 광양서국민학교 운동장에서 「해방축하 군민대회」가 개최되었다. 해방 이후 광양에서 조선인이 주도한 첫 군중대회였으며 수천 명의 군민이 참석했다. 이 대회는 자치위원회 임원을 승인받기 위한 집회이기도 했다. 노산은 이 대회에서 대중강연을 했다. 교육장 출신인 이용학은 2002년 광양을 답사하러 간 시조시인 김교한에게 "그때, 단상에 올라서 눈물을 흘리며 '친애하는 군민 여러분'을 외쳤을 때 큰 감동을 받았다"고 하였다.[8] 대회가 끝난 후 참석한 시민들은 광양서교에서 시작하여 경찰서, 군청, 금융조합, 우체국 앞을 지나 화신광장, 목성리 향교 입구까지[9] 시가행진을 하였다. 사진작가 이경모가 광양경찰서 앞에 모인 군민들을 찍은 사진은 현재 독립기념관에 전시 중이다.

　해방 직후 조직된 자치위원회는 8월 20일 광양건준으로 개편되었다.[10] 그리고 별도의 치안대를 조직하였다.[11] 초기에 광양자치위원회에는 좌, 우익이 모두 참여하였다. 그러나 불과 1개월 정도 활동하다가 9월 20일[12] 전남인민위원회가 출범한 직후에 광양건준도 위원장의 발

---

7　『광주, 전남 지방현대사 연구』, 안종철, 88쪽, 도서출판 한울, 1991년

8　『가고파, 내 고향 남쪽 바다』, 김교한 외, 246쪽, 경남시조시인협회, 도서출판 경남, 2017년

9　「이경모 선생의 기록사진에 관한 연구」, 김창완, 23쪽, 동신대학교 대학원 석사학위논문, 2011년

10　『동포의 학살을 거부한다』, 주철희, 116쪽, 흐름출판사, 2018년

11　『광주, 전남 지방현대사 연구』, 안종철, 90쪽, 도서출판 한울, 1991년

12　광양시민신문 2013년 2월 19일자는 10월 10일이라고 하고 dictionary.sensagent.com/최 인식에는 9월 20일이라고 하는데 중앙인민위원회가 9월 6일 출범했음을 볼 때 9월 20일 인 것 같음

의로 광양인민위원회로 개편되는데 이 과정에서 우익 성향의 이은상, 김석주, 이달주, 정창욱이 탈퇴하였다. 결국 우익인사들이 빠지고 좌익 성향의 사람들로 채워졌다.[13] 서울에서도 정치 상황은 비슷하였는데 민세 안재홍은 조선인민공화국이 선포되자 건준에서 탈퇴하였다.[14]

### 전남건국준비위원회 최흥종[15] 위원장, 전남인민위원회 박준규 위원장

『노산 이은상 선생』을 쓴 김봉천은 노산이 전남 건국준비위원회 부위원장이 되어 광주로 갔다[16]고 하는데 전남건준의 임원 명단에는 노산이 없다. 창립할 때에는 박준규도 위원장이 아니었다. 전남 건국준비위원회는 국기열[17], 최인식[18] 등이 나서서 8월 17일 오전 11시에 수백 명이 참석하여 광주극장(현 무등극장)에서 결성되었으며 위원장 최흥종,

---

13  『광주, 전남 지방현대사 연구』, 안종철, 151쪽, 도서출판 한울, 1991년
14  『한글만세, 주시경과 그의 제자들』, 이상각, 281쪽, 출판회사 유리창, 2013년
15  1880~1966년. 호 오방(伍放). 북문안교회 초대 장로, 1912년 봉선리 나환자 수용소, 진료소 설치, 평양신학교 졸업, 북문밖교회 초대 목사, 1920년 광주YMCA 창립 주도(1924, 1932, 1945, 1949~1950년 회장, 1955년 명예회장), 광주3·1운동 주도하다 3년형 언도, 1922, 1927년 시베리아 선교활동과 민족운동을 하다 왜경에 체포되어 사형선고 받았다가 독립군에게 구출, 1920년 노동공제회 광주지회장, 1938년 신간회 전남지회장, 해방 후 건국준비위원회 전남위원장, 미군정 고문회 전남회장, 1949년 삼애학원 설립, 1955년 나주 음성 나환자촌 건설, 1951년 한국사회사업협회 위원장.(『광주YMCA 90년사』, 159~163, 586~588쪽, 광주YMCA역사편찬위원회, 2010년)
16  『노산 이은상 선생』, 김봉천, 96, 98쪽, 창신고등학교, 2002년, 그 외 이경모 사진첩, 『광양군지』 참조
17  전남 담양 출생. 10여 년간 동아일보 지방부장, 정치부장, 사회부장 역임. 동아일보 폐간 후 광주에서 조선총독부 기관지인《매일신보》전남지사장. 해방 후 건준 총무부장, 인민위원회 부위원장 역임.
18  1906~1985년. 동경 유학, 조선일보 광주지국장, 매일신보 기자. 해방 후 전남건준 선전부장, 광주신보 편집국장 역임. 6.25전쟁 때 야산대 활동하다가 전향.(『광주,전남 지방현대사 연구』, 안종철, 75쪽, 도서출판 한울, 1991년)

부위원장 김시중, 강해석, 총무부장 국기열, 선전부장 최인식을 만장일치로 선출하였다. 좌, 우익이 모두 참여하였다. 최흥종[19] 위원장은 광주 YMCA를 창립한 기독교 장로이며, 3·1운동 당시 광주를 대표하여 서울과 광주에서 활발한 활동을 하여 많은 광주시민으로부터 존경을 받고 있었다.[20]

건준이 결성된 지 보름 후인 9월 3일에 열린 도민대회에서 조직을 개편하여 위원장 박준규[21], 부위원장 강석봉, 국기열, 김철 등이 선출되며 초기의 최흥종, 김시중, 강해석, 최인식 등은 빠졌다. 개편된 건준의 부서는 도 행정기구와 유사하게 바뀌었으며 보수적인 명망가 대신에 좌익 인물이 등장하였다. 전남건준은 일본인 전남도지사에게서 행정권을 이양받고 제일 먼저 독립운동을 하던 사상범을 석방시켰다. 이들이 고향으로 돌아가 군 단위, 면 단위 건준을 만들어 활동하였다. 그런데 한 달 만인 9월 20일 전남건준 대의원 100여 명이 참석하여 전남인민위원회로 바꾸는 개편대회를 진행하면서 며칠 전 개편된 건준 임원 대부분을 재선출하였다. 인민위원회의 초대 위원장에 박준규가 선출된

---

19  1919년 3월 5일이었다. 1일의 만세시위가 있은 후 일요일과 인산일을 조용히 지낸 후 2차 시위가 남대문역에서 5천여 명(조선군사령부 추산 1만 명)이 모인 가운데 열렸을 때 우왕좌왕하는 인파 가운데 한 청년이 목청을 높여 연설을 시작했었는데 이 청년이 국장 참석을 마치고 광주로 돌아가려던 최흥종이었다.(한겨레신문 2019년 3월 6일 12면)

20  『광주, 전남 지방현대사 연구』, 안종철, 73쪽, 도서출판 한울, 1991년

21  박준규 위원장은 광양 출신으로 일제 때 항일운동했던 독립투사이다. 해방 직전에는 호남은행에 근무하다가 신병으로 구례 친구집에서 요양하다가 해방과 함께 광주로 올라왔다. 덕망이 있었기 때문에 많은 사람들의 절대적 지지를 받았던 원로로서 46년 초에는 민주주의민족전선의 위원장이기도 했다. 이런 경력 때문에 미군정에 좌익혐의로 구속되기도 했다.(『광주, 전남 지방현대사 연구』, 안종철, 78쪽, 도서출판 한울, 1991년)

것이다.[22] 이 과정에서 최흥종, 김시중, 최인식 등은 물러났다는 자료도 있으나 이미 2주 전 건준 개편과정에서 빠진 것 같다.

한편, 1945년 9월 9일에 미군이 서울에 입성하면서[23] 미군정의 직접통치를 발표한 맥아더 포고령 1호에 의해 그동안 국내에서 치안과 행정업무를 담당했던 건준과 인공을 모두 인정하지 않았다. 미군이 진주하기 직전 건준이 전국인민대표자대회를 소집하여 급하게 선포한 인민공화국은 미국뿐만 아니라 소련으로부터도 인정받지 못하였다.[24] 결국 1948년 8월 15일 단독정부가 수립될 때까지 남한에서는 3년 동안 미군정이 실시되면서 지방에도 군정 기구를 조직하였다. 전남에 최초로 시찰단 성격의 미군이 들어온 것은 1945년 9월 10일, 미군 제24군단 제6사단의 선발정찰대가 전남에 도착하여 건준, 인민위원회 등으로 불리던 자생적 기구를 모두 강제 해체시켰다. 9월 23일, 미군들이 광주로 들어왔다. 길버트 소령은 10월 7일 도정을 인수받았는데 이때부터 일본인들은 본격적으로 귀국하기 시작했다.[25] 12월 말 미군이 목포에 진주하였다. 실질적으로 전남에 도착한 점령군 단위부대는 10월 20일 광주에 도착하였다. 초대 군정지사를 맡은 제20보병 연대장 펩크 대령은 10월 25일 일본인 지사와 경찰서장을 파면하고, 10월 27일 제주도를 포함한 도내 일원에 군정 실시를 선포하고, 최영욱(崔泳旭)[26]을 한국인

22  『광주, 전남 지방현대사 연구』, 안종철, 134쪽, 도서출판 한울, 1991년
23  미군정기 지역언론 특성에 관한 연구-광주지역 신문을 중심으로, 유종원, 김송희, 280쪽, 《언론과학연구》 제5권 2호, 2005년 8월
24  『한국사 길잡이』, 한국사연구회, 384쪽, 지식산업사, 2015년
25  『광주YMCA 90년사』, 191쪽, 광주YMCA역사편찬위원회, 2010년
26  1891~1950년. 광주YMCA 정신적 지도자인 최흥종의 동생. 세브란스의학전문학교 졸

지사로 발령하여 1946년 10월까지 잠시[27] 동안 근무토록 하였다. 얼마 후 미군정은 전남인민위원회의 명목상 해산이 아닌 실질적인 무력화를 위해 대체 세력을 형성하려고 했다. 그 일환으로 각계의 저명인사 10명으로 구성된 도지사 고문회를 구성하였다. 고문회의 기능은 도내 각급 기관에 충원될 인사를 추천하는 일이었다. 임명된 고문에는 최흥종, 김시중, 박준규, 이은상, 김양수, 장용태, 강신태, 여철현, 김종필, 최종섭 등이었다.[28]

광양건준이 인민위원회로 바뀐 9월에 노산은 광주로 가서 본격적인 활동을 시작했다. 광주YMCA 활동을 한 권병래[29]는 "해방되던 해 10월 동방극장에서 노산 이은상 선생의 우리말에 대한 강연이 있었다. 해방된 들뜬 기분으로 극장은 입추의 여지가 없었다. '우리말과 우리글을 찾았다는 기쁨, 세계만방에 세계 사람이 쓰도록 하자'라는 말을 하였다. 그때 감명받았다."고 하였다. 이 당시에 광주YMCA 교육부는 양림동회관에서 금요강좌로 불린 노산의 국학강좌를 개최하였다. 한국사, 국문학, 한국사상을 중심으로 일주일에 한 번씩 열렸는데 '우리 것'에 굶주린 해방 직후의 일반 지식층에게 열광적으로 받아들여졌다. 강좌 때마다 도심지에서 양림동회관에 이르는 1킬로미터의 도로를 따라 젊

업, 미국 에모리대학 의학박사, 서석병원 설립, 1935~1938년 광주YMCA 회장, 해방 후 호남매일신문사장 역임, 6·25때 인민군에 납치되어 처형됨.(『광주YMCA 90년사』, 163~164, 587쪽, 광주YMCA역사편찬위원회, 2010년)

27  『광주YMCA 90년사』, 164, 192쪽, 광주YMCA역사편찬위원회, 2010년

28  『광주, 전남 지방현대사 연구』, 안종철, 174쪽, 도서출판 한울, 1991년

29  광주YMCA 이사 및 1974~1976년 회장, 1984~1989년 재단이사장 역임.

은이들이 행렬을 이룬 모습이 눈길을 끌었다고 한다.[30]

### 미군정으로부터 호남신문 관리권을 받은 사장 박준규, 부사장 이은상

일제강점기 1929년경, 광주에서는 일본인 가타오카 하카루(片岡議)가 일어 기관지 《광주신보》를 발간하고 있었다. 그런데 조선총독부가 1941년 1도 1사라는 명분으로 언론 통폐합을 단행, 광주신보와 목포일보가 통합되어 새롭게 《전남신보》가 탄생하였다.[31] 일본인 신문인 《전남신보》는 제호만 바뀌었을 뿐 시설과 진용은 광주신보 그대로 일제의 꼭두각시 신문이었다.[32] 해방이 되자 언론계도 친일 청산이 당면 과제였다. 1945년 12월 조선신문기자회에서는 민족 반역자에 대한 자체 조사를 하기도 했다.

당시에 미군정은 조기에 신속하게 귀속재산을 접수하고 절대적 통제권을 행사하였으며 건준이 중심이던 자치위원회는 배제[33]하고, 주로 친미 우익세력에게 관리권을 이양했다. 그러나 《전남신보》는 좌우를 아우르는 모양이었다. 전국적으로 각 정파나 사회단체들은 관리권을 이양받기 위해 총력을 기울여 노력하였다. 특히 미군정은 사유 귀속재산의 처리방식은 일정한 기준이나 원칙이 없고 매우 자의적이었다. 가장 보편적인 처리방식은 귀속재산을 조선인 사원이 접수하여 자주 관리로 발행하던 것을 미군정이 회수하여 다른 사람에게 이양하는 방식이었

---

30  『광주YMCA 90년사』, 232, 233쪽, 광주YMCA역사편찬위원회, 2010년
31  미군정기 지역언론 특성에 관한 연구-광주지역 신문을 중심으로, 유종원, 김송희, 284쪽, 《언론과학연구》제5권 2호, 2005년 8월
32  『노산 이은상 선생』, 김봉천, 64쪽, 창신고등학교, 2002년
33  『한국언론사』, 채백, 273쪽, 컬처룩, 2015년

다. 부산일보, 전남신보, 중선일보 등이 이에 속한다.[34] 1948년 현재 전국의 언론 관련 귀속사업체는 116개소였는데 그 중에 신문사는 서울의 매일신보, 경성일보, 광주의 전남신보, 동광일보를 포함하여 각 도마다 1개씩 9개소였다.

해방 후 전남지역에서 가장 먼저 등장한 지방신문은 1945년 8월 31일 창간된 《전남신보》이다. 《전남신보》의 유일한 조선인 기자였던 김남중[35]은 해방되자 조선인 사원들을 규합하여 자치위원회를 만들고, 같은 제호로 신문을 발간하였다.[36] 이 무렵 광주건국준비위원회는 자신들의 활동 상황을 알리는 '건국특보', '건국신보'를 자체적으로 발간하다 중단한 바 있다. 건준은 김남중이 주간 겸 편집국장을 맡아서 한 달 정도 운영하던 《전남신보》를 인수해 「건국준비 전남신보사」 명의로 타블로이드판 2면에 국한문 병용신문을 발행하였다. 이는 건준의 핵심 인사 중에 국기열, 최인식, 고광표 등 언론계 출신이 많아서 신문의 필요성을 느꼈던 것이다.

당시 광주지역 신문사와 미군정의 관계는 좋지 않았다. 거듭되는 정간 처분 등으로 미군정에 대한 여론이 나빠지자 1945년 11월 19일 전남 미군정청 정보국장의 지시로 각 지방에 빠르게 연락할 수 있는 조직이 필요하다는 구실로 전남기자협회를 12월 7일 구성하였는데 고

---

34  『한국언론사』, 김민환, 343, 347쪽, 사회비평사, 1997년
35  "해방이 되자 전남신보의 한국인 직원들은 앞으로 어떻게 할 것인가 의논하기 위해 모였다. 이제 우리 손으로 신문을 만들자고 결정하고 김남중에게 신문 발행의 총책임을 맡겼다. 김남중의 나이 29세였다. 그는 사장이라는 호칭이 쑥스러워 스스로 주간으로 낮춰 불렀다고 한다"(광주일보 남봉기념사업회, 1988년), 나중에 광주일보 회장을 역임했다.
36  『한국언론사』, 김민환, 348쪽, 사회비평사, 1997년

문에 최영욱(초대 전남도지사), 이은상, 이사에 이강진, 선미봉, 김희규, 강대훈, 김천욱, 간사에 최인식 등이었다. 기자협회는 매주 월요일 오전 10시 정례 기자회견을 하면서 미군정청의 정책이나 소식을 지역민에게 알려 친미 여론형성을 시도했다. 해방 직후 건준 계열로 넘어갔던 《전남신보》는 군정 당국에 의해 11월 24일부로 운영권을 임탁하기로 쌍방의 계약이 이루어졌다.[37] 이어서 1945년 12월, 미 군정청으로부터 관리권을 얻은 이은상은 전남건준 위원장 박준규를 앞세워 인수인계를 추진하여 사장 박준규, 부사장 이은상, 편집국장 최인식, 기획국장 김남중으로 개편하고 타블로이드판 국한문 신문을 발행하였다. 광양인민위원회를 탈퇴한 노산은 광주에 있으면서 1945년 12월부터 박준규 전남인민위원회 위원장과 함께 미군정청으로부터 관리권을 위임받았던 것이다.

얼마 지나지 않아 인민위와 전남 미군정청과의 관계가 악화되었다. 결국 3월 1일, 박준규(인민당 전남도지부 위원장), 국기열(민전 전남도지부 부위원장) 등이 구속되어 건준 및 인민위 관련 인사들은 《전남신보》 운영에서 손을 떼게 된다. 박준규가 사장에서 물러나고, 인민위원회에 관련되어 있던 편집국 이강진 차장도 그만두었고, 편집국장 최인식도 기획국장으로 편집 일선에서 물러났다. 이때부터 《전남신보》는 친미 성향을 띠기 시작했다.[38]

---

37  미군정기 지역언론 특성에 관한 연구-광주지역 신문을 중심으로, 유종원, 김송희, 288, 296쪽, 《언론과학연구》 제5권 2호, 2005년 8월
38  미군정기 지역언론 특성에 관한 연구-광주지역 신문을 중심으로, 유종원, 김송희, 289쪽, 《언론과학연구》 제5권 2호, 2005년 8월

## 이은상 사장 취임 이후 친미 성향으로 돌아선 호남신문

　박준규가 구속된 이후 부사장 이은상이 중심이 되어 총자본 1천만 원의 주식회사 체제로 바꾸었다. 운영권을 박준규에게서 넘겨받은 노산이 2대 사장으로 취임하면서[39] 1946년 3월 16일《전남신보》를《호남신문》으로 제호를 변경하였다.[40]《호남신문》은《전남신보》의 사옥과 윤전기 등을 그대로 이어받았다. 노산이 사장으로 있던 시기인 1946년 3월의《호남신문》에는 미군정, 정당 관련 기사는 찾아보기 어렵고, 주로 지역 소식과 행사 안내가 대부분이었다. 이 당시 노산은 미군정청의 고문을 맡고 있었다.[41] 전남건준의 선전부장이었던 최인식은 호남신문사에 편집국장으로 들어와서 노산과 함께 신문을 만들었는데 1946년 8월 18일 미군정을 비판하는 기사로《호남신문》이 법령 88호에 의거해 2개월간 정간 처분[42]을 당하자 지방지로서 언론자유의 한계를 느끼고 10월에 사임하고 서울로 갔다. 이미 1946년 8월에 정간을 한번 당하였던《호남신문》은 1947년 3월 31일 좌익옹호, 선동 및 삐라 살포 혐의로 사장 및 각 국장 등 65명이 연행되어 25명은 석방되고, 나머지는 구속되는 사건이 발생하였다. 열흘 전인 3월 22일에 남조선 전역에서 총파

---

39　국립중앙도서관, 신문해제(www.nl.go.kr/newspaper)에서는 1946년 11월 24일에 운영권을 박준규로부터 노산이 넘겨 받았다고 한다. 한편 김봉천의『노산 이은상 선생』, 64쪽에는 1946년 3월에 사장으로 취임하였다고 한다.

40　호남신문 사고(1946년 3월 13일자)에 의하면 제호 변경은 1946년 3월 16일이다.(미군정기 지역언론 특성에 관한 연구-광주지역 신문을 중심으로, 유종원, 김송희, 279쪽,《언론과학연구》제5권 2호, 2005년 8월)

41　미군정기 지역언론 특성에 관한 연구-광주지역 신문을 중심으로, 유종원, 김송희, 298쪽,《언론과학연구》제5권 2호, 2005년 8월

42　김석준은 이때 무기 정간을 당하였다고 한다.(『미군정시대의 국가와 행정』, 김석준, 420, 422, 455쪽, 이화여대 출판부, 1996년)

업이 발생하였다.[43] 노산은 사장이 된 지 4개월 만에 연행된 것이다. 그렇게 고대하던 해방된 조국에서 일어난 일이다. 석방된 노산은 신문의 쇄신을 추진하였다.

처음 사장이 되었을 때는 기존의 타블로이드판 2면 체제를 유지하고 있었는데 1947년 8월 15일자부터는 제호를 한글로 사용하고, 배대판 4면 등 쇄신을 단행하였다. 초대 편집국장은 김창선[44]이었다. 해방될 때 전남도청 지방주임으로 근무하고 있던 김창선은 미군정에서 관방주사(인사처장)로 임명되었다가 그만두고 호남신문사로 왔다. 신문사에서 이사까지 오른 김창선은 노산과 함께 한독당에 참여하여 한독당 광주시당위원장을 지내기도 했다. 노산이 사장으로 있는 동안 《호남신문》은 1947년 8월 15일자부터 우리나라 신문사상 처음으로 국한문 혼용 가로쓰기를 도입했다.[45] 전남건준 위원장이었던 최흥종은 1948년 8월 정부수립 후에 사장 이은상, 편집국장 최인식이 운영하는 호남신문사의 회장을 맡기도 했다.[46] 노산은 회사 운영을 투명하게 했다. 손익 결산을 공개하여 모두가 알 수 있게 하고 회사가 공동운명체라는 생각을 하게 했다. 부정 방지를 위해서 외근 수당을 신설했다. 당시에 외근 기자들에게는 돈봉투가 심심찮게 생기는 분위기였다. 돈의 유혹에 빠지지 않도

---

43 『미군정시대의 국가와 행정』, 김석준, 420, 422, 455쪽, 이화여대 출판부, 1996년
44 1952년 5월 10일 초대 전남도의회 의원선거에 자유당 공천으로 출마하여 최다 득표로 당선되어 초대 의장을 역임하였다.
45 해방 후 문교부 편수국장인 외솔 최현배는 오로지 한글로만 가로쓰기를 주장하였다.(참 삶의 길을 열어준 외솔 최현배 선생, 김석득, 122쪽, 『스승』, 도서출판 논형, 2008년)
46 위키피디아, 위키백과

록 한 것이다.[47]

　당시에 미군정 정보보고서에 의하면 광주의 3개 신문 중《호남신문》은 정치성향이 좌익으로 분류되어 있었고, 발행 부수는 3만 부였다. 전국의 18개 주요 지방일간지 가운데 가장 많았다. 전국에서 가장 좋은 용지로 신문 제작을 했다. 동광신문의 전신인《광주민보》는 5천 부에 불과했다.[48] 이 신문은 6·25전쟁이 일어난 1950년 7월에 폐간되었다. 초창기 좌파 성향이었던《호남신문》은 몇 개월 되지 않아 친미 우익 성향으로 변하였고,《동광신문》역시 한민당 관련 인사들에게 운영권이 넘어가서 기관지 역할을 했고,《광주신보》역시 우익인사들이 경영 주체로 참여했다.[49] 미군정의 언론정책은 남한을 반공의 교두보로 만들려는 점령 목표를 달성하기 위해 언론의 자유는 제한적으로 허용하고, 좌익언론에 대해서는 탄압으로 일관하였다. 귀속재산은 언론사의 자치위원회를 부정하고, 친미 세력에게 관리권을 이양함으로써 언론계에 친미 세력을 확산하는데 주력하였다.

　『광주전남언론사』에서는《호남신문》은 집권 세력인 족청계 자유당을,《동광신문》은 한민당의 노선을 추종하였고,《광주신보》는 언론 본연의 기능을 유지하기 위해 애를 썼지만 분명한 한계가 있었다[50]고 한다. 선명한 우익노선의《동광신문》편집국장 겸 주필이었던 고영환은

47　노산의 인간상, 정재도, 199쪽, 『노산문학연구』, 노산문학회, 1976년
48　『미군정시대의 국가와 행정』, 김석준, 419쪽, 이화여대 출판부, 1996년
49　미군정기 지역언론 특성에 관한 연구-광주지역 신문을 중심으로, 유종원, 김송희, 283, 292쪽,《언론과학연구》제5권 2호, 2005년 8월
50　『광주전남언론사』, 광주언론인동우회, 188쪽, 1991년

여순사건이 진압되고 난 직후 문인조사반[51]과 함께 여수와 순천을 시찰하고 적극적인 국가이데올로기 담론의 생산자로 합류하였다. 영남대 국어국문학과 이동순 교수는 지역의 신문사가 지역민의 피해와 실상보다는 국가권력의 이데올로기에 동조하고 협력한 씻을 수 없는 과오를 범하였다[52]고 한다.

---

51  문화교육부가 구성한 「반란 실정 문인조사반」은 10명이었는데 제1대 박종화, 김영랑, 김규택, 정비석, 최희연과 제2대 이헌구, 최영수, 김송, 정홍거로 구성되어 11월 3일부터 총 6일 동안 광주, 여수, 순천, 광양, 진주 등지를 둘러보고 중앙 일간지에 답사기를 발표하였다. 이들은 여순사건의 모든 책임을 반란 주범자인 사회주의자들에게만 맞춰서 작성하였다.(역사, 기억 그리고 소설의 자리, 홍기돈, 108쪽, 『아픔, 기억 그리고 치유』, 여순사건 제70주기 추모 전국문학인 여수대회, 2018년)
52  여순사건의 시적 재현양상, 이동순, 13쪽, 『아픔, 기억 그리고 치유』, 여순사건 제70주기 추모 전국문학인 여수대회, 2018년

## 4. 한독당 전남도당 위원장, 여순사건 김지회 신원보증

　　우익은 독립촉성중앙협의회와 신탁통치반대국민총동원위원회가 통합하여 1946년 독립촉성국민회를 창립하고 반탁운동을 전개하였다. 총재는 이승만, 부총재는 김구, 김규식이었다. 독립촉성국민회는 전국의 시, 도뿐만 아니라 면, 리에 이르기까지 조직망을 확대했다. 전남지부는 정순모, 이남규 등이 주축이었다. 《호남신문》의 이은상은 1946년 10월 12일 결성된 한국독립당 전남도당의 위원장이었고 《동광신문》의 고광표[1]는 1945년 11월 초에 결성된 한민당 전남도당 부위원장, 광주지부 위원장이었다. 1947년 6월, 《조선중보》(광주신보의 전신)의 신순언 사장은 한독당 전남지부 초대 부위원장을 역임하고 제2대 위원장을 맡았었다. 해방 직후 대부분의 언론인들은 보수 우익의 정치적 성향이었다.

　　1946년 5월 8일 광주 대성초교에서 열린 이승만 귀국 강연회에서

---

[1]　담양 창평의 대지주. 동아일보 고재욱, 고재필과 사돈지간. 김성수, 송진우와 일본에서 같이 공부했음. 건준 초대 재무부장, 조선중보에 참여하기도 했고 동광신문을 인수하기도 했음.

이승만이 조선중보의 구독을 권유할 정도로 처음에는 한민당의 색채가 강했다. 다른 신문들도 모두 자기 나름의 정치적 색채를 띠고 있었다. 이승만이 광주에 도착한 날인 5월 7일에 겨우 창간호를 낸 조선중보의 구독을 권유한 이유는 호남신문 사장 이은상이 열렬한 한독당 계열이었기 때문에 조선중보를 한민당 편으로 끌어들이기 위한 의도였다[2]고 한다.

### 김구의 건국실천원양성소에 강사로 참여

노산은 1947년 3월, 김구의 한국독립당이 주도하여 건립한 건국실천원양성소(建國實踐員養成所)에 강사로 참여하기도 했다. 건국실천원양성소는 우익진영이 전국 각지의 애국청년들을 건국 일꾼으로 키우기 위해 만든 교육기관이다. 양성소의 기별 교육 인원은 100명 내외였다. 교육 기간은 제1기가 2개월이었고, 제2기부터 마지막 교육을 받은 제9기까지는 1개월 단기과정이었다. 교육내용은 독립운동사 · 정치 · 경제 · 법률 · 헌법 · 역사 · 선전 · 민족문화 · 국민운동 · 철학 · 약소민족문제 · 농촌문제 · 협동조합 · 사회학 · 공산주의 비판 · 여성문제 등과 특별강의였다. 1948년 12월 제5기 수료생 명부에 따르면 명예 소장 이승만, 소장 김구, 부소장 엄항섭, 이사장 장형(張炯)으로 진용을 갖추고 있었다. 강사는 조소앙, 조완구, 신익희, 지청천, 양주동, 설의식, 안재홍, 이인, 김활란, 박순천, 정인보, 이은상 등 각계의 인사들이었다. 강의는 안호상

---

2    미군정기 지역언론 특성에 관한 연구-광주지역 신문을 중심으로, 유종원, 김송희, 291쪽, 《언론과학연구》 제5권 2호, 2005년 8월

이 민족이념, 양주동이 문예부흥운동, 이선근이 국민운동, 류재기는 민족경제와 협동조합, 이은상은 민족정신이 주제였다. 한독당 당수 백범은 매주 월요일 오후에 와서 정신 강화를 하였다. 건국실천원양성소는 1949년 6월 26일, 백범이 육군 포병 소위 안두희(安斗熙)[3]에게 권총으로 살해된 이후 8월 23일 해체되고, 양성소 본부였던 원효사(용산구 원효로) 건물은 1949년 9월 홍익대학교가 인수하였다. 홍익대를 설립한 대종교는 같은 해 12월부터 자유당 정권의 조직적인 탄압을 받았다. 홍대 프락치 사건이 발생하였고, 홍익대학 정열모 학장이 구속되고 학생 간부 54명이 연행되었으며 대종교인들은 재단이사 강제 사임을 당하였다.

노산이 가입했던 한독당은 임정 요인들이 주축인 정치세력으로 김구의 절대적인 영향력 아래 있었다. 1945년 12월부터 반탁운동의 중심에 서서 주도권을 확보하였으며 이후 미·소공위 불참, 미소 양군 조기 철병 주장, UN 감시 하의 남북한 총선거 실시 지지, 단선 단정 반대, 좌우합작과 남북협상 등을 주장하다가 급기야 단독선거 불참으로 현실적

---

3  김구 암살범 안두희도 서북청년단 출신이었다.(『솔직하고 발칙한 한국현대사』, 김민철 외, 186쪽, 내일을 여는 책, 2017년) 서북청년단 부단장 김성주는 안두희 재판이 열리자 회원들과 함께 안두희가 애국충정의 의사라고 외치며 석방을 요구하는 전단을 살포하기도 했다.(『숨어있는 한국현대사』, 임기상, 172쪽, 인문서원, 2015년) 6·25전쟁이 일어난 얼마 뒤 9월 28일 서울을 수복하고 10월 10일 평양을 탈환하였다. 이때 북한에서는 유엔 군정이 실시되었는데 김성주가 유엔군정에 의해 평안남도 도지사로 발령을 받아 평양으로 들어가기도 했다.(서북청년회 출신들의 정치적 배제와 부활, 윤정란, 243쪽, 『한국전쟁과 기독교』, 한울아카데미, 2016년) 이승만은 서북청년회의 독자적인 행동을 나쁘게 생각하였다. 결국 김성주에게 이승만 살해 음모라는 혐의를 씌워 사형을 언도하자 서북 청년회는 구명운동을 전개했고, 이를 빌미로 서북청년회는 완전히 해산되었다. 4·19 이후 정군운동을 하던 서북청년회 출신들은 김성주를 살해한 원용덕을 군에서 제거하였다.(『한국전쟁과 기독교』, 윤정란, 249, 256쪽, 한울아카데미, 2016년)

인 정치력이 크게 위축되었고, 계속해서 남북회담의 당위성을 주장하면서 통일국가 수립 운동을 하다가 1949년 6월 백범이 암살된 이후 해체되었다. 이때는 노산이 호남신문사를 그만두고 서울에 와 있을 때였다. 1947년 5월에 열린 한독당 제6기 전당대표자대회에 관한 기록을 보면 국내외에 370여 (지)당부가 있었으며 그 중에서 전남지역의 당원이 꽤 많았다. 전남 도내에는 17개 지부가 조직되어 활동하고 있었다.[4] 한독당의 중앙집행위원장은 김구였고, 부위원장은 조소앙[5]이었으며 일제강점기 조선어학회사건으로 노산과 함께 징역을 산 안재홍, 신흥무관학교 교관이었던 오광선 등이 핵심 간부였다. 양주동은 한국독립당 문화예술행정 특임위원(1946년 2월~1947년 1월)이었다.

### 여순사건과 한독당 계열의 오동기, 송욱, 이은상

1948년에 전개된 군부 내의 숙군작업은 좌익을 주 대상으로 하면서도 단독정부, 단독선거 반대 세력을 겨냥해 폭넓게 진행되었다. 10월 21일, 이범석 국무총리는 인터뷰에서 여순사건을 '공산주의자가 극우 정객들과 결탁해 일으킨 반국가적 반란'이라고 규정했다. 그에 의하면 "공산주의자가 극우의 정객들과 결탁해서 반국가적 반란을 일으키는

---

4   『한국독립당연구』, 노경채, 146쪽, 도서출판 신서원, 1996년
5   1887~1958년. 1940년 김구의 한국국민당, 지청천의 조선혁명당과 3당 통합으로 한국독립당을 창당하고 부위원장으로 국가건설 방향으로 삼균주의를 정립하였다. 해방 이후에도 김구와 더불어 한독당의 양대 세력이었다. 노산은 1965년 1월 조소앙 선생 문고편찬위원회 위원장을 역임하였다.(『가고파, 내 고향 남쪽 바다』, 김복근 외, 302쪽, 경남시조시인협회, 도서출판 경남 2017년)

책동"[6]이며 국군 내의 "주모자는 여수 연대장이었던 오동기(吳東起)[7]"이고, "국가, 민족을 표방하는 극우파가 가담"했다고 발표했다. 다음 날인 10월 22일, 역시 이범석 총리는 '반란군에 고한다'는 제목의 포고문에서 "반란군이 일부 그릇된 공산주의자와 음모정치가의 모략적 이상물이 되었다."[8]고 언급하며, 이 반란사건에서 '극우 정객'의 역할이 매우 컸음을 은근히 부각시켰다. 이범석, 김태선 등이 김구를 극우파로 지적한 것이다. 김구, 김규식 등 정적(政敵)들까지 한데 옭아매려는 이승만 정권의 의도가 노골적이었다.[9] 그러자 김구는 극우 정객이 반란에 참여했다는 근거가 없다며 반박하였다. 이후 김구는 10월 27일 여순사건 진압 직후 공식 기자회견을 열어 "나는 극우 분자가 금번 반란에 참여했다는 말을 이해할 수 없다"며 관련 사실을 부인했다. 김구의 반박 보도문은 조선일보와 한성일보[10]를 통해 보도되었다. 여수의 14연대장인 오동기가 체포된 것도 김구를 지지하는 한독당 계열의 군대 프랙션[11]을

---

6    서울신문 1948년 10월 22일자. 이 내용은 김석범의 소설 「화산도(火山島)」 11권(보고사, 2015년) 11쪽에도 실려 있음.
7    1901~1977. 경기도 이천 출생, 낙양군관학교 전신인 강무당(講武堂) 출신으로 1946년 귀국하여 경비사관학교 3기 특별반을 마치고 대위로 임관. 1948년 7월 15일 김익렬 연대장 후임으로 제14연대 연대장으로 부임. 같은 해 9월 28일에 혁명의용군 사건 혐의로 최능진 등과 함께 소환되어 10월 1일에 정식 구속 심문을 받았다. 군사재판에서 10년 징역형을 선고받고 서대문형무소에 수감 중 6.25전쟁이 발발하자 서울에 진주한 인민군에 의해 출옥하여 고향 이천집으로 돌아왔다. 수복 직전에 경찰에 자수하여 징역 5년으로 감형되어 대구형무소에서 출옥하였다.(『동포의 학살을 거부한다』, 주철희, 162쪽, 흐름출판사, 2018년)
8    서울신문 1948년 10월 24일자
9    역사, 기억 그리고 소설의 자리, 홍기돈, 107쪽, 『아픔, 기억 그리고 치유』, 여순사건 제70주기 추모 전국문학인 여수대회, 2018년
10   한성일보 1948년 10월 28일자
11   프랙션(Fraction). 정당이 대중단체의 내부에 조직하는 당원조직.

제거하려는 시도의 일환이었다. 제주도 초토화 작전을 위해 파병할 1개 대대를 편성하라는 작전명령이 내려진 뒤 10월 초에 체포된 연대장 오동기는 김구를 따르는 한국독립당 계열의 우익 인물이었고, 반공주의자였다. 오동기 체포 이후 숙군 바람은 14연대 남로당 세포에게도 미쳤다.[12] 6·25전쟁 때에도 상황은 비슷하였다. 민세 안재홍의 비서 조규희는 피난 가기 전에 강원용에게 "피난을 가고 싶어도 이승만이 전쟁이라는 기회를 이용해 자신의 정적은 모조리 공산당으로 몰아 총살을 한다는 얘기가 있어 내려가지 못하고 있어요"라고 말했다고 한다.[13]

그런데 갑자기 여순사건의 주도 인물이 바뀌었다. 1948년 10월 26일에 육군 참모장 정일권은 국방부 출입 기자에게 "여수반란 총지휘자는 여수여중 교장 송욱"이라고 하였다.[14] 같은 날 이범석 국무총리의 국회 연설에서도 여순사건의 민간인 총지휘자로 지목되었다.[15] 송욱 교장은 당시 언론 지상에 대서특필되었던 '여학생이 치마 속에 총을 숨겨 진압군을 쏴 죽였다'는 여학생부대의 배후 인물이 되었다. '관련된 여학생은 한 명도 없었다는 증언'을 무시하고 송욱을 좌익으로 둔갑시켜 놓은 것이 여학생부대였다.[16] 정부는 여순사건의 주도 인물을 군인에서 민간인으로 바꾼 것이다. 처음에는 오동기를 주모자로 발표하면서 국군의 반란임을 강조하였다가 국군통수권자인 대통령과 국방부 장관의

---

12 『여순사건과 반공국가의 형성』, 김득중, 72, 442쪽, 선인, 2009년
13 『역사의 언덕에서 2, 전쟁의 땅 혁명의 땅』, 강원용, 100쪽, 한길사, 2003년
14 『동포의 학살을 거부한다』, 주철희, 166쪽, 흐름출판사, 2018년
15 『여순사건과 반공국가의 형성』, 김득중, 330쪽, 선인, 2009년
16 여순사건의 시적 재현양상, 이동순, 33쪽, 『아픔, 기억 그리고 치유』, 여순사건 제70주기 추모 전국문학인 여수대회, 2018년

책임을 면하고자 반란의 주도 세력을 지방 민중과 학생들에게 전가하였다. 이제 송욱의 등장으로 여순사건은 여수·순천 사람들이 일으킨 민중 반란에 일부 좌익 군인이 합세하였다는 입장으로 바뀌었다. 나중에 14연대 병력이 지리산으로 입산하고 난 뒤에는 다시 지창수, 김지회가 주동자로 강조되었다. 왜냐하면 남로당의 지령임을 강조해야 했기 때문이었다.[17] 송욱(宋郁)[18]은 지역에서 명망 있고 존경받는 여수여자중학교 교장이었다. 송욱 교장은 해명하기 위해 제5연대 김종원 대위를 찾아갔다가 곧바로 체포되었다. 잔인한 김종원[19]에게 체포된 송욱이 광주 호텔에 감금된 것을 안타깝게 생각한 후배 양희종은 호남신문사 사장인 노산을 찾아가서 구명을 부탁했다. 당시 노산은 한국독립당 전남지부장[20]을 맡고 있으면서 송욱, 여수일보 사장 정재완, 14연대장 오동기

---

17  『동포의 학살을 거부한다』, 주철희, 168, 193, 194쪽, 흐름출판사, 2018년

18  1914~1948년, 전남 화순 출생, 고창중학교와 보성전문 법과 졸업. 1938년 서울 상명여학교 교사를 지냈고 조선어학회사건에 연루되어 서대문형무소에서 복역하던 중 해방을 맞았다. 상명여학교에 복직하였다가 1945년 고향에 처음으로 설립된 영산포여중 교장으로 초빙되었고 1946년 광주서중 교감을 거쳐 여수여중 교장으로 재직했다.(『여순사건과 반공국가의 형성』, 김득중, 330쪽, 선인, 2009년)

19  계엄사령부 민사부장, 헌병부사령관에 있을 때, 거창학살사건으로 1951년 12월 16일 대구고등군법회의에서 3년 징역형을 선고받았다. 그후 서남지구전투사령관, 전북경찰국장(1952.7~1953.4), 경남경찰국장(1953.11~1954.8), 경북경찰국장(1954.8~1955.2), 전남경찰국장(1955.2~1956.5)을 거쳐 1956년 5.15 대통령 선거에서 부정선거의 공로를 인정받아 최고직인 치안국장(1956.5~1957.3)을 하였고, 태극무공훈장을 받았다.(세계일보 1948년 11월 9일자, 여수 14연대 반란과 송욱 교장, 반충남, 220쪽, 월간 《말》 1993년 6월호)

20  한국독립당은 일본과 맞서 싸우기 위해 1930년 1월 25일 중국 상하이에서 결성된 대한민국의 보수정당으로 김구, 조소앙, 홍진, 조시원이 중심이었다. 하와이에도 지부를 설치하고 한국독립당 하와이 지부라고 하였다. 한국독립당 하와이 지부에 이승만, 서재필 등이 입당하였고, 1945년 10월 이승만이 탈당하고, 1948년 1월 임병직 등이 탈당할 때까지 활발하게 활동했다. 5·10 총선 당시 김구 중심의 한국독립당이 단독정부 수립에 반대하

와 친하게 지냈다. 이들은 모두 한독당 계열이었다.[21] 구명을 부탁받은
노산은 한숨만 쉬다가 "나는 송 교장이 거기에 있다는 것은 듣고 있다.
그러나 지금 나도 송 교장의 구명운동을 나서고 어쩌고 할 처지가 아니
다. 그리고 구명운동을 한다 해도 이미 때가 늦은 것 같다"고 말했다.

노산도 여순사건이 일어나자 광주 제5연대 사령부로 연행되었
다. 연대장은 김종원이었다.[22] 봉기를 주도한 김지회의 신원보증인으
로 되어 있었기 때문이었다. 김지회 중위는 육군사관학교 3기 출신으
로 14연대 대전차포 중대장이었다. 다행히 노산은 당시 4연대장 이한
림 소령의 해명으로 무사할 수 있었다. 노산은 정부가 여순사건[23]을 이

---

여 불참하자, 제헌국회에서는 5·10 총선을 추진하던 이승만 계열과 호남의 지주들이 중
심이던 한국민주당이 대다수 의석을 차지하였다. 1949년 신익희 등이 탈당하여 민주국
민당으로 갔고, 조소앙이 탈당하여 사회당을 창당하였으며 이시영, 이범석 등은 이승만
진영으로 가면서 와해되었다. 김구 사망 후 조완구가 당위원장으로 추대되었지만, 한독
당은 김구와 함께 사멸의 길로 들어서고 말았다.(블로그 하늘공부 http://blog.daum.net/
ky1002027/6582522)

21  1948년 여순봉기, 김계유, 291~292쪽,《역사비평》1991년 겨울호
22  이은상이 김지회의 제4연대 입대에 신원보증을 서서, 본인도 곤경에 처해 있으므로 송욱
교장의 구명에 나설 수 없었다고 하지만 실제는 그렇지 않다는 주장도 있다. 김지회는 경
비사관학교를 3기로 졸업하고, 장교로서 첫 부임지가 제4연대였다. 경비사관학교에 입대
하기 위해 신원보증을 서는 경우는 있었지만 장교가 부임하는 데 신원보증이 필요한 경
우는 없었다. 김지회의 경비사관학교 입학에 신원보증을 선 사람은 1연대 C중대의 이병
주 중대장이었다. 현대사연구자 주철희는 이은상이 당시 여러 정황상 송욱을 도울 수 없
기에 회피하기 위한 수단으로 만들어낸 말일 것이라고 한다.(『동포의 학살을 거부한다』,
주철희, 168쪽, 흐름출판사, 2018년)
23  여순사건이 발생하자 호남신문, 광주신보, 동광신보는 종군기자단을 편성했으며 중앙지
들도 종군기자단의 기사를 게재하는 등 활약이 컸다. 이 과정에서 호남신문, 동광신문 등
이 오보한 여순사건 주모자 중의 한 사람인 김지회의 체포 기사가 국내는 물론 AP, UPI,
로이터 등에 전재되는 해프닝도 발생했다. 체포되었다는 군 당국의 제보를 그대로 받아
쓴 것이다. 윤치영 내무장관은 지리산에서 체포됐다는 허위 발표를 하기도 했다. 1948년
10월 31일, 호남지방 작전사령부는 김지회 체포에 50만 원, 사살에 25만 원의 현상금을

용하여 김구와 한독당 세력의 정치생명을 겨냥하고 있다는 것을 알고 있었기 때문에 송욱 교장의 구명에 나서달라는 말을 듣고도 "송 교장의 운명을 하늘에 맡길 수밖에 없다"고 말했다고 한다.[24] 한편 제주 4·3사건의 학살자인 연대장 박진경 대령 암살을 지휘한 문상길 중위가 1948년 6월에 체포되자 언론인 설의식과 시인 이은상, 소설가 채만식 등이 구명운동을 하였다고 한다.[25]

### 여순사건 신원보증문제로 물러난 이은상의 서울, 부산 생활

노산은 호남신문사 초창기에 사설을 직접 쓰고 충무공일대기도 출판할 정도로 열심히 활동하였다. 『마산시사』에서는 이 일이 훗날 이승만, 박정희 정부를 거치면서 오래도록 기녀처럼 중앙권력 가까이서 역사의 양달을 걸을 수 있도록 이끈 고리가 되었다[26]고 한다. 《호남신문》에 의하면 1948년 8월부터 여순사건 장병의 신원보증 문제로 연행되었다가 풀려나 신문사를 물러나서 서울로 갔다고 한다. 김지회에 대한 신원보증이었다. 해방 직후의 국방경비대는 모병제였고, 입대 시 신원조회가 허술하였다. 건군 초기의 미군정은 군인이 정치적 견해를 갖는 것에 대해서는 전혀 제재를 하지 않았다. 특히 병사들은 민족주의, 사회주의 성향이 많아서 친일파들이 주축인 경찰과 충돌하는 지역이 많았다. 마산시의회에 근무했던 김봉천은 『노산 이은상 선생』에서 호남신문사

준다는 공고를 하기도 했다.(여순사건의 주도자를 찾아서, 주철희, 순천광장신문 2015년 7월 15일)

24  『여순사건과 반공국가의 형성』, 김득중, 333~334쪽, 선인, 2009년

25  《미디어 오늘》, 2019년 3월 16일 제1191호 사설

26  『마산시사』 제5권 교육과 문화, 246쪽, 마산시사편찬위원회, 2011년

가 정상궤도에 들어설 즈음인 1948년 10월 광주를 떠나 서울로 올라갔다고 하지만 실제로는 '정상궤도'가 아니었다.

이 당시 서울에서는 이승만 정권 유지를 위한 반공이데올로기 담론의 형성에 문인들이 앞장서고 있었다. 문인들이 생산한 담론의 파급력을 확인하고, 정권의 지배력을 보여 주기 위해 1948년 12월 27~28일 「민족정신 앙양 전국문화인 총궐기대회」가 열렸다. 27일 오전 10시 서울시 공관에서 오백여 명의 문화인들이 참석하였다. 이 자리에서 박종화는 개회사를 하였고, 김영랑이 경과보고를 하였으며 이승만 대통령은 축사를 하였다.[27] 이때 이름이 오른 경남, 부산지역 문화인은 이은상을 위시해서 김달진, 김춘수, 김용호, 김상옥, 김용환, 김의환, 유치환, 유치진, 조연현, 최현배, 최인욱, 오종식, 정인섭, 손진태, 이광래, 이정호, 최영해, 오영수, 탁소성, 한형석, 허영균, 설창수 등이었다.[28]

서울에서 노산은 1949년 4월부터 1년간 동국대학교 문과대학 강사로 근무하였다.[29] 이 대학에서 시조시인 조운이 1947년 고향인 영광에서 서울로 와서 시조론, 시조사 등을 강의[30]하다가 1949년 월북하였는데 연이어서 노산이 강의를 맡았다. 노산이 광주를 떠나 서울에 간 시점은 단독정부가 출범하던 시기였다. 먼저 서울에 와서 조선일보 편집국장, 1949년 1월 4일부터[31] 조선중앙일보 편집국장을 하고 있던 최인

27  여순사건의 시적 재현양상, 이동순, 24쪽, 『아픔, 기억 그리고 치유』, 여순사건 제70주기 추모 전국문학인 여수대회, 2018년
28  『유치환과 이원수의 부왜문학』, 박태일, 171쪽, 소명출판, 2015년
29  『노산 이은상 선생』, 김봉천, 65쪽, 창신고등학교, 2002년
30  『약전으로 읽는 문학사 1. 해방 전』, 132쪽, 소명출판사, 2008년
31  『한국언론사』, 정진석, 431쪽, 도서출판 나남, 1990년

식은 1950년 5월 15일 사임하고, 이은상, 이한상[32] 형제와 함께 사업을 하다[33]가 6·25를 맞아 폐업했다고 한다. 노산은 1년간 서울에 있다가 6·25전쟁이 발발한 후인 1951년 1월부터 1년간 부산에서 피난 생활을 했다. 부산에 있으면서 기록영화 「낙동강」의 삽입곡을 이은상 작사, 윤이상(부산사범학교 교사) 작곡으로 만들었는데 꽤 오랫동안 노래 「낙동강」을 모르면 경남도민이 아니라는 이야기가 나올 정도로 많이 불렀다.

6·25전쟁 중에 부산에서는 이승만 대통령 재선을 위해 직접 선거제를 내용으로 하는 첫 번째 헌법개헌이 추진되었다. 이 발췌개헌안은 처음 표결한 1952년 1월 18일에는 찬성 14, 반대 143, 기권 1표로 부결되었는데 6개월 후에 다시 7월 4일 밤, 일어서서 찬성을 나타내는 기립 공개투표로 찬성 163, 기권 3표로 통과되었다. 헌병대가 50명의 야당 국회의원이 탄 버스를 연행하여 국회의사당에 들어오지 못하게 한 뒤 기습 표결하였던 것이다. 이른바 부산정치파동이다. 1952년 7월 7일 정·부통령 직선제를 골자로 하는 개정헌법이 공포되고 8월 5일 제2대 대통령 선거가 실시되었다. 선거는 최다 득표자를 당선인으로 선출하는 방식이었다. 죽산 조봉암이 이승만에 맞서 대통령선거에 입후보하였다. 광복동에 있는 중국음식점에서 죽산이 강원용에게 선거사무장을 맡아달라고 했으나 거절하였다.[34] 얼마 후 부산에 있는 박기출이 저녁 식사를 초대하여 자택에 갔더니 여러 명이 모여서 선거 준비를 하는 자

32   노산은 본인이 출생하기 전에 형이 사망하여 장남이 되었으며 2남 이순상, 3남 이한상은 서울대 교수, 4남 이길상은 물리학자, 연세대 교수, 5남 이정상은 배재 출신으로 일제 때 순교하였고 누이동생 희(喜)가 있었다.

33   dictionary.sensagent.com/최인식

34   『역사의 언덕에서 2, 전쟁의 땅 혁명의 땅』, 강원용, 304~306쪽, 한길사, 2003년

리였다고 한다. 그 자리에는 조봉암, 박기출, 강원용, 이은상 등이 있었다고 한다. 이 자리에서도 조봉암은 강원용에게 선거사무장을 맡아 달라고 또 부탁하였다.[35] 그러나 강원용은 맡지 않았다. 대신에 청곡 윤길중이 선거사무장을 맡았다. 조봉암은 "정치적으로 이승만은 어른이고 조봉암은 어린아이다. 정치적으로는 내가 이승만에게 상대가 되지 않는다는 걸 잘 안다"고 하였다. 조봉암은 이승만 대통령을 견제할 목적으로 출마하였던 것이다. 이 선거를 준비하는 자리에 노산이 어떤 연유로 참석하였을까? 후보는 현직 대통령인 이승만을 비롯해 무소속의 조봉암, 이시영, 신흥우 등 4명이었다. 우리나라 최초의 직선제 투표에서 이승만은 74.6%, 조봉암은 11.4%의 득표율이었다. 죽산은 초대 농림부장관이 되었을 때에도 여해(如海) 강원용 목사에게 국장직을 제안한 적이 있는데 그때도 사양하였다.[36]

### 6·25전쟁이 끝난 후 호남신문의 재건을 위해 노력

6·25전쟁 중에 수복 후 광주에서 맨 처음 발행된 신문은《광주신보》였다. 손수겸이 10월 1일자로 속간호를 냈다. 다음으로《전남일보》가 발간되었는데 이 신문은 훗날 김남중이 발행한《전남일보》와는 전혀 다른 전남도의 기관지로 판권 없이 발행되었다.《전남일보》는《호남신문》의 속간이 늦어지자 1950년 10월 7일에 전남시국수습협의회 선전부가 귀속재산인 호남신문 사옥을 인수해 창간하였다. 6·25전쟁 전

---

35  이승만, 조봉암 사이에서 양다리 걸친 미국, 강원용 목사의 체험 한국현대사 2.(박태균과의 대담)
36  『통 큰 사람들』, 남재희, 154, 212쪽, 리더스 하우스, 2014년

에는《호남신문》,《광주신보》,《동광신문》등 3사 체제였던 광주지역 언론계는 6·25전쟁 시기에《동광신문》이 자연 소멸되고《광주신보》와 《전남일보》의 양립 체제 속에서《광주신보》가 위세를 떨쳤다.《광주신보》는 새로운 엘리트를 규합, 총력을 기울였고, 전남도 기관지《전남일보》는 역부족이었다. 고전하던《전남일보》도 1951년 봄, 진용을 강화해 전남일보와 전 호남신문, 전 동광신문 등 3사 간부가 모여 발행인 고광표, 주필 김남중, 편집국장 한규종, 편집부국장 고문석, 서두성 등으로 진용을 재편했다.

부산에서 광주로 돌아온 이은상이 전라남도를 상대로 사옥명도소송을 제기하고, 호남신문 사원들을 규합했다. 1951년《호남신문》사원들이 통행금지 시간에《전남일보》사옥을 강점하여《호남신문》속간호를 발행했다. 사옥 명도소송에서《호남신문》이 승소하자 전남도 기관지인《전남일보》는 1951년 12월 1일부로 정간되었다. 이에 김남중 주필이 이은상에게 호남신문의 사옥과 시설을 넘겨주고 나와 부산에 있던 임시정부로부터《전남일보》의 판권을 허가받아 1952년 2월 10일부터 민간지로 다시 태어났다. 이 신문이 바로《광주일보》의 전신이다.[37] 이 당시 노산은 도지사가 주도하는 전남대학교 설립과정에도 참여하고 있었다.

그러나《호남신문》이 아직 적산(敵産)의 성격을 완전히 벗지 못해 적자에 허덕이며 경영권이 정부 당국의 입김에 좌우되는 처지였다.

---

37    문화통(www.mtong.kr), 특집 광주, 전남 지방신문사 어제와 오늘, 2013년 6월 20일, 광주문화발전소

1954년 2월이었다. 자유당 정부는 원내 자유당(이기붕계)과 원외 자유당(이범석계)으로 나뉘어 당내 권력투쟁을 벌이고 있을 때였는데 노산은 이범석 계열로 지목되어 미움을 받다가 결국 《호남신문》의 경영권을 빼앗겼다. 노산이 김구 생존 시에는 한독당이었다가 6·25전쟁 직후부터 《호남신문》을 운영하면서 이범석계의 자유당으로 정치적 입장을 갖고 있었음을 알 수 있다. 현실과의 타협이었다. 결국 《호남신문》은 자유당 국회의원이던 김철주(金鐵柱)[38]에게 넘어갔다.[39] 사장이 바뀌면서 최인식도 편집국장에서 물러났다. 몇 년이 지난 뒤, 4·19학생혁명 이후 최인식이 부사장으로 취임하여 다시 재건 작업을 하였으나 경영난으로 1961년 4월 16일부터 8일간 자진 휴간에 들어갔다가 결국 1962년 경매에 넘겨졌고 《전남일보》 김남중이 낙찰받았다. 《호남신문》은 만 17년 만에 8월 31일자, 지령 4783호를 끝으로 역사 속으로 사라졌다.

---

38  1901~1962년, 전남 여천 출신. 1919년 광주 3·1운동에 참여했다 붙잡혀 징역 10월을 살았다. 1990년 건국훈장 애족장을 받았다. 여수군수, 여천군수 역임. 제헌의원, 2대 국회의원 선거에 출마했으나 낙선, 여천군 3대 국회의원 선거에서 무소속으로 당선(1954~1958년). 1954년 11월 29일, 국회의사당에서 제19회 제91차 본회의가 열렸다. 이틀 전 개헌안 부결을 선포했던 최순주 부의장이 제90차 회의록을 낭독하기 전 사사오입에 관한 정족수 계산 착오로 인한 부결 발표를 취소하고, 개정안 통과를 선포했다. 아수라장이 된 회의장에서 야당은 퇴장하고 여당만 남은 의사당에는 사사오입을 합리화하는 해괴한 논리들이 쏟아졌다. 중학교에서 수학을 가르쳤다는 윤성순 의원은 "수학계의 태두인 인하공대 학장 이원철 박사와 서울대 문리대의 최윤식 교수의 입증에 의해서도 135명은 재적의원 203명의 2/3인 것을 확증했다"라고 장황하게 주장했다. 의사 출신 김철주 의원은 번복 선포와 관련 "해산한 후 죽었다는 아기가 가사(假死) 상태에 있다가 엉덩이를 때리니까 살아난 일이 있는데 정족수라고 하는 것은 잘못 선포했지만 사실에 있어서는 135인이 틀림없다"라고 주장했다.(YS가 사사오입 개헌 반대? 당신이 아는 사실은 틀렸다, 김당, 오마이뉴스 2017년 1월 2일)

39  dictionary.sensagent.com/최인식

김봉천은 저서 『노산 이은상 선생』에서 노산은 인재 양성의 핵심인 대학교의 필요성을 느끼고 《호남신문》 사장으로 있으면서 전남대학교 설립을 추진하였다[40]고 하였는데 실제로는 행정기관이 주도적으로 설립하는 과정에 참여하였다고 하는 것이 정확하다. 자세히 과정을 살펴보면 1951년 9월 16일, 박철수 전남지사를 회장으로 하는 전남대학교 설립기성회가 구성되었다. 전남도청에 사무소를 두고 설립에서 개교에 이르는 재단 준비에 들어갔다. 설립기성회가 발족한 지 1개월이 채 안되는 1951년 10월 6일, 대통령의 재가로 전남대학교의 설립이 정식으로 인가되었다. 이에 따라 개교 준비를 위해 교내에서는 1951년 12월 1일자로 전남대학교 임시사무소를 의과대학에 설치하고 그 책임자로 이병우 교수를 임명하였다. 이후 전남대학교 설립을 위한 준비 작업은 도청에 있는 전남대학교 설립기성회와 전남대학교 임시사무소가 함께 수행하게 되었다. 설립기성회는 기존의 3개 도립대학을 전남대학교로 통합하고 향교재단에 의해 설립된 대성대학의 재산과 교수, 학생을 흡수하여 전남대학교 문리과대학으로 받아들이며 공과대학, 법과대학을 신설하고, 부지를 구입해 교사를 건립하는 일 등을 진행하였다. 국립대학의 설립이 인가된 다음에 기존 3개 도립대학과 사립 대성대학의 시설, 재산 및 향교재단이 대성대학을 위해 보유하고 있던 농지증권이 전남대로 이관되었다. 그중 일부에 대해서는 도의회의 승인을 얻어야 했다. 전남대학교 설립기성회는 필요한 자원을 마련하고자 설립기금

---

40  『노산 이은상 선생』, 김봉천, 68쪽, 창신고등학교, 2002년

6억 3천만 원을 모금하기로 결의하였다.

이런 일들이 마무리되지 않은 상태에서 1951년 12월 설립기성회장을 겸임하던 박철수 지사가 경질되고 그 후임으로 이을식 지사가 부임하였다. 이을식은 애국지사로서 평판이 좋았을 뿐 아니라 이승만 대통령의 신임이 각별하였다. 투철한 사명감과 열성으로 직무수행에 전념하였는데 특히 교육의 재건에 노력을 아끼지 않아 전남대학교의 설립에 큰 공헌을 남겼다. 이을식 지사는 부임 직후 설립기성회를 강화하는 등 국립 전남대학교의 설립을 위한 준비에 박차를 가하였다. 그에 의해 재조직된 설립기성회는 당연직인 위원장을 지사가 맡는 한편 이은상 호남신문사 사장, 박인천 광주상공회의소 회두, 정상호 유림 대표, 김창선 호남신문 주필, 고광표 전남석유회사 사장, 송화식 변호사, 최상채 광주의과대 학장 등을 위원으로 구성하였다.

1952년 4월 1일자로 최상채 광주의과대 학장이 전남대학교 총장 서리로 임명되었다. 아울러 그동안 추진해오던 도립 광주의과대학, 도립 광주농과대학, 도립 목포상과대학 및 사립 대성대학을 전남대학교에 통합, 개편하는 안이 공식 승인을 받았고 5월 24일에는 공과대학의 설치가 인가되었다. 이어서 유림 대표를 설득하여 1952년 5월 31일 후원재단 기금으로 부지를 기증받았고, 도의회를 신속히 구성하여 도립대학이 소유하고 있는 도유재산을 설립기성회에 이관한다는 결정을 하였다. 마침내 1952년 6월 9일 광주 서중학교 교정에서 개교기념식을 거행하면서 문교부장관 백낙준이 국립 전남대학교 설립 인가서를 이을식 지사에게 교부하였다.

1952년 7월 7일 대학교 설립을 주도해온 설립기성회를 해체하고,

전남대학교를 후원하기 위한 후원재단 설립위원회가 발족되었다. 전남대학교 설립을 위해 전남도민이 갹출한 성금과 향교재단에서 기부한 기금을 관리, 운영하기 위한 후원재단의 창립을 위한 예비조직이었다. 후원재단 설립위원회는 그 구성에서 거도적인 성격을 띠었는데 이는 전남대학교가 국립이면서도 도민의 적극적인 성원으로 설립되었기 때문이다. 당시 설립위원회는 위원장에 이을식 전남도지사를 선출하고, 이사 15명, 참사(參事) 48명으로 구성되었다. 도의회 의장, 도 교육위원회 의장을 비롯하여 각 시, 군의 교육위 의장, 향교재단 이사장 및 이사 등, 거도적인 인사들이 망라되어 참여하였다. 설립위원회는 「전남대학교 후원재단」 설립을 문교부에 신청하여 1952년 10월 16일에 인가를 받았는데 후원재단의 이사장에는 호남신문사 사장 이은상이 그리고 상임이사에는 송화식 변호사가 각각 선임되었다.[41]

후원재단이 설립됨과 동시에 후원회도 조직되었다. 후원회 회장에는 전남대학교의 창립 당시부터 많은 지원을 아끼지 않은 송화식 변호사가 선임되었다. 전남대학교는 후원재단과 후원회라는 두 축을 통해 지속적인 활동을 추진해나갈 수 있었다. 특히 후원회는 설립기성회를 모태로 전남대학교에서 독자적으로 조직하고 운영하였다. 이후 후원재단은 발전적으로 해체하고, 동 재산의 채권, 채무의 관리, 의무는 새로 발족한 기성회에 양도하였다. 김봉천은 노산이 1953년 4월부터 후원재단 이사장에 취임하여 1955년 3월까지 재임하였다고 한다.[42] 그러나 이

---

41  『전남대학교 60년사(1952~2012)』, 30, 125쪽, 전남대학교 60년사 편찬위원회, 전남대학교 출판부, 2012년
42  『노산 이은상 선생』, 김봉천, 127쪽, 창신고등학교, 2002년

미 6개월 전인 1952년 10월 문교부의 인가를 받을 때부터 노산은 이사
장이었다.

## 5. 이승만 단독정부 반대, 민주공화당 입당 거절한 운암

바위처럼 서 있는 운암 김성숙을 존경하는 노산

상해임시정부의 국무위원을 역임하였고, 해방 후 단독정부를 반대
하며 민족통일을 위한 좌우합작을 위해 노력한 운암 김성숙(雲巖 金星
淑)[1]이 죽었을 때 생전에 가까이 지내던 노산이 추도시[2]를 썼다. 실록작
가 정찬주가 소개하는 이 시에서 이야기하는 구름같이 가고, 파도가 쳐

---

[1] 1898~1969년. 평북 철산 출생, 1916년 양평 용문사에서 풍곡을 스승으로 출가하였고 법
호는 태허(太虛)이며 항일운동을 위해 승복을 벗었다. 경기도 양주 봉선사 승려들과 함
께 1919년 3월 29일 광릉천 장터에서 만세 시위를 주도하다가 서대문형무소에 갇혀 실
형 1년 2개월을 받았다. 26세에 중국으로 망명하여 1923년 베이징의 민국대학 정치경제
학과 1기생으로 입학하고 다시 광저우의 중산대 정치학과를 졸업했다. 중일전쟁이 발발
한 1942년 혁명단체들을 임정으로 총단결하도록 노력하였고 김원봉과 함께 조선의용대
지도위원이었다. 상해임시정부 내무부 차관으로 임명되었다. 해방과 더불어 귀국해 임시
정부에서 1946년 1월에 소집한 비상정치회의에 참여하였고, 1946년 2월 15일에 결성된
조선민주주의민족전선 부의장단에 선출되었다. 1947년 5월 24일 결성된 근로인민당에
조직국장으로 참여하였다. 4·19 이후 최대 혁신정당인 사회대중당 창당에 참여하였고
5.16쿠데타 이후 혁신계로 분류되어 구속되기도 했다. 신민당 지도위원으로 있다가 죽었
다. 김대중 의원은 운암을 자신이 존경하는 다섯 사람 중에 한 사람으로 꼽았다.
[2] 『조선에서 온 붉은 승려』, 정찬주, 15쪽, 김영사, 2013년

도 젖지 않으며 바위처럼 서 있는 이는 바로 운암이다. 자신이 존경하는 운암을 그린 시이다.

'하늘에 구름이 간다/ 나도 그 구름같이 간다/ 물 속에 구름이 간다/ 나도 저 구름같이 간다/ 아무리 파도가 쳐도/ 젖지 않고 간다/ 산 위에 바위가 섰다/ 나도 저 바위처럼 섰다/ 비바람 뒤흔들어도/ 꿈쩍 않고 섰다'[3]

운암은 노산보다 나이가 다섯 살 많다. 정찬주가 쓴 『조선에서 온 붉은 승려』를 보면 노산이 '1960년 3월 부정선거를 획책한 이승만 대통령을 변호하는 듯한 발언을 하여 정치적으로 생애 최대의 곤경에 빠졌을 때 운암은 등 돌리지 않고 그를 찾아와 지인들에게 용서를 구하라고 타일렀다. 한 번의 실언으로 일제 강점기 때 감옥에 갇혔던 항일의 이력이 묻혀서는 안 된다는 충고였다.'[4] 이 책은 소설 형식으로 쓴 실록인데 첫째 장부터 노산이 등장한다. 이 책에서 운암을 생각하며 심란해하는 노산의 인간적인 모습을 볼 수 있다. 운암은 대범하면서도 세심한 성격이었다. 노산의 큰 귀를 보고는 부처님의 귀라고 추켜 세워주기도 했다.

---

3    비슷한 시가 『노산시조론』(102쪽)에 실려 있는 「구름」이다. '물 속에 구름이 간다/ 물 속에서도 젖지 않는다/ 나도 간다/ 젖지 않고 간다/ 저 구름같이 간다// 한평생/ 풍우 속에서/ 젖지않고 간다' 『노산 이은상 시조선집 가고파』 32쪽에는 둘째 행이 '물에서도 젖지 않는다'이고, 작성 시기가 1965년 1월 15일이다. 운암의 사망일보다 4년 전이고, 시에서 바위 부분이 없다. 이 시에 대해 시조시인 김복근은 심리적 이미지를 표현한 시라고 하면서 외로움이나 상상의 세계 속에서만 가능하다고 하였다.(『노산시조론』, 김복근, 102쪽, 도서출판 경남, 2008년)
4    『조선에서 온 붉은 승려』, 정찬주, 11쪽, 김영사, 2013년

노산이 발기한 피우정 낙성식 초대 안내장

운암이 죽기 6년 전에, 항일 동지 항산 구익균[5]은 서울 구의동에 있는 자기 집터의 일부를 운암에게 내어주었다. 이 소식을 들은 시인 구상, 노산 등 지인들과 최덕신, 최태섭, 김홍일, 설원식, 안춘생 등 항일 동지 31명이 20평의 땅에 운암이 기거할 10.5평의 오두막을 짓기 위해 모금에 참여했다. 운암은 노산에게 집 이름을 지어달라고 부탁했다. 노산은 여러 개의 당호를 생각하느라고 하룻밤을 보냈다. 다음날, 그 중에서 마음에 드는 피우정(避雨亭)을 선택하였다. 평생 가난과 고독의 비를 맞고 살아왔지만 앞으로의 여생은 비를 피하는 집에서 안락하게 살라는 축원이 담긴 당호였다.[6] 비나 겨우 피하는 방 한 칸, 부엌 한 칸의 집이어서 당(堂)이라 하지 않고 정(亭)자를 붙였다. 대문 옆에 걸려있는 편액도 노산이 썼다.

미국의 저널리스트인 님 웨일즈가 쓴 『아리랑』의 주인공 김산(본명 장지락)은 '내게 가장 큰 영향을 준 사람은 금강산에서 온 붉은 승려 김

---

5    1908~2013년. 평북 용천 출신. 1930년 신의주 학생의거의 주동자. 중국 상해로 건너가 흥사단, 한국독립당 활동을 했고, 안창호 비서실장을 했다. 해방 후 근로인민당, 통일사회당 활동을 했고, 1990년 미국에 있으면서 코리아영세중립화추진본부를 결성했다.

6    『조선에서 온 붉은 승려』, 정찬주, 14쪽, 김영사, 2013년

성숙이었다'고 하였다. 운암은 김산보다 7살 위였다. 중국의 3대 혁명 음악가인 정율성[7]의 후원자이기도 했다. 운암에게 있어서는 좌와 우를 포함한 그 어떤 이데올로기도 조국독립과 민족해방 앞에 부수적인 방법론에 지나지 않았다. 그에게 사회주의, 공산주의는 조국독립을 이루기 위한 수단이었던 것이다.[8] 김구 선생은 1949년 암살되기 몇 달 전, 경교장으로 찾아온 운암에게 대쪽처럼 올곧은 성품을 높은 산과 긴 강에 비유하여 '산고수장(山高水長)'이라는 글씨를 써주었다.

1969년 4월 12일 운암이 죽었을 때 피우정에는 많은 조문객들이 모였다. 문상을 하기 위해 찾아온 노산이 마당으로 들어왔을 때 먼저 와 있던 몇 명은 보기 싫다고 고개를 돌렸다고 한다. 친일파를 감싼 이승만을 지지했고, 진보 진영을 탄압하는 5·16쿠데타 정권에 대한 노산의 태도에 배신감을 느끼고 있었던 것이다. 노산 역시 자신에 대한 세간의 평을 잘 알고 있었기에 별로 개의치 않았다고 한다.[9]

권력에 대한 노산의 처신에 대해 실망한 사람은 운암 주변에만 있었던 게 아니다. 경남대 박태일 교수는 노산을 가리켜 '당시(1967년경) 권력 가까이서 가장 매끄럽게 나돌았던 기생문인'이라고 하였다.[10] 마산

---

7    팔로군행진곡을 작곡하였다. 연안의 루쉰예술학원을 졸업하고 항일군정대학에서 음악을 가르쳤다. 모택동과 팔로군사령관 주덕으로부터 인정받았다. 중국 국가행사에서 공식 연주되는 중국인민해방군가를 작곡하였다.

8    『인식과 재인식을 넘어서 - 아리랑의 김산과 김성숙의 삶을 통해 본 민족혁명의 실체』, 신동준, 151쪽, 도서출판 인간사랑, 2008년

9    『조선에서 온 붉은 승려』, 정찬주, 17쪽, 김영사, 2013년

10   안용복 장군의 충혼탑, 박태일, 국제신문 2005년 8월 21일

공립보통학교(현 성호초등학교) 7회 동기동창[11]인 목발(目拔) 김형윤[12]은 노산을 가리켜 '주구(走狗) 같은 놈'이라며 싫어했다.[13] 그러나 노산은 친구가 자신을 싫어한다는 걸 알면서도 개의치 않았다. 김형윤의 유고집인 『마산야화』가 1973년 12월 5일 발간되었는데 이 책의 서문을 쓴 노산 이은상은 김형윤을 '꽃 피듯이, 잎 지듯이, 바람 불 듯, 구름 가듯, 아무런 조작도 없이, 어리고 매인 데 없이 행주야와

(行往野臥)에 제멋대로 살다 간 자유방랑, 목발기인'[14]이라며 옛 벗과의 정을 되새겼다. 고전연구가인 이상각은 가고파의 시인인 노산이 조선어학회 사건으로 동지들과 함께 고난을 겪었는데 해방 후 '독재정권에 굴

---

11  동기동창으로 전해지지만 자료에 의해 확인되지는 않는다(『그곳에 마산이 있었다』, 남재우, 김영철, 106쪽, 글을 읽다, 2016년)

12  1903~1973년. 마산일보 사장 역임. 1911년 마산공립보통학교에 입학하여 4년간 수학(당시는 4년제)하고 1915년 3월 24일, 제7회로 졸업했다. 성호초등학교의 역사관(성호관)에서는 제7회 남자 졸업생의 학적부를 찾을 수 없는데 졸업 대장에는 졸업학번 245번 김형윤이 명치 36년 1월 22일생으로 등재돼 있다. 김형윤은 팽삼진(彭三振·230번, 명치 34년 5월 19일생), 이규석(李圭石·252번, 명치 32년 11월 11일생) 등 39명과 함께 졸업했다. 『마산야화』 348쪽에 실려 있는 「고인약전(故人略傳)」에는 노산 이은상이 김형윤과 동 학년이었다고 하나 졸업생 명부에는 나와 있지 않다. 당시 교과목은 수신(바른생활), 국어, 한문, 일어, 산술, 지력(사회·지리), 체조, 창가 등이었다.(목발 김형윤을 찾아서 2. 출생과 성장, 김진호, 경남신문 2003년 3월 10일자)

13  목발 김형윤을 찾아서 14. 유고집, 마산야화(하), 김진호, 경남신문 2003년 6월 16일자

14  『마산야화(馬山野話』, 김형윤, 341쪽, 마산문화원, 1996년

종하여 아름다운 운율을 퇴색하게 한 안타까운 인물이다.'라고 하였다.
3·15부정선거 때는 이승만이 '성웅 이순신'이라고 지지 유세를 하고 다
녔고, 5·16쿠데타와 함께 나타난 그의 손에는 「공화당 창당 선언문」이
들려 있었고, 전두환이 등장하자 5공화국 정권의 국정자문위원이 되었
다. '그는 역사의 전환기마다 권력에 아부함으로써 자유와 인권을 갈구
하는 민족의 여망을 외면한 두 얼굴의 시인이었다.'[15]

### 운암을 향한 추모시, 추도사와 묘비문, 묘비명도 작성한 노산

노산은 「운암 김성숙 선생을 哭하다」는 제목의 추도사를 썼다. 추
도사에서 '일제시대 역사의 어둔 밤을 지켜주던, 독립정신의 값진 별
이, 또 하나 이 하늘 아래서 사라져 갔다'고도 했고 '불굴의 지조로써 자
기를 지키고 남을 맑히던 깨끗한 스승이, 또 한 분 이 땅에서 사라져갔
다'고도 말했다. 그리고 '운암이란 이름의 굽힐 줄 모르던 지조인(志操
人) 한 분이 끼쳐준 감명과 인상만이 벗들의 가슴마다에 서려 있을 따름
이다'라고 했다.[16] 그런데 노산이 말한 지조는 과연 어떤 것인가?

10년 전, 1959년이었다. 동지와 제자들이 마련한 조촐한 회갑 잔치
에서 운암은 노산에게 붓을 쥐여 주며 즉흥시를 청한 적이 있었다. 노산
은 이 일을 기억하면서 운암이 자신을 항일 동지로 인정해주었다고 감
사하면서도 미안해했다. 왜냐하면 노산은 자신이 살아온 일제강점기
가 운암의 항일투쟁에 비교할 바가 못 된다고 늘 여겨오던 터였다. 정찬

---

15  『한글만세, 주시경과 그의 제자들』, 이상각, 278, 279쪽, 출판회사 유리창, 2013년
16  『조선에서 온 붉은 승려』, 정찬주, 19, 22쪽, 김영사, 2013년

주는 평소 노산이 '자신이 조선어학회 사건에 연루되어 투옥되었던 것이나 해방 전 사상범 예비검속으로 광양경찰서에 붙들려 있다가 광복을 맞은 것이 중국 대륙으로 건너가 쫓기는 맹수처럼 반생을 항일 투사로 살아온 운암에 비하면 부끄러운 이력이기 때문이었다[17]'라고 하였다. 정인보의 심정도 그러했다. 1945년 8월 14일 밤 11시 25분, 일왕 쇼와의 항복 선언을 듣는 정인보의 마음은 편치만은 않았다고 한다. 친일을 한 적이 없고, 지식인으로서 일탈된 행동을 한 적이 없으나 젊은 시절 상하이의 동제사 활동 이후 독립운동 전선에 서지는 못했다. 독립운동연구가 김삼웅은 정인보가 항상 정신적으로 부담이었고, 죄지은 것 같은 마음이었다고 한다.[18] 일제강점의 암흑기에 '달걀로 바위 치기보다 더 가망 없는 싸움에 수많은 사람들이 떨쳐나섰다는 것을, 그들이 이름 없고, 빛나지도 않으면서 굶어 죽고, 맞아 죽어 가면서 포기하지 않은 덕분에 오늘의 우리가 있다는 것을'[19] 운암을 보면서 노산은 절실히 알고 있었던 것이다.

운암의 사망을 계기로 독립운동가에 대한 정부의 무관심을 질타하는 여론이 일어났고, 신문에서 두 번의 톱 기사를 연속으로 보도된 후에야 총무처는 운암 장례식을 사회장으로 치르기로 했다. 그러나 서울시는 광장 사용을 허락하지 않아서 결국 조계사에서 장례식을 하였다. 노산이 추도사를 애끓게 읽었을 때 유족과 일부 조객들이 오열하였다. 1년 후인 1970년 4월, 1주기 추도식을 하면서 경기도 파주에 있는 운암

17 『조선에서 온 붉은 승려』, 정찬주, 20, 21쪽, 김영사, 2013년
18 『위당 정인보 평전』, 김삼웅, 309쪽, 채륜, 2016년
19 『딸에게 들려주는 역사 이야기』, 김형민, 175쪽, 푸른역사, 2017년

의 묘역에 묘비를 세웠는데 기단의 검은 돌에 새긴 묘비명도 추모시, 추도사와 같이 노산이 썼다. 노산 이은상이 쓴 '김성숙 묘비명'[20]은 그의 삶을 명료하게 보여준다.

"조국광복을 위해 일본 제국주의에 항쟁하고 정의와 대중 복리를 위해 모든 사회악과 싸우며 한평생 가시밭길에 오직 이상과 지조로써 살고 간 이가 계셨으니 운암 김성숙 선생이시다. …… 귀국한 뒤에도 민족통일을 위해 사상 분열을 막기에 애썼으며 최후에 이르기까지 20여 년, 정치인으로, 사상인으로 온갖 파란을 겪으면서도 부정과 불의에 추호도 굽힘 없이 살다가 1969년 4월 12일, 71세로 별세하자 모든 동지들이 울며 여기 장례 지냈다."[21] 장례위원회 회장은 유진오, 부회장은 김성곤(공화당 재정위원장)과 김현옥(서울특별시장) 등 14명, 집행위원장은 양일동 의원이었으며 장건상과 윤보선 등이 고문을 맡았다.[22] 글씨를 새긴 사람은 혁신계의 원로 정화암이었다.[23]

### 운암은 민주공화당 입당을 거절, 노산은 창당선언문을 작성

언론인 출신 김재명은 『한국 현대사의 비극』에서 70 평생에 달하는 운암의 삶을 '진보적 민족주의자'로 요약하였다. '진보적 민족주의자'는 소위 '좌파 민족주의자'를 달리 표현한 것이다.[24] 한평생 가시밭

20  『조선에서 온 붉은 승려』, 정찬주, 29, 30쪽, 김영사, 2013년

21  기획특집34. 운암 김성숙, 한동민, 경기일보 2009년 9월 18일

22  『인식과 재인식을 넘어서 – 아리랑의 김산과 김성숙의 삶을 통해 본 민족혁명의 실체』, 신동준, 375쪽, 도서출판 인간사랑, 2008년

23  『한국현대사의 비극 – 중간파의 이상과 좌절』, 김재명, 14쪽, 도서출판 선인, 2003년

24  『인식과 재인식을 넘어서 – 아리랑의 김산과 김성숙의 삶을 통해 본 민족혁명의 실체』,

길에서 오직 이상과 지조를 지켰던 운암 김성숙. 그는 한국 현대사에서 독특한 존재였다. 임시정부 국무위원 자격으로 귀국한 지 몇 달 뒤 운암은 임정을 탈퇴하였다. 임정이 미군정의 자문기관인 남조선국민대표민주위원에 참여했기 때문이었다. 이때부터 김성숙은 김원봉, 장건상 등과 함께 1946년 2월 15일에 결성된 민주주의 민족전선에 참여하여 부의장단에 선출되었다. 민전은 자주, 민주, 통일, 독립 등 4대 노선을 추구하는 좌파도, 우파도 아닌 중간파였다. 운암은 전국을 다니면서 강연을 하다가 군정을 반대한다는 이유로 1946년 미군에 체포되어 전주형무소에서 6개월 징역을 살았다. 해방된 조국에서의 첫 번째 수감생활이었다. 그리고 1947년 5월 24일 결성된 근로인민당에 조직국장으로 참여했다. 1957년 민주혁신당을 창당한 뒤 간첩 사건의 누명으로 6개월 동안 두 번째 구속당하였다. 4·19혁명 후 11월 24일 출범한 사회대중당에 참여하여 창당선언문과 정강정책을 입안하고, 총선을 치른 뒤 혁신계 대통합으로 1961년 1월 20일 통일사회당이 출범하자 정치위원으로 선출되었다. 5·16 군사쿠데타가 일어나 혁신계 인사로 분류되어서 아무 죄 없이 10개월 동안 세 번째 구속당하였다가 군사혁명재판소에서 집행유예 판결을 받고 석방되었다. 석방된 지 얼마 뒤 군인들이 찾아와 창당할 예정인 민주공화당에 입당하여 요직을 맡아달라고 하였다. 김성숙은 일언지하에 거절했다. 쿠데타를 일으킨 군사정권이 만드는 당에 입당하는 것은 자신의 인생을 뿌리째 부정하는 것이기 때문이

신동준, 378쪽, 도서출판 인간사랑, 2008년

었다.[25]

그러나 노산은 1963년, 민주공화당 창당선언문 초안을 썼고, 10·26이 일어나기까지 박정희 대통령과 함께했다. 그는 창당선언문에서 5·16을 혁명이라고 하였다. 민주공화당에 참여하고, 안하고는 각자의 정치적 입장에 따라 자유롭게 선택할 문제이다. 마찬가지로 이승만 대통령을 지지하고, 안하고 역시 각자가 판단할 문제이다. 다만 종전에 정치적인 입장이 같았던 사람들 사이에서는 당연히 배신자라고 욕한다. 항일운동을 평생 해 온 입장에서 볼 때 친일파를 감싸주고, 친일파에 의해 유지되는 이승만 대통령에 대한 지지는 용납할 수 없는 변절이었다.

노산의 입장에서는 해방 직후에 자신이 선택한 언론 활동을 타의에 의해 강제로 그만두게 되었고, 김구 선생의 서거 이후에는 한독당 활동을 계속할 수도 없었다. 그의 관념적 민족주의의 한계였다. 이어서 6·25전쟁 이후 부산에서 피난 생활을 하면서 강력한 지도자가 필요하다는 생각을 하게 되었고 이때부터 이승만 대통령을 공개적으로 지지하기 시작했다. 전쟁이 끝나고 서울로 돌아와서 지은 시「남산엔 오르지 마오」를 보면 '거리를 거닐다가/ 불붙는 가슴 끌 길 없어/ 남산에 올랐더니/ 다시 한결 더 서러워 … 서울을 찾는 이들/ 부디 남산에 오르지 마오'라고 처참한 현실을 아파하고 있다. 그런데 피난민의 곁에서가 아니라 피난민을 내려다보면서 아파한다. 인천대학교 노지승 교수는 이런 식의 내려다보기는 결과적으로 현실적인 문제를 위에서부터 지도자

25  『조선에서 온 붉은 승려』, 정찬주, 282쪽, 김영사, 2013년

가 해결하는 방식을 선택하게 된다고 한다.[26]

### 지조보다 중요한 노산의 '새길론'과 강력한 '지도자론'

노산은 극우와 극좌를 비판하고 중도를 외치면서 강대국의 힘이 아니라 민족자주역량을 키워 남북통일 하자는 운암의 신념을 잘 알고 있었다. 그러나 민족자주노선은 같았지만 노산은 극우를 선택하면서 강한 정부가 반드시 있어야 한다는 생각으로 독재자를 지지하였다. 결국 그의 자주노선은 생각에만 그칠 뿐이었다. 1961년에 쓴 새길론과 새나라 건설을 위해 강력한 지도자가 필요하다는 소신은 운암의 지조와는 완전히 다른 길이었다. 그래서 노산이 쓴 추도시에서는, 슬픔은 느껴지지만 이미 가는 길이 서로 다름을 전제하고 있는 것 같다. 운암이 죽은 1969년 전후에는 노산이 한국시조작가협회장, 한국산악회장, 한국청년운동협의회장 등의 직책을 맡아 열심히 활동하고 있었으며 특히 박정희 대통령과 함께 이순신의 성웅화, 현충사의 성역화를 위해 바쁘게 노력하고 있을 때였다. 그럼에도 불구하고 노산은 운암의 죽음을 몹시 슬퍼하였다.

생전에 운암은 병마에 시달리면서 제대로 치료를 못할 정도로 가난했다. 그러나 일본군 장교 출신의 박정희에게서 자신의 독립운동 사실을 인정받기 싫어서 서훈 신청을 아예 하지 않았다.[27] 돌아가신 지

---

26 내려다보기의 세계인식과 지리적 신체의 수사학, 노지승, 351쪽, 《국어교육연구》 55집, 국어교육학회, 2014년
27 다시 쓰는 독립운동열전 V-5. 포상을 거부한 독립운동가들, 원희복, 경향신문 2005년 5월 9일

13년이 지난 1982년에야 운암에게 건국훈장 독립장이 추서되더니 운암이 죽은 지 35년이 지난 2004년, 파주 유택에 있던 운암의 유해가 마침내 서울 동작동 국립묘지로 안장되었다.[28]

28  『조선에서 온 붉은 승려』, 정찬주, 30쪽, 김영사, 2013년

## 6. 이승만 대통령 후보 지지와 4·19학생혁명기념탑 비문

    1960년 2월 13일 정·부통령 후보 등록 마감일에 이승만 대통령은 국민들에게 '1956년 선거에서처럼 대통령과 부통령 당선자가 서로 다른 당에서 나오면 자신이 대통령에 당선되더라도 응종(應從)[1]치 않겠다'는 담화를 발표했다. 내무부 최인규 장관과 자유당 간부들에게는 무슨 수를 써서라도 이기붕을 당선시키라는 공개적인 지시였다.

    당시에는 대통령과 부통령이 서로 다른 정당에서 나올 수 있었다. 이미 자유당 정권은 1956년 정·부통령 선거에서 나타난 국민들의 야당지지 성향과 투표 결과를 분석하면서 정상적인 선거를 통해서는 승산이 없음을 알고 있었다. 그래서 일찍부터 관권을 동원하여 1960년 정·부통령 선거를 부정하게 치를 계획을 치밀하게 세웠다.[2] 1956년에도 부통령에 나선 이기붕은 장면에게 근소한 표 차이로 패배했다. 이승만은 야당 대통령 후보인 신익희가 선거기간 중에 사망하였기 때문

---

1    어떤 명령이나 요구를 받아들여 그대로 따르다.(다음 어학사전)
2    이우태, 3.15의거의 회고와 그 정신계승, 85쪽, 《3.15의거》 2017년 제18호, 3·15의거기념사업회

에 무사히 대통령에 당선될 수 있었다. 그리고 1960년 선거에서도 비슷하게 야당 대통령 후보인 조병옥이 선거를 한 달 앞두고 미국에서 치료받다가 갑자기 죽었다.[3] 야당의 부통령 후보는 역시 장면이었다. 4년 전과 똑같이 이기붕과 장면의 재대결이었다. 이승만의 대통령 당선은 무난히 되더라도 이미 85세의 고령이어서 중도에 대통령직을 부통령이 승계해야 할지도 모른다는 참모들의 판단으로 인해 무리한 부정선거를 사전에 더욱 치밀하게 계획했던 것이다. 모든 수단과 방법을 동원하여 노골적인 부정선거를 일찍부터 기획하였다.[4] 자유당 정권이 제4대 정·부통령 선거 날짜를 3월 15일로 정한 것은 3월 26일이 이승만 대통령의 만 85세 생일이기 때문이었다. 당시 자유당의 온건파를 이끌었던 이재학 국회 부의장의 증언에 따르면 자유당 강경파는 "노인을 기쁘게 해 드려야 한다. 탄신일 이전에 당선시켜 드린 다음 탄신일을 거족적인 축일로 하자."고 조기 선거를 밀어붙였다고 한다.[5]

### 이순신 같은 분이라고 이승만 대통령 후보 지지 유세

노골적으로 진행된 자유당의 부정 선거운동에서 3·15의거가 있기까지 노산은 전국을 돌며 이승만을 이순신에 비유하고, 그를 국부로 추앙해야 한다며 김말봉, 박종화 등과 함께 문인유세단을 조직하고, 지원

---

3   마산지역 노동운동의 선구자인 소담 노현섭의 2월 16일자 육필일기에는 '시간은 오후 9시, 다방에 갔더니 신문 호외 한 부가 있는 것을 발견하였다. 조병옥 박사의 사망이라는 돌연한 비보에 눈시울이 뜨거워지는 것을 느꼈다'고 한다.(『민족이여 겨레여』, 이상용 옮김, 96쪽, 노현섭기념사업회, 미르인쇄, 2014년)
4   『민주주의 잔혹사』, 홍석률, 192쪽, 창비, 2017년
5   『내 무덤에 침을 뱉어라 3. 혁명전야』, 조갑제, 145쪽, 조선일보사, 1998년

유세를 하면서 이승만 살리기에 나섰다.[6] 2월 27일, 자유당 대구유세에 참석한[7] 이은상, 김말봉 등은 당시 시국을 임진왜란과 비교하면서 '이순신 같은 분이라야 민족을 구하리라. 그리고 그 같은 분은 오직 이 대통령이시다'고 말하였다. 이 유세에는 공무원, 학생뿐만 아니라 인근 시골 사람들까지 동원하였다. 다음 날인 2월 28일, 노산이 지지 유세를 한 대구를 시작으로 부정선거를 규탄하는 학생시위가 전국적으로 있었다. 반공청년단(단장 신도환), 반공예술단(단장 임화수) 그리고 정치깡패 이정재 등은 민주인사에 대한 살인, 테러, 폭행을 하였다.

서울신문 2월 28일자에는 '28일 인천유세에 이어 실시된 동당의 전국 유세 계책은 다음과 같다. 5일 하오 2시 대전 이은상'이라는 홍보기사가 실렸다. 서울신문 3월 5일자에는 대전에서 열린 '대통령 선거 유세 중에 시인 이은상 씨는 이승만 박사의 위대함과 아울러 이기붕 의장의 성실하고 자애로운 인간성을 설명하여 깊은 감명을 주었다'[8]고 보도했다. 3월 9일 오후 1시에는 마산 무학초등학교에서 정·부통령 선거 유세를 지원하는 강연회가 열렸는데 3·15기념사업회에 의하면 노산이 참여하여 선거 유세를 했다.[9] 선거 유세 홍보물에는 박종화, 황성수, 이은상, 조연현 등 연사가 4명이었다.[10] 박종화(1901~1981년)는 본관이 밀양이고, 『금삼의 피』, 『다정불심』, 『여인천하』, 『임진왜란』 등의 인기 있

6    『한글만세, 주시경과 그의 제자들』, 이상각, 278쪽, 출판회사 유리창, 2013년
7    길을 찾아서, 대구2.28 데모 이끈 경북고 이대우의 패기, 한겨레신문 2014년 1월 5일
8    문화권력 이은상, 김재현, 505쪽, 『이은상 조두남 논쟁』, 도서출판 불휘, 2006년
9    『이은상 조두남 논쟁』, 185쪽, 도서출판 불휘, 2006년
10   당시 그 자리에 있었던 어느 지역 인사는 홍보물에는 이름이 적혀 있지만 실제로는 노산이 무학초등학교에 오지 않았다고 기억하였다.

1960년 3월 9일 마산 무학초등학교 교정에서 열린 선거유세 홍보물

는 역사 소설가였다. 황성수(1917~1997년)는 본관이 창원인 자유당 국회의원이었다. 조연현은 함안 출신의 문학평론가였다. 이 당시에는 문학평론가 조연현, 소설가 김동리, 시인 김종문 등 많은 문인들이 이기붕을 찬양하는 글을 신문에 게재하였다. 이들을 만송족이라고 불렀다. 만송은 이기붕의 호다. 서정주는 이승만 전기를 쓰고, 그 대가로 32살 젊

은 나이에 이승만 정권 초대 문교부 예술과장을 역임했다.[11] 마산 시인 이선관의 시 「발견 여덟」[12]에는 '사십육 년과 사십칠 년 사이의 해방공간에서 이승만 박사 기념사업회/ 회장을 맡았던 윤보선의 권유에 이승만 박사의 전기를 집필해 달라는/ 부탁을 즐거이 수락하여 이승만의 거처에 무시로 드나들면서 대담도/ 하고 자료를 모으면서 민중일보에 연재하고 있었다'고 한다. 1947년 7월이었다. 후일 서정주가 쓴 이승만을 회고하는 수필의 제목이 「이승만 박사의 길」이었다.

당시의 사회 분위기를 알 수 있는 예가 있는데 『민족의 해와 달』(여론사, 1959년)이라는 책이 출간되었다. 저자인 장건은 이 책에 실린 「님은 겨레의 운명이다」라는 시를 통하여 공공연히 이승만을 민족의 해, 이기붕을 민족의 달이라고 찬양하였다. 공보처는 이 책을 수천 권 구입하여 전국의 각급 학교와 관공서에 보냈다. 북한에서는 1955년부터 주체사상을 내세운 김일성을 민족의 태양으로, 남한에서는 이승만을 겨레의 태양으로 우러렀다. 1950년대 한반도에는 두 개의 태양이 있었고, 국민들은 짙은 어둠 속에 있었다.

기독교에서도 범교단적으로 기독교선거대책위원회를 조직해서 '대통령은 장로인 이승만 박사, 부통령은 권사인 이기붕'이라는 구호를 내걸고 전국적으로 선거운동을 했다. 지역별로 선거대책위원회 지부도 조직하였다. 자유당은 심지어 초등학교 아동들에게 「우리 대통령」 등 이승만과 이기붕을 찬양하는 노래를 부르게 했다.[13] 1956년에 만든 「우

11  『진실과 거짓, 인물 한국사』, 하성환, 143쪽, 도서출판 살림터, 2017년
12  『이선관 시전집』, 이선관, 우무석, 배대화 엮음, 707쪽, 불휘미디어, 2015년
13  『이승만과 제1공화국 – 해방에서 4월혁명까지』, 서중석, 218쪽, 역사비평사, 2007년

리 대통령」을 합창단 「방송어린이노래회」가 불렀는데 노래 가사는 '우리나라 대한나라 독립을 위해/ 여든 평생 한결같이 몸 바쳐 오신/ 고마우신 리 대통령 우리 대통령/ 그 이름 기리기리 빛나오리라/ 오늘은 리 대통령 탄생하신 날/ 꽃피고 새 노래하는 좋은 시절/ 우리들의 리 대통령 만수무강을/ 온 겨레가 다같이 비옵나이다/ 우리들은 리 대통령 뜻을 받드러/ 자유평화 올 때까지 열공전선에/ 몸과 맘을 다 바치어 용진할 것을/ 다시 한번 굳쎄게 맹세합니다/ 몸과 맘을 다 바치어 용진할 것을/ 다시 한번 굳쎄게 맹세합니다.'였다. 자유당 정권의 공보실장 전성천[14]이 목사였고, 내무부장관 최인규도 집사였다.[15]

### 조지훈의 지조론과 천관우의 노산에 대한 실망

시인 조지훈[16]은 자유당 정권의 지지 요청을 거부하고, 오히려 수필 「지조론(志操論)」을 1960년 《새벽》지에 기고하여 동료 문인들에게 경종을 울렸다.[17] '변절자를 위하여'라는 부제가 붙은 이 글에서 조지훈은 식민지 시절 친일파였던 무리들이 해방 이후 과거 친일 행적에 대한 반성은커녕 도리어 정치인이 되어 당당하게 행세를 하고, 심지어 한

---

14  전성천이 공보실장으로 새로 부임해 와서 제일 처음 한 일이 공보실 전체 공무원의 성향 조사였다. 비정규직으로 근무하고 있던 소설가 이호철에 의하면 야당 성향이 드러나면 가차 없이 해고하여 공보실은 온통 공포 분위기였다고 한다.(『우리네 문단골 이야기 2』, 이호철, 15쪽, 도서출판 자유문고, 2018년)

15  『역사의 언덕에서 2, 전쟁의 땅 혁명의 땅』, 강원용, 341쪽, 한길사, 2003년

16  1920~1968년, 본명 동탁, 경북 영양 출생, 1939년 정지용 추천으로 문장지에 등단, 한국 시인협회장, 고려대학교 민족문화연구소 소장 역임.

17  문중 13회 카페 cafe.daum.net/mj13h, 우리들의 이야기, 5291 권력과 문인(2016년 12월 1일)

때 지조 있는 모습을 보이던 일부 정치지도자들마저 거리낌 없이 변절을 일삼고 있다고 비판하였다. 조지훈은 '지조'와 '변절'의 개념을 대비하기 위해, 우리의 역사 속에서 지조와 변절의 길을 걸었던 인물을 소개하였으며, 이를 통해 1950년대 말 독재 정권과 이들에게 빌붙어 지조나 신념도 없이 변절을 일삼는 무리들을 신랄하게 비판하였다.[18] 또한 민영환, 이용익처럼 후에 자신의 행적을 반성한 경우에는 그 변절을 용서할 수 있다는 유연한 태도를 보임으로써, 지금 비난받는 자들이라도 열심히 자기 성찰에 힘쓰고 지조를 지킬 것을 당부하였다. 조지훈은 만년에 자신이 엉뚱하게도 정치교수로 몰려 당국에서 기휘(忌諱)하는 인물로 찍히자 항상 사직서를 몸에 지니고 다닐 정도로 대쪽 같았다.[19]

권력과 문학인의 바람직한 관계를 생각게 하는 일이 있었다. 역사학자이며 언론인이었던 천관우[20]가 조선일보 편집국장을 하고 있던 1950년대 말이었다. 사장실에서 사환 아이가 문건 하나를 가져다주는데 이승만 대통령이 지은 한시 한 편이었다. 물론 한글로 번역된 것인데

---

18  Daum 백과에서 인용함.

19  엄숙한 지성의 분노를 보여주신 조지훈 선생, 홍일식, 361쪽, 『스승』, 도서출판 논형, 2008년

20  1925~1991년. 일석(一石) 이희승을 존경하여 자신의 호를 후석(後石)이라고 지었다. 경성제대 예과를 거쳐 서울대 문리대 국사학과를 졸업, 1958년, 33세에 조선일보 편집국장을 역임했고, 연합신문에서 이름이 바뀐 서울 일일신문 주필, 동아일보 편집국장, 주필, 전두환 정부의 국정자문위원 역임, 친형은 민세 안재홍의 동서. 민주수호국민협의회가 주최하는 대강연회가 1972년 10월 5일 저녁 서울 대성빌딩 대강당에서 열렸을 때 개회사는 천관우가 하고 인사말은 한신대 김재준이 했으며 연사는 함석헌, 김동길 등 세 사람이었다. 김동길 교수는 '천관우는 이 나라 민주주의가 호흡 곤란하던 그 답답하던 시절 우리 모두의 매우 가까운 친구였다.'고 하였다.(김동길 인물 에세이 100년의 사람들 40, 천관우, 조선일보 2018년 9월 8일)

역자는 바로 노산이었다. 그것을 본 순간, 천관우는 "아니 노산께서 이런 일도 하는가" 하고 크게 실망하였다. 그동안 편집국장으로 있으면서 노산이라는 사람의 남달리 결곡[21]한 성품을 비롯하여 널리 애창되며 회자되는 「가고파」 노래의 작사자로도 마음속으로 존경하며 신춘문예의 시 부문 심사나 그 밖에 새해 첫 날의 권두시 같은 것도 부탁하곤 했었다. 그런데 바야흐로 지금이 때가 어느 때인데 고작 이런 정신 빠진 짓이나 하고 있는가 싶었다고 한다.[22] 사직서를 제출하는 등의 우여곡절을 거쳐 결국 천관우의 뜻대로 그 한시는 신문에 실리지 않았다. 천관우는 올곧은 언론인이었다. 우남 이승만 전 대통령의 한시 작품은 200여 편이라고 한다. 대통령 선거를 앞두고 1959년, 공보실에서 이승만의 한시를 가려 뽑아 노산이 번역하여 출간한 『우남시선(雩南詩選)』에는 31편이 실려 있는데 한 편을 제외하고는 모두 귀국한 1945년 이후에 쓴 작품이다. 공보실에서는 미공개 작품이라고 한 것으로 보아 기존의 시들도 있었던 것 같다. 서문에서는 31편을 번역한 사람이 노산임을 밝히고 있다. 서정주 시인도 번역한 적이 있다고 한다.[23]

1960년 3·15 부정선거 열흘 전인 3월 6일에 서울운동장에서 이승만 박사, 이기붕 선생 출마 환영 예술인대회라는 것이 열렸다. 불과 2~3년 뒤에는 형장의 이슬로 사라질 이정재, 임화수 등이 주도하였다. 연예계 권력자였던 정치깡패 이정재와 임화수는 당대의 인기배우와 가수들을 총동원해 이승만과 이기붕의 당선을 기원하는 공연을 열었다.

21  결곡하다 – 깨끗하고 야무져서 빈틈이 없다.(다음 어학사전)
22  『우리네 문단골 이야기 2』, 이호철, 32쪽, 도서출판 자유문고, 2018년
23  이승만 전 대통령은 문학청년, 시인이었다, 정재영, 미디어펜, 2015년 4월 21일

이 나라 문화예술인이라는 사람들은 잔뜩 겁먹은 얼굴로 덜덜 떨며 하나같이 머리띠를 두른 채 "이승만! 이승만!" "이기붕! 이기붕!" 하고 누군가의 선창에 따라 소리소리 질러대고 있었다.[24] 그때는 운동장의 사방둘레가 툭 터져 있어서 버스나 지상전차를 타고 지나가던 사람들도 차창 바깥으로 다 볼 수 있었다.[25] 대부분의 가수와 배우들이 협박에 못 이겨 이 자리에 나갔지만 영화배우 장동휘[26]는 온갖 협박에도 굴하지 않고 참석하지 않았다고 한다. 장동휘는 연기만 할 줄 아는 배우가 아니었다.

3·15와 4·19의 격동을 지나서 5월이 되었다. 노산과 나이가 같은 작가 김팔봉[27]은 「부정선거와 예술인의 지성」이라는 제목으로 당시 대통령 선거 시의 서울신문을 인용하면서 노산이 이승만 대통령의 당선을 위한 선거유세를 하였다는 내용을 꼬집은 글을 《사상계》 5월호에 투

---

24  소설가 이호철의 한국문단 이면사 14, 국제신문 2004년 2월 24일
25  『우리네 문단골 이야기 2』, 이호철, 11쪽, 도서출판 자유문고, 2018년
26  카페 맑은 물 흐르는 곳, cafe.daum.net/ amos5095, 세상사는 이야기 1084 – 연예인이라는 이름의 민주시민 (2011.6.8.) 김창남
27  팔봉 김기진. 1903~1985년. 식민지 .조선문단에 프롤레타리아문학의 씨를 뿌리고 1935년 카프 제2차 검거사건으로 구속되기도 했던 팔봉은 1934년 매일신보 기자로 근무하면서 1938년 조선 총독 미나미의 지방 시찰을 수행하고 총독의 선정과 황민화정책을 찬양, 홍보하였다. 1938년 7월 좌익전향자들을 모아서 친일 단체인 시국대응전선사상보국연맹의 결성준비위원이 되고부터 적극적인 친일 활동에 나섰다. 1940년 이후에는 「마닐라 점령」, 「님의 부르심을 받들고서」, 「가라! 군기 아래로, 어버이들을 대신해서」, 「신전의 맹서」 등을 쓰면서 적극적인 친일 활동을 하였다. 미영격멸 국민궐기대회로 강원지방 순회 강연을, 조선언론보국회의 상무이사 겸 평론수필부 회장을 역임하고 보국회의 전국순회 강연회 경북지방 연사로 활동하였다. 해방 후 6.25전쟁 때에는 육군종군작가단 부단장, 박정희 정권 초기에는 재건국민운동본부 중앙회장을 역임하였다.(『친일파 99인』 3권, 김기진, 김철, 91~96쪽, 돌베개, 1993년) 김팔봉의 3.1문화상 심사위원 위촉이 적절치 않다는 지적이 있었다.(『친일파 2권』, 김삼웅, 43쪽, 학민사, 1992년)

고하였는데 '그전(1960년 3월 10일 서울신문 보도내용 인용)에 대구에서 개최되었던 자유당 유세강연회에서는 이은상 씨가 지금 시국을 임진란에 비교하면서 이순신 같은 분이라야 민족을 구하리라 그리고 그 같은 분은 오직 이 대통령이시다라는 말을 했다. 신문 기사가 반드시 1자 1구 정확하게 강연한 사람의 말을 보도하는 것이라고는 꼭 믿지 않거니와 그래도 권위 있는 신문의 기사 내용은 대체로 사실과 틀림없는 것이라고 믿는 터이니…'[28]라고 하였다.

실명을 거론하면서까지 동료 문인의 적극적인 선거운동을 지적한 것은 노산뿐만 아니라 꽤 많은 문화예술계 인사들의 반성을 촉구하는 의미가 담겨있었다. 4·19혁명 이후 불과 몇 주 전 이승만·이기붕을 찬양했던 자신의 독재 부역을 반성하고 새로운 삶을 산 문화예술계 인사는 별로 많지 않았다. 이런 일이 있었다고 해서 두 분이 완전 결별을 한 것은 아니었다. 김팔봉은 10년 후인 1970년, 마산에서 「가고파」 시비를 세운다고 했을 때 건립위원회 명예회장을 맡았다. 10월 24일의 시비 제막식에도 참석하여 축하해 주었다. 이날의 기념사진에는 김동리, 김팔봉, 김용호, 이은상, 김동진 등이 있다. 어느 시조시인은 김팔봉의 이 날 제막식 참여로 그의 문제 제기가 없어졌다고 확대해석하여 마치 부정선거에 참여한 노산의 잘못이 없어진 것처럼 왜곡하기도 했다. 그러나 이승만 정권 이후에도 노산과 권력자의 관계는 여전했다.

---

28   『노산 이은상 선생』, 김봉천, 101쪽, 창신고등학교, 2002년

3·15, 4·19가 있은 지 한 달 후였다. 1960년 허정 과도정부는 4월 29일 첫 번째 국무회의에서 4·19의거 기념탑 건립을 맨 먼저 의결하고, 제작자 공모를 하다가 5·16 군사쿠데타가 일어났다. 박정희 장군은 자신의 군사혁명이 4·19정신을 계승했다며 정당화했다. 군정은 1962년 5차 개헌의 헌법 전문에 '4·19의거'의 이념을 계승한다는 문구를 삽입했다. 1962년 3월 23일 재건국민운동본부[29] 안에 각계각층을 망라한 기념탑 건립위원회를 구성하였다. 원래 기념탑을 광화문이나 시청 앞에 세우려고 했는데 시위의 중심이 될지 모른다는 이유로 5·16 세력이 수유리로 정하였다.[30] 이후 재건국민운동본부 유달영 본부장이 주도하여 전 국민의 성금으로 1962년 기공식을 갖고, 1963년 9월 20일 기념탑 준공식과 제막식을 하였다. 친일 미술가인 조각가 김경승[31]이

---

29  5·16군사정변 이후 제정된 재건국민운동에 관한 법률에 의거 1961년 6월 12일 박정희 대통령이 설립한 범국민 중앙행정기관이었다. 국가재건국민운동본부를 국가재건최고회의 산하에 신설하고, 중앙위원회는 재건국민운동에 관한 법률 4조에 의거 장관급 기관으로, 지방위원회는 각 지방자치단체 산하에 신설했다. 1964년 8월 사단법인 재건국민운동중앙회가 설립·운영되어 국가재건국민운동본부 기타 행정 업무는 내무부로 이관되었으며 1975년 12월 사단법인 재건국민운동중앙회가 새마을운동중앙회로 흡수 합병되었다. 1961년 출범 당시 초대 본부장은 유진오(고려대 총장)였지만 2개월 만에 사임하였고, 9월부터 류달영이 본부장으로 1년 8개월간 재직하였다. 63년 5월부터는 이관구가 제3대 본부장이었다. 중앙회 시절인 1966년에는 김기진이 중앙회장을 역임하였다.(『친일파 100인 100문』, 김삼웅, 269쪽, 도서출판 돌베개, 1995년)

30  4·19탑, 광화문에 새로 만들자, 손호철, 경향신문 2021년 4월 13일, 27면

31  1915~1992. 1937~1944년 연이어 조선미술전람회 조각부에 입선하고 「목동」, 「여명」으로 총독상을 두 번 수상하였다. 전람회는 심사위원장이 조선총독부 정무총감이고 식민정책에 반하는 작품은 출품이 금지되었다. 해방 후 친일 혐의가 뚜렷하다는 이유로 조선미술건설본부 결성 때 제외되었다. 조각계 1인자였던 윤효중이 이승만 대통령과의 유착으로 4·19 이후 기세가 꺾이자 항일, 친일을 구분하지 않고 이순신(서울, 부산

제작한 이 탑은 높이 21m의 화강암 탑주 일곱 개를 중심으로 뒤편 좌우에 각 10개씩 7m 높이의 수호자상과 만장이 세워져 있다. 안에는 청동 '환조' 군상이, 좌우에는 총길이가 56m의 화강석 부조 작품이 병풍처럼 두르고 있다. 최대의 기념탑 공사였다. 당시에 김경승과 유달영이 한때 같은 학교에서 교사로 근무하였다는 구설수도 있었고, 공동 가작이었던 차근호(車根鎬)[32]의 문제 제기와 자살도 있었다. 김경승[33]은 묘하게도 4·19기념탑뿐만 아니라 4·19 때, 시민이 부순 서울 남산 이승만 동상(윤효중 제작) 대신에 1988년, 이화장에 세운 작은 규모의 이승만 동상도 만든 조각가이다. 노산이 가해자와 피해자 모두를 위해 글을 썼듯이 김경승 역시 가해자와 피해자를 위해 동상을 만들었다. 두 사람은 생각이 비슷했던 모양이다.

4·19학생혁명기념탑 비문은 이승만 대통령을 이순신으로 떠받들었던 노산 이은상이 썼다. '1960년 4월 19일/ 이 나라 젊은이들의 혈관

---

1955년, 통영 1953년), 김성수(1959년), 윤치호, 안중근(서울 남산, 1959년), 김구(서울 남산,1969년), 안창호, 전봉준 동상, 육영수상, 4.19국립묘지 수호상, 4.19학생혁명기념탑 등을 제작했다. 윤효중이 죽고 난 후, 박정희 정권 하에서 그의 활동은 전국을 휩쓸 정도로 대단했다.(『부끄러운 문화답사』, 다큐인포, 256쪽, 북이즈, 2004년) 김경승의 3·1문화상 수상이 적절치 않다는 지적이 있었다.(『친일파』 2권, 김삼웅, 42쪽, 학민사, 1992년)

32  1925~1960년. 망우리에 이중섭 묘를 쓸 때 형님 따라 자기도 죽겠다고 한바탕 소동이 있었다. 한묵, 이중섭과 친하였다. 1957년의 이중섭 묘비를 차근호가 만들었다. 차근호가 죽은 후 화장을 치르고 구상, 고은, 일초 스님 등이 밤새 소주를 마셨다고 한다.

33  4·19희생학생위령탑의 설계와 제작을 주관했던 동아일보는 공모를 실시하여 차근호와 또 다른 팀을 공동 가작으로 선택하여 이 두 팀이 합작하도록 했으나 편파 심사 시비로 재공고했다. 결국 12월 14일 이일영의 안이 1등, 차근호의 안이 2등으로 선정되었다. 그로부터 3일 뒤인 12월 17일 충격을 받은 차근호는 조선일보사에 유서를 보낸 후 조각연구소에서 음독으로 생을 마쳤다. 미술가 박고석은 "패거리와 정치에 의해 좌우되는 남한 화단에 대해서 부조리에 대해 죽음으로 항거"하였다고 반발하였다.(한국민족문화대백과사전) 결국 박정희 정권에 의해 김경승으로 변경되었다.

속에/ 정의를 위해서는 생명을 능히 던질 수 있는/ 피의 전통이 용솟음 치고 있음을 역사는 증언한다/ 부정과 불의에 항쟁한 수만 명의 학생 대열은/ 의기의 힘으로 역사의 수레바퀴를 바로 세웠고/ 민주 제단에 피를 뿌린 185위의 젊은 혼들은/ 거룩한 수호신이 되었다/ 해마다 4월 이 오면/ 접동새 울음 속에/ 그들의 피 묻은 혼의 하소연이 들릴 것이 요/ 해마다 4월이 오면/ 봄을 선구하는 진달래처럼/ 민족의 꽃들은 사 람들의 가슴마다에 되살아 피어나리라' 노산에게 진달래[34]는 우리나라

---

34  30대 초반인 1932년 3월과 50대 후반인 1960년 3월에 각각 「진달래」라는 시조를 썼었 다.(조선 風味의 진달래, 이은상, 275쪽, 『노산문학선』, 탐구당, 1964년)

의 꽃이고 남북 강산에 피는 꽃이다.

탑 너머에는 4·19혁명 과정에서 돌아가신 분들의 묘지가 있다. 만약, 마산 3·15의거 이전의 노산의 정치적 활동에 대해서 전혀 모르는 사람이 이 비문을 읽으면 '해마다 4월이 오면/ 접동새 울음 속에/ 그들의 피묻은 혼의 하소연이 들릴 것이요'라는 명문장에서 뜨거운 감동을 느낄 것이다. 그러나 부정선거가 진행되는 동안 이승만, 이기붕 후보 지지 유세를 한 사람이 이 기념탑 비문을 썼다는 걸 알게 되면 무척 당황스럽다. 마치 속은 기분이다. 녹색당 김찬휘 공동대표는 '4·19학생혁명기념탑은 혁명을 기리기 위해 만들어진 것이 아니다. 오히려 혁명 정신을 희석화하고 박제화하기 위해 세워졌다'고 한다.[35] 경남시사랑문화인협의회는 '4·19학생혁명기념탑 비문을 버젓이 쓰는 그 뻔뻔스러움은 문학을 하는 우리로서도 얼굴이 화끈거린다'[36]고 하였다.

### 피 끓는 젊은이를 노래한 노산의 「학생의 노래」

3·15와 4·19가 일어나기 3년 전인 1957년에 쓴 「학생의 날의 현실적 의의 – 광주학생운동의 역사적 성격」에 관한 글을 보면 '충무공의 피, 3학사의 피가, 아니 저 3·1의 제물 유관순의 피까지 우리 학생들의 혈관 속에 들어와 있었기 때문에 그 날 그 같은 의거가 감행되었던 것'[37]이라고 하였다. 노산이 작사하여 1953년에 제정한 「학생의 노래」

---

35　피묻은 혼은 이것을 부수라는 건 아닐까, 김찬휘, 경향신문 2022년 4월 15일 24면
36　경남시사랑문화인협의회, 명백한 독재 옹호자 노산을 누가 편드나, 562쪽, 『이은상 조두남 논쟁』, 도서출판 불휘, 2006년
37　『노산문학선』, 이은상, 459, 463쪽, 탐구당, 1964년

2절에서도 '우리는 피 끓는 젊은이다. 보라 전통의 힘, 한 가슴 찼다. 내 겨레 위해서라면 총, 칼 앞에라도 달겨들마'라고 하면서 역시 전통을 강조하였다. 이와 같이 피의 전통을 누구보다도 잘 알고 있는 노산이 4월 15일자 조선일보에서 3·15를 불상사, 무모한 흥분, 과오, 지성을 잃어버린 데모라고 하였다. 김주열 열사의 주검이 마산 앞바다에 떠오른 게 4월 11일이었다. 노산은 민주주의와 인권 보호를 위한 실천을 해본 적이 없었다. 역사교사 하성환은 일제강점기에도 노산은 자발적으로 항일민족운동의 전선에 주체적으로 나선 적이 없었다고 한다.[38] 오히려 탄압과 강요를 피해 은둔했다. 실천의 부재는 그를 더욱 관념의 세계로 떠돌게 했고, 그의 관념화된 민족주의는 결국 독립운동으로 이어지지 못하였다. 해방 후 자신의 민족주의가 독재자를 옹호하는 이데올로기가 되고, 독재자의 앞잡이가 되었지만 민주화에 대한 인식과 실천의 부재로 그는 자기 자신을 바로 볼 수가 없었다.

그동안 마산에서 발표된 3·15의거에 관한 수많은 시 중에서 노산처럼 '불상사'라고 표현한 시는 하나도 없다. 그렇다면 그 시인들의 역사의식이 노산보다 훌륭해서일까 아니면 세월이 많이 흘렀기 때문일까? 당시에는 그 사건의 의미를 제대로 몰랐는데 시간이 지나서 곰곰이 생각해보니 처음과는 다른 의미를 찾을 수도 있다. 누구나 그럴 수 있다. 그런데 그 '누구나'에 노산을 포함시킨다면 너무 폄하하는 것 같아서 망설여진다. 일반인들은 그럴 수 있다. 그러나 많은 마산시민이 좋아하는 「가고파」를 지은 노산이 사건 발생 한 달 후에는 '무모한 흥분'이

---

38  『근현대인물 한국사』, 하성환, 148쪽, 살림터, 2021년

라고 생각했었는데 3년 정도 지나니까 비로소 불의에 저항한 '피의 전통'인 줄 알았다면 얼마나 부끄러운 일인가. 너무나 실망스럽다. 경남 시사랑문화인협의회는 2005년 4월 11일 경남도청 프레스센터에서 기자 회견을 하면서 서울의 4·19묘지에 있는 4·19학생혁명기념탑문의 철거를 정부에 요구하였다. 이유는 독재 권력에 힘을 보탠 노산 이은상의 글이 새겨져 있기 때문이었다. 이 단체는 청와대와 국가보훈처 등에 철거를 요구하는 건의서를 제출하였다.[39] 그런데 시조시인 김복근은 4·19학생혁명기념탑 비문을 근거로 노산이 '진정한 자유와 민주주의를 염원하고 있음이 드러났다'[40]고 하였다. 앞뒤 맥락은 보지 않고, 비문만 본 것이다. 노산은 강력한 지도자를 원하고 있었지 진정한 민주주의를 염원하지는 않았다.

**이승만 대통령의 장례식에서 노산이 쓴 조사를 대독**

이승만 대통령은, 1965년 7월 19일 하와이의 마우나라니 요양원에서 서거하였다. 90세였다. 7월 23일 하와이 경찰의 경호를 받으면서 히컴 공군기지를 거쳐서 유해를 실은 미 공군 수송기는 「고향생각」이 연주되는 가운데 김포공항에 도착했다.[41] 프란체스카 여사는 과로로 입원하여 서울에 오지 못했다. 박정희 대통령과 이효상 국회의장, 조진만 대법원장 등 3부 요인이 공항에서 유해를 맞이했다. 흥미로운 것은 이승만은 영친왕 이은의 귀국을 막았는데 박정희는 이은의 귀국은 허용

---

39    경향신문 2005년 4월 12일
40    『노산시조론』, 김복근, 184쪽, 도서출판 경남, 2013년
41    『박정희 7권 격랑을 뚫고서』, 조갑제, 329쪽, 조갑제 닷컴, 2006년

하면서 생전에 이승만의 귀국은 불허하였다.[42] 상주 이인수와 미8군 사령관을 지낸 밴플리트 장군이 하와이에서부터 동작동 국립묘지까지 유해를 모시면서 장례 절차를 진행하였다. 국장이 아니고, 가족장이었다. 당시에 야당과 다수 언론 그리고 4월혁명동지회, 4·19부상동지회 등은 국장이든 국민장이든 사회장이든 결사반대였다. 심지어 언론에서는 이승만 대통령의 죽음에 대해 국가원수급에 쓰이는 '逝去'라는 표현 대신에 '別世'라고 했다.[43] 박정희 정권 역시 국장보다 격이 낮은 국민장으로 입장을 정리하고 7월 20일 국무회의에서 국민장을 결정하였다. 실망한 유족들이 국민장을 받아들이지 않고, 가족장을 선택한 것이다. 7월 27일, 국립묘지에 안장되기 직전에 간단한 영결식이 있었다. 이때 박정희 대통령은 정일권 총리를 대리 참석토록 했고, 정 총리는 노산이 쓴 조사를 읽었다.[44] 이승만을 '독립운동의 원훈(元勳)이요, 건국 대통령'으로 지칭하면서 시작된 조사에서는 '길이 이 나라의 호국신(護國神)이 되셔서 민족의 다난한 앞길을 열어주시는 힘이 되실 것을 믿고, 삼가 두 손을 모아 명복을 비는 동시에 유가족 위에도 신의 가호가 같이하시기를 바라는 바입니다.'라고 하였다.[45]

시조시인 김교한은 노산이 '정치 권력과는 먼 거리에 있는 단체에서 봉사했다. 특히 이승만, 박정희 정권을 대체로 옹호하는 입장에 섰지만 일관된 진심은 민족 사랑, 조국 사랑이 바탕이었다'고 한다. 시조시인

42  『박정희 5권 문제는 경제야』, 조갑제, 184쪽, 조갑제 닷컴, 2006년
43  『매일신문50년사』, 343쪽, 매일신문사, 1996년
44  이승만 대통령의 건국정신 회복해야 대한민국이 산다, 이승만 탄신 142주년, 오동룡, 월간《조선》2017년 7월호
45  『박정희 7권 격랑을 뚫고서』, 조갑제, 332, 334쪽, 조갑제 닷컴, 2006년

이달균 역시 노산의 삶에 대해서 '아쉬운 점도 있다. 자유당 때 강연을 다녔고, 군사정권에 일정 부분 부역한 것은 오점으로 남아 있다'고 하면서 '공은 공대로, 과는 과대로 기억하자'고 한다.[46] 옳은 이야기이다. 당연히 공은 공대로, 과는 과대로 균형 있게 평가해야 한다. 순수한 봉사는 훌륭한 일이다. 그런데 노산은 자유당 때에 강연을 몇 번 다닌 정도가 아니었다. 박정희 정권과는 일정 부분이 아니고 열심히 부역하였다는 점 때문에 「가고파」를 좋아하는 사람들이 실망하고 있는 것이다. 현 시점에서 과연 노산 이은상은 우리에게 반면교사인가? 정면교사[47]인가?

46  『가고파, 내 고향 남쪽바다』, 이달균 외, 44, 163쪽, 경남시조시인협회, 도서출판 경남, 2017년
47  소설가 조정래가 2007년 금아 피천득 영결식에서 조사를 하면서 고인을 일컬어 정면교사라고 했다.(한겨레신문 2017년 5월 8일 23면)

# 7. 이승만 대통령, 김구 주석과 노산 이은상

노산 이은상, 우남 이승만 대통령, 백범 김구 주석과 진해는 각별한 인연이 있다. 우남은 진해 해군부대에 자주 왔으며 특히 1949년 대통령 별장이 준공된 이후에는 연말 성탄절에 진해에서 머물기도 했다. 현재 북원로터리에 있는 충무공 동상 제막식이 1952년 4월에 열렸을 때도 참석하여 축사를 했다. 백범은 1946년 9월 삼남지방 시찰 길에 진해를 방문하였으며 현재 남원로터리에는 친필시비가 세워져 있다. 노산은 북원로터리 충무공 동상의 찬문을 썼고, 동상 제작 과정에도 참여하여 충무공의 얼굴 모습 윤곽을 잡을 때 자문하기도 했다. 해방 직후 우남과 백범 두 분이 귀국해서 1945년 모스크바 3상회의의 신탁통치안 반대운동을 함께할 때만 해도 분위기는 괜찮았다. 그러나 우남이 단정 수립을 추진하면서부터 두 분의 관계는 심각해졌다. 급기야 우남의 최대 정치적 라이벌이 백범이었다.

5·10 단독선거 이전인 1948년 3월 12일 백범은 단독선거, 단독정부에 불참할 것을 선언하였고, 4월에는 생명의 위험을 무릅쓰고 통일정부 구성을 협상하기 위해 38선을 넘어 평양에서 열린 남북연석회의

에 참석하였다가 단독선거 직전인 5월 5일에 돌아왔다. 5·10 단독선거 이후에는 6월 29일부터 남북조선 제정당 사회단체 지도자협의회가 개최되었고, 9월부터 미·소 양군 철퇴와 평화로운 통일 정부 수립을 위한 남북협상을 주장하였다. 다음 해인 1949년 1월 18일 다시 외군 철퇴와 남북협상을 들고 나오자 정부는 즉각 남북협상을 반대하는 성명을 발표하였다. 결국 5개월 후인 1949년 6월 26일 육군 포병 소위 안두희의 총탄에 맞았다. 정부에서는 열흘 후인 7월 5일, 대한민국 최초의 국민장으로 장례를 치렀다. 조가는 이은상이 작사하고, 김성태가 작곡하였다. 행진곡은 쇼팽의 장송행진곡을 다단조로 연주하였다.

역사학자 서중석 교수(성균관대학교)는 '여러 가지로 분석해볼 때 이승만 대통령이 깊숙이 관여했을 것이라는 의심을 떨치기 어렵다. 이 대통령은 민중의 지지를 받고 있는 김구를, 극우반공 통치를 강화하는 데 커다란 걸림돌로 생각했다. …… 김구 암살사건에 관련된 인물들이 모두 친일파라는 사실도 유의할 필요가 있다'[1]고 했다. 1995년 12월 15일 발표된 국회 법사위 백범암살진상조사소위원회의 보고서는 이승만 대통령과 관련하여 '그는 직접 명령을 내리지 않았지만 부하들이 자신이 원하는 것이 무엇인지 알아차리고, 그 부하들은 이 박사의 뜻에 맞추어 암살을 강행했다고 볼 수밖에 없다'[2]는 결론을 내렸다. 한편 암살의 직접적 동기가 쿠데타 모의였다는 주장도 있다. 백의사[3]의 염동진은

1    『사진과 그림으로 보는 한국현대사』, 서중석, 125~126쪽, 웅진지식하우스, 2015년
2    『두 개의 한국현대사』, 임영태, 113쪽, 생각의 길, 2014년
3    염동진(廉東振, 본명 : 염응택)의 주도로 1945년 11월 서울에서, 월남한 청년·학생들을 중심으로 조직되어 남북한 지역에서 활동한 극우반공 테러공작단. 백의사(白衣社) 명칭은 중국 국민당 정부의 반공 지하공작단체인 남의사(藍衣社)를 모방한 것이다. 초

백범을 추종하는 우익 장교들의 내부 동향을 미국 정보기관 CIC에게 제공하고 있었으며, 한국군 내부의 정부 반대파와 백범을 연결하는 역할도 하고 있었다. CIC는 백범이 염동진과 함께 군사 쿠데타를 계획하고 있다는 정보를 입수하고 있었다고 한다.

2002년 2월 23~24일 국립극장에서 한국민족음악인협회가 주최하는 「극적 칸타타 백범 김구 – 내가 원하는 우리나라」 공연이 있었다. 창작 오페라였다. 작품은 프롤로그, 에필로그와 3장으로 구성되어 있는데 프롤로그와 에필로그에선 1949년 백범이 암살당한 직후 노산이 작사하고, 김성태가 작곡한 조곡이 나온다. 작가 구히서가 쓴 대본에 작곡가 강준일 교수(한국예술종합학교 음악원)가 자신이 다섯 살 때 직접 들은 조곡의 기억을 되살려서 곡을 붙였다. 어릴 때 받은 감격으로 가슴 속에 한 소절 한 소절 새겨 두었던 것이다. 최준호 교수(한국예술종합학교 연극원)가 연출을, 정치용 교수(한국예술종합학교 음악원)가 지휘를, 조성주 선생이 안무를 맡았었다.

### 시조 「목이 그만 멘다」와 헌수송 「송가(頌歌)」

사건 당시에 대부분의 사람들은 이승만과 김구의 관계가 굉장히 좋지 않다는 것을 알고 있었다. 그런데 노산은 백범을 추모하는 시조도

---

대 총사령인 염동진은 중국에서 활동한 독립운동가이자 중화민국 정보기관 남의사(藍衣社) 공작원 출신이다. 백의사는 북한에서 현준혁 암살사건 직후 대동단의 관련자들이 월남하여 개칭·정비한 단체이다. 반공·반탁·반북을 기치로 대북 테러·암살·첩보 활동을 전개하였고 미군 방첩대(CIC)의 지원을 받기도 하였다. 이런 관계는 정부 수립 이후에도 지속되었고 한국전쟁을 계기로 성원 상당수가 미극동군사령부 주한연락사무소(KLO:Korea Liaison Office) 부대로 흡수되었다.

쓰고, 우남의 생일을 축하하는 글도 썼다. 노산은 백범이 돌아가신 지 1년이 지난 1950년 단오절에, 서울 신당동 자택에서 상치쌈을 먹다 불현듯 백범을 그리워하면서 시조「목이 그만 멘다」를 썼다.

'단오날 상치쌈[4]에 쑥갓이랑 실파랑 얼러/ 한 입 우겨넣다 가신 님 생각한다/ 그날도 바로 이 상에 마주 앉으셨더니// 봉창 밑 두들기며 찾아오시던 그 님 생각/ 가슴에 멍이 든 것 좀체로 안 가서서/ 쌈을랑 두 손에 움켜쥐고 목이 그만 멘다'[5]

구절구절마다 백범을 그리워하는 노산의 진심이 느껴지는 작품이다. 그가 1946년 호남신문사 사장 재직 시에 백범과 찍은 사진도 있다. 1947년 한독당 전남위원장을 했던 노산으로서는 목이 메었을 것이다. 노산은 1969년, 자신이 쓴『짧은 일생을 영원한 조국에』라는 책에서 백범 암살자 안두희를 '34세의 천하의 역적'이라고 하였다. 그리고 백범의 '위대한 생애는 마치 달이 천강(千江)에 그림자를 비추는 것과도 같이 모든 겨레의 마음 속에 언제나 살아있어 계승될 것이다'라고 하였다.[6] 천강(千江)은 세종이 3년 전에 죽은 소헌왕후를 생각하며 1449년

---

4    조운이 쓴「상치쌈」의 전문이다. '쥘 상치 두 손 받쳐/ 한 입에 우겨넣다/ 희뜩/ 눈이 팔려 우긴 채 내다보니/ 흙는 꽃 쫓이던 나비/ 울 너머로 가더라' 한 입에 우겨넣다는 구절이 노산과 똑같다. 조운은 자유시 형태로 썼지만 평시조로 바꾸어도 전혀 어색함이 없다. 노산과 함께 양대 시조작가로 평가받는 조운이 시조의 현대화에 앞장섰던 대표작이다.

5    『가고파』, 이은상, 167쪽, 경남시조시인협회, 도서출판 경남, 2012년

6    『짧은 일생을 영원한 조국에』, 이은상, 561쪽, 횃불사, 1969년(이 책에서 노산은 민족사의 불기둥이라는 제목으로 김유신, 원효, 강감찬, 세종, 휴정, 이이, 이순신, 안중근, 남궁억, 김구 등 10명을 소개하고 있다.)

에 손수 지은 월인천강지곡(月印千江之曲)을 가리킨다. 석가모니의 공덕을 찬양하는 장편의 노래(찬불가)이다. 하나의 달이 천 개의 강을 환하게 비치듯이, 백범의 위대한 마음이 온 나라에 빠진 데 없이 골고루 살아 계승될 것이라는 뜻이다.

그런데 노산은, 백범이 죽은 지 불과 7년이 지난 1956년 8월 15일의 이승만 대통령 동상 준공식에 참석하였다. 준공식은 제80회 탄신경축중앙위원회(위원장 이기붕) 주관으로 서울 남산, 일제강점기에 조선신궁이 있던 자리에서 열렸다. 높이는 81척이었고, 대지 3,000평, 좌대 270평이었다. 8각의 좌대에는 이승만 대통령의 생애를 조각하였다. 두루마기 차림으로 한 손을 들고 있는 모습이었다. 건립비용은 2억 656만 환이었는데 극장연합회가 갹출했다고 한다. 제막식에서 이기붕 국회의장은 "자주독립의 권화이며 반공의 상징인 이 대통령 동상 앞에서 우리는 옷깃을 여미고 그 뜻을 받들기로 맹세하자"고 말했다. 이 자리에 참석한 노산은 불법적인 사사오입 개헌을 밀어붙인 이승만 대통령에게 「송가(頌歌)」라는 제목의 헌수송(獻壽頌)[7]을 바쳤다.

'이 겨레를 위하시어 한평생 바치시니/ 오늘에 백수홍안 늙다 젊다 하오리까/ 팔순은 짧으오이다 오래도록 삽소서/ 우리나라 대한나라 독립을 위해/ 일생을 한결같이 몸 바쳐오신/ 고마우신 이 대통령 우리 대통령/ 그 이름 길이길이 빛나오리다'

---

7    《창원의 숨결》 2015년 제3호, 135쪽, 창원문화원

물론 노산만이 시를 쓴 건 아니다. 시인 김광섭도 80회 생일을 축하하며 서울신문에 시 「우남 선생의 탄신을 맞이하며」를 썼다.[8] "세기의 태양을 바라보는 언덕 위에/ 봄은 꽃보다도 일찍 오고/ 바람은 향기 앞에 부드럽다.// … / 조국을 지키라는 신성한 명령에/ 넘어져도 봉우리처럼 적 앞에 서나니/ 땅을 움직이고 하늘은 뜻을 내려/ 용사들 시간을 다투어 진격을 기다린다." '세기의 태양'으로 이승만을 찬양한 「성북동 비둘기」의 시인 김광섭은 경무대 공보비서관을 했고, 이헌구는 공보처 차관을 했다. 「나그네」의 시인 박목월은 '평생을 한결같이 몸 바쳐오신 고마우신 대통령'이라고 찬양했다. 일제강점기에 동아일보에서 노산과 같이 근무했던 이상범은 축하 그림을 그렸다. 시인 고은은 그의 만인보에서 「청전 이상범」[9]에 대해 다음과 같이 설명하였다.

'의재 허백련/ 소정 변관식/ 심산 노수현과 더불어 근대 4대 산수화백// 1936년 히틀러 체제 베를린 올림픽 마라톤 경주에서/ 조선청년 손기정이 우승하자/ 그의 가슴팍 일본 히노마루를 지웠다/ 동아일보 미술부 기자 시절// 그는 감옥으로 가고/ 동아일보는 폐간되었다// 그의 그림과는 달리/ 가난과 야인 노릇으로 늙어갔다/ 그러다가 자유당 정권 국무위원들이 청해서/ 이승만 탄신 축하그림/ 새벽 하늘 기쁜 소식(曉天報喜)의 화제로/ 까치 우는 소리 가득한/ 옛 성터/ 옛 기와집/ 그 지붕 위의 까치/ 그리고 부지런한 농부와 염소 한두 마리'

8    서울신문 1955년 3월 26일
9    『고은 전집』 제15권, 고은, 51쪽, 김영사, 2002년

## 계속 대통령 하려고 사사오입 개헌한 이승만을 찬양

기상천외의 수법인 사사오입 개헌은 1954년 11월 27일, 이승만 대통령의 종신집권이 가능하도록 '초대 대통령에 한해 중임제한을 없앤다'는 내용으로 헌법 제3조를 개정하는 국회의 투표과정에서 발생한 사건이었다. 재적의원 203명, 재석의원 202명 가운데 찬성 135표, 반대 60표, 기권 7표였는데 203명의 3분의 2는 135.33333명이기 때문에 딱 1표 차이로 부결을 선언하였는데 그다음 날 착오를 일으켰다면서, 5 이상은 반올림하고 그 미만은 내린다는 공식을 도입[10]하여 0.33명은 한 명의 인격으로 취급할 수 없기 때문에 135가 3분의 2라는 수학적인 사사오입 개념에 근거하여 최순주 국회부의장은 개헌안 통과를 선언하였다. 도쿄제국대학 출신의 최순주는 "자연인을 정수 아닌 소수점 이하까지 나눌 수 없으므로 사사오입의 수학적 원리에 따라야 한다. 최윤식 등 수학계의 최고 권위자들도 같은 의견"이라는 연설에 등장하는 한국인 '최초'의 수학박사 최윤식도 도쿄제국대학을 졸업했다.[11] 그러나 대법원장 김병로는 사사오입 개헌과정에서도 이승만 정권의 폭거를 정면으로 비난했다.[12] 이승만 대통령은 이런 식의 억지 개헌에 의해 1956년 대통령 선거에서 다시 선출될 수 있었고, 이를 축하하기 위해 날짜를 맞추어 동상 준공식 날은 광복절이며 제3대 대통

---

10  사사오입 도입에 대한 이론적 자문은 당시 대한수학회 회장 최윤식 교수(서울대)였다. 우리나라 최초로 체계적인 수학을 도입했고 국내 최초의 수학박사를 자랑하는 석학이었다. 그러나 그는 사사오입개헌의 원인제공자였다.(딸에게 들려주는 역사이야기, 김형민, 《시사IN》 2016년 10월 15일)
11  『제국대학의 조센징』, 정종현, 휴머니스트, 2019년
12  『가인 김병로』, 한인섭, 683쪽, 박영사, 2018년

령 취임식이 있던 날이었다. 이때부터 사람들은 잘 안 되는 일을 되도록 하려면 '사사오입하라'는 말을 하는 게 유행이었다.[13] 1956년 서울이라는 도시명을 바꾸려던 계획이 반대에 부닥쳐 좌절되자 이승만의 추종자들은 기어이 남한산성길을 우남로로, 남산공원을 우남공원으로 하고, 우남회관(시민회관), 우남정(팔각정) 등등의 명칭뿐만 아니라 파고다공원(1956년 3월)과 남산(1956년 8월)에 동상까지 세웠다. 4·19혁명이 일어난 후, 이승만 대통령 동상은 철거되었다. 그 자리에 단군의 동상을 세우자느니, 4·19혁명의 학생들을 기리는 의거기념탑을 세우자느니, 의견이 분분했다. 하지만 그 자리에는 대한민국 건국 과정에서 이승만과 대척점에 섰던 백범 김구 동상이 세워졌다. 이런 사실에 너무 민감할 필요도 없고, 확대해석할 필요도 없다. 다만 역사적 아이러니라는 것일 뿐이다. 흥미로운 것은 이 동상 자리가 원래 1949년 백범이 암살된 후 백범 김구 선생 동상봉립추진위원회에서 동상을 건립하려던 자리였다는 사실이다. 경향신문 1949년 8월 18일자는, 위원회는 건립 장소를 '남산 전 조선신궁 본전 앞 광장으로 정하고 당국과 교섭 중'이라고 보도했다. 그 자리에 김구가 아닌 이승만의 동상이 들어섰다가, 20년 후에 김구 동상이 세워진 것이다.

김구 동상 건립은 일종의 국가적 사업이었다. 김구 선생 기념사업회(회장 곽상훈)가 서거 20주년을 맞아 동상 건립을 추진하자, 박정희 대통령이 금일봉을 내놓았고, 쌍용그룹 사주이자 공화당의 실력자였던 김성곤은 500만 원을 내놓았다. 각계에서 모금된 성금은 모두 2,100만

13    『스물한 통의 역사 진정서』, 고길섶, 229쪽, 도서출판 앨피, 2005년

원에 달했다. 제막식은 1969년 8월 23일에 있었는데, 백범의 93회 생일이었다. 좌대와 높이가 각각 6.2m였다. 조각은 친일 조각가 김경승과 민복진이 맡았고[14], 건립문은 소설가 박종화, 약전(略傳)은 이은상이 짓고, 글씨는 김충현이 썼다. 모두 당대 한국에서 내로라하는 예술인들이었다.

### 백범 조가(弔歌) 1949년, 백범 추모시조 1950년

대한민국 최초의 국민장으로 1949년 7월 5일, 치러진 김구 주석 장례식의 조가는 노산이 작사하였다. 「목이 그만 멘다」는 그 다음 해에 쓴 글이다. 16년 후인 1965년 7월 27일, 이승만 대통령의 주검이 국립묘지에 안장되기 직전의 영결식에서 대리 참석한 정일권 총리가 읽은 조사 역시 노산이 썼다.[15] 노산이 김구 주석 조가와 이승만 대통령 송가를 모두 지은 것은 두 분을 모두 존경하고 있었기 때문이라고 생각할 수 있다. 노산이 비록 한독당 활동을 하긴 했지만 이승만과 김구의 단독정부 수립문제로 인한 심각한 갈등을 안타까워하고 있었을 수도 있다. 혹은 자신의 진심과는 관계없이 나라의 중요한 대사니까 행사용으로 글을 썼을 수도 있다. 노산 역시 자신의 글은 행사용이니 정치적 소신과 별개라고 생각했을 수도 있다. 이런 사정들이 복합적으로 이루어졌다고도 생각할 수 있다. 백범이 죽고 난 이후에 노산은 권력자인 이승만 대통령의 지지자가 되었다. 두 분을 모두 존경했는데 마침 백범이 죽었

---

14  『나는 황국신민이로소이다』, 정운현, 236쪽, 개마고원, 1999년
15  이승만 대통령의 건국정신 회복해야 대한민국이 산다, 이승만 탄신 142주년, 오동룡, 월간《조선》2017년 7월호

으니 이승만 쪽으로 갔을 수도 있다. 당시에도 많은 사람들로부터 배신자라는 비난을 받았다. 물론 노산만 돌아선 것은 아니다. 누구에게든 있을 수 있는 일이라는 점에서 이해할 수는 있지만 존경받는 원로가 할 일은 아니다. 노산은 사회적 저명인사였고, 문인들 중에서도 대중적 영향력이 가장 컸다.[16]

백범 조가 1949년, 백범 추모시조 1950년, 우남 생일 송가 1956년, 우남 조사 1965년, 백범 동상 약전 1969년, 이 다섯 가지를 하나씩 떼어놓으면 더할 수 없이 감동적인 글이다. 그런데 같은 사람이 모두 썼다. 비록 시차가 있는 글이긴 하지만 3·15부정선거 때까지 우남과 노산의 관계가 지속적으로 친밀했음을 감안한다면 아무래도 낯 뜨거운 일이다. 이런 일이 한두 번이 아니다. 노산은 1960년 3·15의거 직전에 이승만, 이기붕 정·부통령 당선을 위한 선거를 앞두고는 문인유세단을 조직하여 전국을 다니며 지지 유세를 했다. 마산 3·15의거의 원인이 된 부정선거 과정이었다. 그런데 3년 후, 노산은 서울 우이동에 이승만을 하야시킨 4·19기념탑을 세울 때는 기념시를 썼다. 비슷한 일은 또 있다. 경북 영덕에 3·1운동 기념탑을 세울 때 비문을 썼는데 그 지역 친일파의 묘비문도 노산이 썼다. 엄청난 모순이다.

아마 「가고파」 시인에 대한 기대가 크기 때문에 실망이 큰 것 같다. 원로에 대한 기대를 접고 그냥 글을 잘 쓰는 분이라고만 생각하면 이해할 수 있는 일이다.

---

16  내려다보기의 세계인식과 지리적 신체의 수사학, 노지승, 343쪽, 《국어교육연구》 55집, 국어교육학회, 2014년

## 3·15를 불상사라고 한 노산

'마산 3·15사건이 촉발된 근본 원인은 무엇으로 보십니까?'라는 설문에 대하여 노산이 '도대체 불합리, 불합법이 빚어낸 불상사다'라는 답변과 '마산 시민들의 시위가 확대되어가는 것을 어떻게 보십니까?'라는 설문에 대하여 '지성을 잃어버린 데모다. 앞으로는 더 확대되지 않도록 해야 한다. 자고로 과오와 과오의 연속으로 필경 이적의 결과가 되고 만다'는 답변이 《조선일보》 1960년 4월 15일자에 게재되었다. 김주열 열사의 주검이 마산 앞바다에 떠오른 게 4월 11일이었다. 노산은 자유당 정권이 불합리, 불합법이라고 하면서도 3·15의거를 불상사라고 표현했다. 이어서 3·15의거를 가리켜 지성을 잃어버린 데모이며, 과오이므로 계속해서 확대되면 적을 이롭게 하는 결과가 될 것이라고 했다. 확대되면 적을 이롭게 한다는 생각은 이승만 정권과 똑같은 시각이다.

같은 날짜, 《조선일보》의 다른 면에는 정부의 치안국장이 마산사건, 공산당 조종 정보를 입수했다고 발표하는 기사가 실려 있고, 이승만 대통령이 마산사태에 대해 발표한 담화가 실려 있는데 역시 공산당이 들어와 뒤에서 조종한다는 내용이었다. 이에 대해 누명을 씌우려는 위협정책이며 마산시민에게 공산당 운운은 의아하다는 민주당의 반박성명도 실려 있다. 대통령의 담화 직후에 마산사태에 대해 정부는 국무회의에서 소위 대공3부 합동수사위원회를 구성하고, '적색분자들의 준동 혐의에 대해 과학적으로 수사하겠다'고 발표하기도 했다.

노산이 불상사와 지성을 잃어버린 데모라고 표현한 3·15에 대하여 시인 이광석은 3·15 첫 돐에 부치는 글 「아직도 우리는 고독하다」

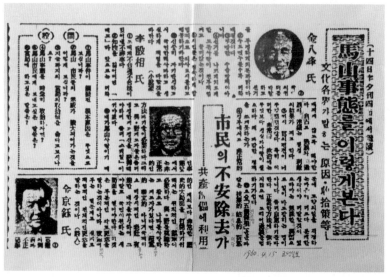

조선일보 1960년 4월 15일자 설문 답변

에서 '꽃처럼 피어나던 젊은 목숨을/ 나라 위해 겨레 위해 피를 흘린 이
날'이라고 불렀다. 시조시인 김복근은 「마산의 봄4」[17]에서 '돌이켜 생각
하면/ 그 때 그 날은/ 진실을 캐어내는 의미의 날이었다'고 하였다. 그
외에도 마산지역의 시인들이 쓴 3·15에 관한 모든 시에서 불상사, 지성
을 잃어버린 데모, 무모한 흥분, 과오 등의 표현 혹은 그 비슷한 뜻으로
3·15를 지칭하는 내용은 찾아볼 수 없다. 3·15는 불상사도 아니었고,
지성을 잃어버린 데모도 아니었기 때문이다. 오히려 지성을 잃은 만행

---

17   『너는 보았는가 뿌린 핏방울을』, 3.15의거 기념사업회, 199, 308쪽, 도서출판 불휘,
     2001년

은 독재정권이 저질렀고 일어나지 않아야 할 일은 사전 부정선거운동
이었다.

# 8.「피어린 六百里」, 1962년 첫 번째 휴전선 종주

6·25전쟁 당시에도 문교부는 중학교용 교과서 각 권 뒷면에 노산의 시 「낙동강」과 「조국에 바치는 노래」를 실어 애국심을 고취하였다. 노산이 시 「너라고 불러보는 조국아」에서 살길을 찾아 헤매는 피난민들을 보면서 '너라고 불러보는 조국아/ 너는 지금 어디메 있나/ 누더기 한 폭 걸치고/ 토막 속에 누워있나/ 네 소원 이룰 길 없어, 네거리를 헤매나……'라고 쓴 것이 1951년 4월 18일이었다. 이러한 노산의 조국애는 이미 1년 전인 1950년, 부산의 피난민 천막에서 「조국아」를 썼다. 여기서도 '조국아! 내 불타는 사랑 오직 너밖에 또 뉘게 주랴'라고 되풀이 말하면서 자신과 조국을 일체화시키고 있다.

전쟁이 끝난 후, 노산은 1953년 가을, 피난지 부산에서 광주를 거쳐 서울로 되돌아오면서 조국과 민족에 대한 사랑은 더욱 심화되었다. 전쟁이 남긴 처참한 현실을 보면서 노산의 삶은 외골수로 치달았다. 그는 조국을 위해서 어떠한 고난과 역경도 모두 감수하려는 신앙적 자세로 전환되었다. 즉 조국과 민족에 대한 일방적인 사랑으로 나타났다. 시조시인 한춘섭에 의하면 노산은 "입버릇처럼 설교한 말 가운데 조국이

란 다른 것이 아니다. 우리 가슴 속에 간직하고 있는 민족의 얼, 그것이 조국이다. 역사의 정신적 전통, 그것이 조국인 것이다."라고 말했다.[1]

　"6·25동란이 지난 뒤, 조국에 대하여 너무도 안타까운 생각이 가슴을 치밀어, 나는 문득「너」라고 불러보고 싶은 심정을 느꼈다.「너」라고 부르며 옷자락이라도 붙들고 엉엉 소리쳐 울고 싶어서였

다."[2]라고 할 정도로 6·25는 노산의 인생에서 또 하나의 큰 전환점이었다. 전쟁이 끝나고 서울로 돌아온 노산은 1953년에 쓴「강 건너 왔소」에서 황폐화된 서울을 보며 '잘 되어도 내 낭군!/ 못 되어도 내 낭군!/ 옥중 춘향이 이도령 만나 하던 말을/ 그대로 외어 보면서/ 내 님 찾아 강 건너 왔소'라고 하면서 그리운 님과의 해후를 노래했다. 1953년 7월, 그 처참했던 전쟁이 통일을 외면한 채 휴전이 조인된 것을 안타깝게 여긴 노산의 마음에는, 통일이라는 민족의 비원(悲願)이 한(恨)으로 굳어지게 된다. 이때부터 노산은 이 한을 풀기 위해 끊임없이 호소와 절규를 하기 시작했다.[3] 시조「고지가 바로 저긴데」는 6·25전쟁이 끝난 직후인 1954년 12월 그믐밤, 통일의 꿈은 이루어지지 않은 채 휴전 조인 1년이

1　『한국 시조시 논총』, 한춘섭, 411쪽, 을지출판공사, 1990년
2　『짧은 일생을 영원한 조국에』, 이은상, 50쪽, 횃불사, 1969년
3　노산 시조에 나타난 조국애, 민족애의 배경연구, 김용섭, 37쪽, 《논문집》 제18집 3권, 삼척공업전문대학, 1985년

지나자 초조감과 답답함에서 북진통일을 직설적으로 표현한 작품이다. 통일이 바로 눈앞에 보이는데 무엇들을 하고 있느냐고 절규하고 있다. 시조시인 김복근은 이 시조가 자신의 내면세계를 지나치게 노출하고 있긴 하지만 주제의식이 뚜렷하고 선명하기 때문에 설득력이 있다고 한다.[4] 설득력이라기보다 감정이입이 더 정확한 표현이다. 솔직히 말하면 나도 고등학생 시절에 이 시를 외우면서 가슴이 뜨거워지는 걸 느꼈다. 자기도 모르는 사이에 고지 탈환을 위해 목숨을 걸어야겠다는 생각이 들 정도로 감동이 있다. 읽는 이를 용감하게 만들고, 전투적이게 하는 힘이 있다. 휴전도 잘못되었다고 생각한다. 이승만 대통령과 같은 생각이다.

'고난의 운명을 지고 역사의 능선을 타고/ 이 밤도 허우적거리며/ 가야만 하는 겨레가 있다./ 고지가 바로 저긴데 예서 말 수는 없다.// 넘어지고 깨어지고라도 한 조각 심장만 남거들랑/ 부둥켜안고 가야만 하는 겨레가 있다./ 새는 날 피 속에 웃는 모습 다시 한번 보고 싶다.'

1958년에 쓴 「당신과 나」에서는 '당신은 내 면류관이요/ 내 기도요 내 노래입니다/ 그리워 바라보다/ 다시 보면 내 자신입니다'라고 노래하였다. '조국에 바치는 노래'라는 부제가 달린 시이다. 그 후 노산의 통일에 대한 비원은 군사분계선이 더욱 굳어짐에 따라 더해 갔고, 그의 조국애도 신앙심이 깊어가듯 그 깊이를 더하게 되었다. 드디어 그것은

---

4    『노산시조론』, 김복근, 199쪽, 도서출판 경남, 2008년

한으로 응고되어 저주와 분노로 나타났다. 그냥 조용히 있을 수가 없었다. 그래서 국토분단의 현장인 군사분계선을 직접 답사한 것이다. 노산의 시조 작품에서 이념적 색깔과 반북의식 그리고 반공주의가 확실하게 드러나기 시작한 시기는 1958년경부터이다.[5] 마산 3·15의거가 일어나기 2년 전이다. 이전의 자연풍경과 인생의 무상함이 아니라 반공을 이념으로 하는 역사의식을 뚜렷하게 표현하였다. 여지선의 연구에 의하면 1958년에 발간한 노산의 두 번째 시조집『노산시조선집』에서 반북과 반공이 이념적으로 표출되기 시작했다고 한다.[6]

### 휴전선이 국경선으로 굳어져 가는 600리

조선일보사는 휴전된 지 9년이 되면서 휴전선이 아닌 국경선으로 굳어져 가는 동서 600리 길, 155마일을 노산이 직접 답파(踏破)하면 그 기록을 조선일보 지상에 게재하겠다고 제안하였다. 이렇게 시작된 노산의 첫 번째 휴전선 종주는 1962년 6월 25일을 전후하여 10일간의 일정으로 육백리의 서쪽 끝 강화에서 동쪽 끝 명호리까지 155마일 휴전선을 답사했다. 그의 나이 59세였다. 다녀온 기행문을 날짜별로 조선일보에 40여 회 연재하고 나서 같은 해『피어린 육백리』라는 제목으로 책을 출간했다.[7] 서문은 신문 연재가 끝난 휴전협정 9주년인 7월 27일에 썼다. 일부러 날짜를 맞추었다. 제목의 '피어린'은 6.25를 나타내고, '육

---

5  『근현대 인물 한국사』, 하성환, 149쪽, 살림터, 2021년
6  1950년대 시조의 역사인식의 다층성, 여지선, 225쪽,《시조학 논총》제31집, 2009년
7  『피어린 육백리』는 1962년에 교육신문사에서, 1970년에 횃불사에서 각각 출판하였다. 휴전선을 답사하는 사진과 답사한 지역의 지도를 손으로 그려 책에 수록하였다. 1975년에 다른 기행문과 함께 삼중당에서 다시 출간하였다.

백리'는 휴전선의 길이이다. 노산이 휴전선 일대의 격전지를 둘러보며 민족이 처해 있는 비극에 대한 울분으로 쓴 기행문이다. 휴전선 곳곳에 담겨있는 역사와 풍경에 대해서도 생생한 묘사를 해놓아서 마치 글을 읽는 이가 동영상을 보고 있는 것 같다. 책 전체에 느낌표를 많이 사용하였다. 숨기지 않은 그의 뜨거운 감정은 많은 문장에 감탄부호를 남겼다. 인천대학교 노지승 교수는 '동강난 국토에 대한 과잉 센티멘탈리즘은 독자들로 하여금 분단에서 비롯된 상실과 아픔의 감정에 공감'하게 한다면서 이러한 센티멘탈리즘이 가능한 것은 국토를 살아있는 신체로 묘사함으로써 독자들의 마음을 아프게 했기 때문이라고 한다.[8]

『피어린 육백리』는 노산이 비장하고 경건하게 조국통일을 기원하고 있음을 느낄 수 있는 책이다. 책의 서문에는 허리가 잘린 지 17년, 6·25동란이 일어난 지 12년, 다시 또 휴전선이 그어진 지 9년이 지나도록 원한의 선이 무너지지 않음을 안타깝게 생각하면서 자신은 '기행문을 통해 글을 남기려는 것이 아니라 뜻을 남기고자 하는 것'임을 명확히 밝히고 있다. 그리고 자신의 글은 휴전선을 통곡하는 노제문(路祭文)이요, 통일의 신께 바치는 치성문이라고 하였다. 이 글은 1965년 제2차 교육과정을 통해 교과서에 처음 실린 후 1984년 제4차 교육과정 교과서에도 포함되었다. 경남대학교 이선미 교수는 '5·16 이후 반공주의를 강화하려는 정권의 통치 스타일과 연관된 것으로 평가할 수 있다.'고 한다.

---

8    「내려다보기의 세계인식과 지리적 신체의 수사학」, 노지승, 357쪽,《국어교육연구》55집, 국어교육학회, 2014년

강화도의 서쪽 섬이 교동(喬桐)섬이고 거기서 또 다시 멀리 떨어진 외로운 섬이 끝섬(末島)인데 노산의『피어린 육백리』는 이 섬에서 시작했다.[9] 끝섬 밖으로는 어로선(漁撈線)이 그어져 있다. 교동섬에 대해서는 한국의 네로라고 불리는 연산군이 12년간의 영화를 누리고 이곳에 와서 64일간 머물다가 죽었다고 소개하고 있다. 조그마한 촌락이 있는 바닷가 풍경은 겉으로 평화롭고 한가롭지만 휴전선 인접 지역으로 전쟁의 위협과 긴장감이 일상적으로 감도는 잠재적인 전쟁터이다. 첫 장면에서부터 평화로운 겉모습과 실제 상황을 비교하여 분단의 위기감을 고조시킨다. 노산의 이런 글쓰기는 민족을 절대화하는 과도한 애국주의적 감정 과잉에도 불구하고 상당한 시적 성취를 이루는 강점이기도 하다.[10]

서해의 끝섬에서 시작하여 동해안 명호리에 이르기까지 때로는 철조망을 부둥켜안고, 때로는 완충지대를 오가는 새들을 쳐다보면서 허리가 잘린 민족분단의 비통함을 기록으로 남겼다.『노산 이은상 선생』을 쓴 김봉천은 "이 작품은 통일이 되는 그날까지 가장 처절한 기록으로 남게 될 것이다."라고 말하였다. 시조시인 공영해는 "강건, 화려체로 뜨겁게 토하는 그 울분의 문장 앞에 우리는 숙연히 옷깃을 여며야 했다."고 한다.[11] 그러나 경남대학교 이선미 교수는 "휴전선 기행서사가 분단 이전 시기 이은상의 국토 기행문과는 달리 냉전의식과 연관"되어

---

9   『피어린 六百里』, 이은상, 4, 13쪽, 교육신문사, 1962년
10  「조국의 지리적 경계로서 휴전선과 냉전의 심상지리」, 이선미, 173쪽,《배달말》59집, 배달말학회, 2016년
11  『가고파, 내 고향 남쪽 바다』, 김교한 외, 67쪽, 경남시조시인협회, 도서출판 경남, 2017년

있다고 평가한다. 판문점에서 벽제관에 이르는 지역에 관한 부분에서 그의 냉전의식을 확실히 볼 수 있다. 명나라 군대가 벽제관에서 일본군에 패배하여 도로 송도로 퇴각하는데 이때 조선의 이덕형이 진군을 주장했다는 내용은 맥아더의 북진론을 지지한 것이다. 노산은 벽제관에 관한 글에서 세 개의 각기 다른 역사적 사례를 비교·소개하면서 맥아더의 북진론을 영웅적인 것으로 신화화했다.[12] 피어린 휴전선을 걸으면서 노산은 북진론을 이야기하였다.

노산은 종주 마지막 날 동부전선의 설악산 향로봉을 거쳐서 휴전선의 동해 끝자락, 명호리 백사장에 도착하였다. '끝없이 철썩거리는 동해의 물결! 백사장 가에 박아놓은 철조망의 마지막 쇠말뚝을 붙드는 순간, 나는 그만 주저앉아 버리고 말았다. 저도 몰래 눈에서는 눈물이 어리는 것을 어찌하랴. 그래 이것이 피어린 휴전선의 마지막 철조망, 마지막 쇠말뚝이냐! 그래, 내가 이 마지막 쇠말뚝 하나 잡아보려고 600리를 허위허위 달려왔더냐./ 길이 끝났다네, 더 못 간다네/ 병정은 총 들고 앞길을 막네/ 저리 비키오 말뚝을 뽑고/ 이대로 북으로 더 가야겠소/ 바닷가 모래 위에 주저앉아/ 파도도 울고 나도 울고/ 그래, 길이 끝나서 우는 것이냐, 더 갈 곳이 없어서 우는 것이냐! 아니면 가슴 속에 쌓인 무엇을 풀지 못해서 우는 것이냐.'라고 분단된 조국에 대해 안타까워하는 동시에 침략자 북한에 대해 분노하였다. 그리고는 분노에서 멈추지 않았다. 북한 동포를 붉은 무리의 손에 저대로 버려둘 수가 없었다.

---

12 「조국의 지리적 경계로서 휴전선과 냉전의 심상지리」, 이선미, 183쪽, 《배달말》 59집, 배달말학회, 2016년

동해안 백사장의 마지막 철조망 쇠말뚝을 잡고 울던 노산은 '언제까지고 여기서 울고만 있을 수는 없다. 차라리 돌아가자. 돌아가 할 일이 있지 않으냐.'[13]라고 하면서 철조망을 뚫는 일보다 먼저 할 일이 있는데 민족과 인류를 저 '역사의 함정'으로부터 구해야 한다고 적고 있다. 그리고 이 일은 위인이라 불리는 몇 사람만의 힘으로 될 수 있는 일이 아니고, 민족 전부가, 인류 전체가 모두 나서야 한다고 하였다. 앞으로 북진통일을 위해 자신이 어떤 활동을 할 것인가를 말하고 있다. 이 부분은 70년대 고등학교 교과서에도 실렸었다.

　　내일이면 종주를 마치고 돌아가는 마지막 날, 노산은 이 생각, 저 생각으로 밤을 지새웠다. 아침이 되었다. 지난 10일 동안 어둠과 슬픔의 시간을 보낸 노산은 굳이 푸른 바다 동해의 해돋이를 보러 새벽길을 달려서 거진리 바닷가로 갔다. 일출을 보면서 쓴 「피어린 육백리」라는 한 편의 시로 첫 번째 휴전선 종주는 마무리되었다. 이 시는 수정·보완하여 1970년에 발간한 시집 『푸른 하늘의 뜻은』에 「푸른 민족」이라는 제목으로 수록되어 있다.[14] 이 시를 다시 「기원」으로 개제(改題)하고 3연을 추가하여 마지막 시집 『기원』에 실었다. 1962년, 1970년, 1980년, 세 번을 고쳤다. 시조시인 한춘섭은 이 시의 1, 2연을 '민족시인으로서 영원히 남을 명작'이라고 한다.[15]

---

13　『피어린 六百里』, 이은상, 175, 177쪽, 교육신문사, 1962년
14　'푸른 동해 가에/ 푸른 민족이 살고 있다/ 태양같이 다시 솟는/ 영원한 不死神이다/ 고난을/ 박차고 일어서라/ 빛나는 내일이 證言하리라// 산 첩첩 물 겹겹/ 아름답다 내 나라여/ 자유와 정의와 사랑 위에/ 오래거라 내 역사여/ 가슴에/ 손 얹고 비는 말씀/ 이 겨레 잘 살게 하옵소서'(『한국 시조시 논총』, 한춘섭, 405쪽, 을지출판공사, 1990년)
15　『한국 시조시 논총』, 한춘섭, 420쪽, 을지출판공사, 1990년

푸른 東海 가에

푸른 民族이 살고 있다

꺼진 듯 솟는 太陽과 함께

永遠히 사는 不死神이 있다

苦難을 박차고 일어서는 날

내일의 歷史는 證言하리라[16]


「피어린 육백리」는 1963년 감독 배석인[17]에 의해 공보영화[18]로 제작되었고, 공보영화로서 제2회 대종상 문화영화상을 받았다. 배석인은 신문에 연재될 때 이 기행문을 읽고 너무 감동을 받아 그해에 곧바로 이 기행문을 거의 그대로 시나리오로 구성하여 19분짜리 다큐멘터리를 만든 것이다. 기행문을 그대로 따라가면서 휴전선의 평화로운 자연경관과 살벌한 전선을 대비하여 영상에 담았다. 배석인은 이 영화를 만들고 베를린에 초청받을 정도로 유럽사회에 유명해졌다. 스페인에도 초청되어 다녀온 뒤 애국가의 배경화면을 만들어 애국심을 고취하였다.[19]

---

16　『피어린 六百里』, 이은상, 180쪽, 교육신문사, 1962년

17　1921년에 창원에서 태어난 영화감독 배석인은 주한미국공보원(USIS) 영화과에서 근무하였고, 1958년 국립영화제작소로 옮겼다.

18　4년이 지나서 1967년 공보영화로 유명한 그의 장편 데뷔작인 「팔도강산」은 박정희 정권의 새마을 운동과 가는 곳마다 몰라보게 달라진 조국의 근대화 모습을 아름답게 표현한 정권 선전용 계몽영화였다. 두 영화는 분단의 현장과 전국의 공장을 직접 보여주고, 분단의 현실과 근대화의 성과를 직접 느끼게 한다는 점에서 매우 유사하다.

19　「조국의 지리적 경계로서 휴전선과 냉전의 심상지리」, 이선미, 186쪽, 《배달말》 59집, 배달말학회, 2016년

1962년의 첫 번째 휴전선 종주를 하고 나서 노산은 그냥 있어서는 안된다는 생각을 하였다. 그의 선택은 청년운동이었다. 1903년생인 노산은 60세의 나이에도 불구하고 극우 청년단체 활동을 시작했다. 마침 해방 직후의 전투적인 극우청년운동단체인 대한청년단이 청우회라는 이름으로 1963년 10월 10일 재창립되었다. 휴전선을 다녀온 이듬해다. 이 단체야말로 휴전선을 걷어내고 통일 조국의 미래를 건설하는 가장 좋은 방법이라고 생각한 것 같다. 이 단체의 제2대 회장이 되었다. 노산에게 한국청년운동협의회는 그가 이름을 올려놓은 다른 단체와는 달랐다. 연례적인 기념사업, 선양사업만을 하기 위한 것이 아니라 자신의 뜨거운 나라 사랑을 실천할 수 있는 단체였다.

창원 용지호수 옆에 한국자유총연맹 경상남도지부가 있는데 그 건물에 경남통일관이 있다. 자유총연맹의 전신이 반공연맹이다. 전시관에는 북한물품, 북한간행물, 북한영화, 통일정책 등이 전시, 상영되고 있다. 3층 전시실에서 내려오는 계단 벽면에는 동해 일출 사진을 배경으로 만든 노산의 시 「통일 염원」 액자가 걸려 있다. 시를 읽어보면 남북화해, 남북교류와는 분위기가 다르다. 남북대결 시기에 작성된 시이기 때문이다. '이 고통 아프다 말라/ 차라리 값진 고통이다/ 발로 짓밟고 눈얼음 쌓여도/ 새싹 움트는 밀알과 같이/ 믿어라/ 의심치 말고 믿어라/ 우리에겐 분명 부활이 있다/ 길이 끝났다 말라/ 여기서부터 시작되는 길/ 철조망 장벽 앞에서/ 우리 갈 길을 보았다/ 열어라/ 살육의 광야에서/ 부활의 길을 뚫어라/ 통일과 사랑 이뤄지는 날/ 자유와 평화 도로 찾는 날/ 탁류에 휩쓸려 가는/ 인간의 양심 회복하는 날/ 거기에/

민족과 인류가 되살아나는/ 영광의 부활이 있다'

노산이 1971년에 펴낸 『오늘도 탑(塔)을 쌓고』에 실린 「안으로 파고 들어가는 운동」이라는 글에 의하면 노산은 청년운동에 대하여 해방 직후의 건국운동이 제1기였고, 6.25전쟁 시기에는 나라를 구출하기 위해 반공의 깃발을 든 수많은 청년 의사들이 공산당의 총탄 앞에 희생된 반공운동이 제2기였다고 한다. 그리고 자신이 회장으로 있는 시기는, 나라를 세운 지 20년이 된 시점의 청년운동 제3기인데 조국의 통일, 부흥을 최고의 목표로 해야 한다고 강조하였다. 노산은 이미 1953년에 「북진의 노래」, 1955년에 「새나라 건설을」 작사하고, 나운영이 작곡하였다. 같은 책에 실린 「통일선언문(統一宣言文)을 쓰고 싶구나」에서는 '친구여! 나는 이제 이 붓으로 오히려 통일선언문을 쓰고 싶구나. 언제 누가 독립을 준다고 해서 독립선언문을 썼던 것이냐. 독립해야겠기에 독립을 선언했었고, 오늘 우리는 통일을 해야겠기에 통일을 선언하고 싶은 것이다'라고 절규하였다.[20]

노산의 이러한 간절한 염원은 자신이 회장으로 있는 청년단체의 실질적인 지도자로서 청년운동의 철학이 되고 방향이 되었다. 그래서 노산의 한국청년운동협의회 활동은 자신이 12년간 회장을 역임한 한국산악회보다 훨씬 오랫동안 계속되었다. 1965년 10월 10일부터 돌아가실 때까지 무려 17년간 제2대~10대 회장으로 연임하면서 열심히 활동하였다. 그가 재임하는 동안에 단체 이름은 청우회에서 한국청년운동협의회로 바뀌었다. 이 단체에서는 40여 년이 지난 현재도 노산은 홀

---

20  『오늘도 塔을 쌓고』, 이은상, 235, 349쪽, 휘문출판사, 1971년

류한 선배 지도자이다. 그래서 2013년, 마산역 앞에서 가고파 시비 보존 시민결의대회가 열렸을 때 행사 주최는 「가고파 시비 보존회」지만 후원단체는 유일하게 이 단체였다. 이 단체는 홈페이지를 통하여 회원들에게 마산의 결의대회 개최를 미리 알리기도 했다.[21]

### 노산이 생각하는 분단의 원인과 분단극복 방안

노산이 1974년에 펴낸 『조국강산』의 마지막 부분에는 젊은이들과 함께 밤을 새며 통일에 대한 의욕을 불러일으켜 준 세 편의 연설문과 한 편의 시를 모은 「통일에의 기원」이라는 글이 있다. 이 글을 통하여 분단의 원인과 해결방안에 대한 노산의 통일론을 알 수 있다.

'승리를 위해 해를 머무르게 한/ 여호수아의 기도를 들으신 주여!/ 공전하는 역사의 바퀴를/ 오늘도 여기 멈춰 주소서// 불안과 초조와 회한 속에서/ 다만 슬픔을 되씹으면서/ 바람결에 흰 머리카락을 날리며/ 헛되이 늙게 하시나이까// 주여!/ 이 땅에 통일과 자유와 평화를/ 비 내리듯 꽃 피우듯 부어 주소서/ 그 땅에서 단 하루만이라도/ 그 땅에서 살게 해 주시옵소서'

이 작품은 통일을 향한 노산의 간절한 마음이 담겨있는 기도이다. 통일과 자유와 평화를 원하고 있다. 그런데 청년들에게 행한 연설문에

---

21    홈페이지-커뮤니티-자유게시판-1 가고파 시비보존 및 마산사랑 범시민결의대회(www. geonguk.or.kr)

서는 힘을 강조하고 있다. 힘이 있어야 통일을 할 수 있고, 힘으로 자유
와 평화를 이루어야 한다는 생각이다.

노산은 해방 직후에 '여기는 여기대로, 대한민국을 세웠고, 저기는
저기대로 조선인민공화국이란 괴뢰집단체를 만들어 놓았습니다. 있을
수 없는 두 나라가 섰습니다.'라고 하였고, 분단의 직접적인 원인에 대
해서는 '한국이 우방국가라고 부르는 나라와 북한 괴뢰들이 형제국가
라고 부르는 그 나라들이 해놓은 일입니다. 우리 국토의 허리를 끊어놓
은 사람들인데도 불구하고 우리는 바로 그 미국을 둘도 없는 우방국가
라고 불러야만 하고 또 북한 괴뢰들도 바로 그 소련을 형제국가란 이름
으로 부르고 있는 것입니다. 참으로 기막힌 아이러니입니다.'[22]라고 하
였다.

노산과 같은 생각을 가진 이는 또 있다. 시조시인 이호우 역시
1964년 작품인 「단층(斷層)에서」 분단의 원인을 '너와 나 事大하여 갈
라선 단층에서'와 같이 공동책임으로 파악하였다. '獄門이 여닫기듯/
또 하루가 새고 저물고/ 너와 나 事大하여/ 갈라선 斷層에서/ 한 胎줄 진
하던 피는/ 물로 엷어가는가.' 어느 한쪽의 책임이라고 비난하지 않고
강대국 사이에 낀 약소국의 비애라고 보았던 것이다.[23]

그런데 노산은 분단의 원인이 외세에 의한 것이며 분단의 책임은
외세를 등에 업은 남북 양쪽에 있다고 생각하면서 군사분계선, 정치분
계선, 사상분계선이란 철조망을 풀어야 한다고 강조한다. 그의 역사인

---

22   『조국강산』, 이은상, 172쪽, 햇불사, 1974년
23   현대시조의 새로운 위상제시, 이호우론, 정혜원, 106쪽, 『한국현대시조작가론 1권』, 김제
     현 외, 태학사, 2001년

식을 단적으로 보여주는 것은 6·25전쟁 휴전회담에 대해서 '한국민의 비분강개한 반대의 외침은 들은 체도 아니 하고 저들 유엔과 중공의 외국 군대들은 마침내 7월 20일에 개성에다 이른바 평화의 천막을 치고, 그 아래서 웃지 못할 가면극의 회담을 시작했던 일!'[24]이라고 안타까워 하였다. 따라서 노산에게 있어서 판문점은 휴전이라는 가면극의 분장실(扮裝室)이었고, 20세기의 상처였다. 분단의 원인도 외세이고, 휴전의 당사자도 외국 군대였던 것이다.

만약 임진왜란 당시에 명나라 이여송 제독이 송도로 퇴군할 때에 칼을 던진 것과 같은 전쟁 휴전이 아니라 중국의 손권 장군이 칼로 책상을 찍고 벌떡 일어서며 진군하여 적벽싸움에서 조조를 깨뜨렸듯이 북진을 속행했더라면 분단이라는 지금의 불행한 현실은 없었을 것이라고 안타까워하였다. 이승만 대통령의 북진통일론과 같은 입장이다. 노산은 이러한 현실인식을 바탕으로 통일을 위한 대안을 제시하였다. 첫 번째는 '우리들의 일상생활, 그 자체가 통일을 기원하는 생활이어야 하고 또 통일을 향해서 한 걸음이라도 가까이 가는 실천적인 생활이어야 하며, 또 최후에 이르러서는 피의 희생이라도 각오하는 의기의 생활'[25]이어야 함을 강조하였다.

이 글에서 노산은 '피의 희생을 각오한다'는 말은 반드시 어떤 무력에 의한 통일을 뜻하는 말이 아니라고 부언하고 있긴 하지만 내용적으로는 피의 희생은 무력을 의미하고 있다. 연설문을 끝까지 읽어보면

---

24  『한국근대시조집총서』 2권, 원용문, 375, 395쪽, 한국시조학회, 창조문화사, 2000년
25  『조국강산』, 이은상, 167~168쪽, 횃불사, 1974년

아니라고 하면서 오히려 무력통일을 강조하는 이중적인 상호모순을 느낄 수 있다. 이론적으로는 '세계적인 대세로 보아서 민주, 공산 두 진영의 이른바 힘을 균형을 유지하고 있는 현실에 비추어 무력통일을 구상하는 것은 일종의 어리석은 논법이 아닐 수 없다.'고 하면서도 실제로는 상대방의 악과 침공을 이길 수 있는 힘을 가져야 한다고 강조하였다. 그 힘을 가진 연후에라야 선과 평화를 외칠 수 있는 특권이 부여된다고 생각하기 때문이다. '그러므로 피의 희생을 각오한다는 것은 우리들의 본원(本願)이요, 본원인 평화통일을 뒷받침할 수 있는 힘의 축적과 함께, 그 힘의 최후 발휘를 요구하는 역사의 명령이 있을 때면, 조금도 주저 없이 거기에 응할 수 있는 의기(義氣), 그것을 뜻하는 것임을 잊어서는 안된다.'고 강조하였다. 마치 전쟁에 임하는 군인의 사기를 북돋우는 전투적인 연설이었다. 평화적인 방식으로 평화통일을 이루자는 내용은 전혀 아니었다.

기본적으로 노산은 외세 의존적이지 않고, 민족 주체성, 민족자주 노선이다. 그리고 민족의 자주적인 주체성은 주권재민사상과 병진하지 않으면 이뤄지지 않는다는 점을 지적하고 있다.[26] 민족과 민주가 모두 중요하지만 통일을 위해서는 민족이 더 중요하다. 젊은 동지들에게 행한 「통일 의욕에 불을 붙이자」는 제목의 연설에서 '국토분단이나 민심의 분열, 이것은 어둠에 속한 일이요, 국토의 통일, 민심의 단결 이것은 밝음에 속한 일'이라고 하였다. 이 부분에서 통일을 위한 민심단결이 주권재민보다 우선이다. 상호충돌을 할 때는 밝음과 어둠의 흑백논리로

---

26  『조국강산』, 이은상, 169, 170, 185쪽, 횃불사, 1974년

본다. 결국 분단극복을 위해서는 국가의 강력한 지도자가 반드시 필요하다는 생각이다.

노산은 자신의 연설을 듣는 젊은 동지들에게 '우리는 눈물로써 (통일을) 원하고 부르짖어야 합니다. 그리고 통일을 향해 가는 모든 과업에 숱한 땀을 흘려야 합니다. 그리고 또 피를 뿌려서라도 이 역사적 과업을 이루고야 말겠다는 서약을 가슴 속에 간직해야 합니다'[27]라고 하였다. 노산의 글에서 피와 힘 그리고 통일을 향한 강렬함과 간절함을 느낄 수는 있지만 남북교류와 대화라는 용어는 찾아볼 수가 없다.

『짧은 일생을 영원한 조국에』를 보면 노산이 민족주체성과 진정한 민주사회를 병진해야 한다는 탁월한 입장을 갖고 있으면서도 남북교류와 유엔동시가입에 대해서는 명확하게 반대 입장을 갖고 있었다. '그동안에 우리는 남북한 사이에서 무슨 국교 따위를 방불하게 하는 인적, 물적 교류를 구상하는 그러한 저차원 또는 기형적인 정치분계선의 완화 비슷한 것을 뜻하는 언설을 주고 받은 일도 없지 않았습니다. 그리고 또 혹시는 민주, 공산 양존 형태인 연립정권 같은 것으로도 통일의 길을 모색해보는 것이 어떻겠는가 하고 생각하는 이조차 없지 않았으나 그것은 지극히 우매한, 그리고 위험한, 그렇지 않으면 어떤 교묘한 책략에 호응해주는 결과밖에 아무것도 아닌, 그러한 언설에 불과한 것입니다. 더욱이 근본적으로 하나의 국토 위에 한 나라만이 있을 따름인 이상, 최후의 승공통일이 용인될 뿐이요, 그밖에 유엔기구를 통한 다른 어떠한 타협방안도 있을 여지가 없는 문제입니다.'라고 하였다. 심지어 근대

---

27  『한국근대시조집총서 2권』, 원용문, 409쪽, 한국시조학회, 창조문화사, 2000년

화에 대해서도 통일과 연관시키고 있다. '근대화와 경제성장은 백번이고 좋은 일이지만 만일 그것 때문에 민족양심이 멍들고 자주의식이 골탕을 먹는다면 그것은 도리어 통일에의 역작용을 일으키게 될 것입니다.'[28]라고 하였다.

---

28  『짧은 일생을 영원한 조국에』, 이은상, 61, 62, 65, 67쪽, 횃불사, 1969년

## 9.『기원』, 1980년 두 번째 휴전선 종주

　　노산은 돌아가시기 2년 전인 1980년에 다시 휴전선을 방문했다. 1962년 처음 휴전선 종주를 한 지 18년 만이었다. 휴전한 지 27년째, 노산은 영원히 굳어져 가는 휴전선 철조망을 부둥켜안고 시조를 썼다. 이 시조를 담은 『기원』[1]이라는 생애 마지막 시집을 죽기 5개월 전인 1982년 4월에 출판할 정도로 그의 나라 사랑은 극진하였다. 이 책은 「서시」로 시작하여 「기원」으로 끝난다. 시조 「기원」을 보면 그의 나라 사랑은 '산 첩첩 물 겹겹/ 아름답다 내 나라여/ 자유와 정의와 사랑 위에/ 오래거라 내 역사여/ 가슴에/ 손 얹고 비는 마음[2]/ 이 겨레 잘 살게 하옵소서'와 같이 진심으로 마음속에서 우러나오는 간절함이다. 그에게 있어 민족은 '푸른 동해 가에/ 푸른 민족이 살고 있다/ 태양같이 다시 솟는/ 영원한 불사신이다'는 표현처럼 종교이다. 이 부분에서 자칫

1　『기원-분계선을 밟고』, 이은상, 경희대학교 출판부, 1982년
2　1962년 「피어린 육백리」에서는 '고난을 박차고 일어서라', '말씀'이었는데 1980년의 「기원」에서는 고난을 밝히고 일어서라', '마음'이라고 개작하였다. 『노산시조론』, 김복근, 144쪽, 도서출판 경남, 2008년, 『가고파』, 이은상, 166쪽, 도서출판 경남, 2012년

극단적인 국수주의로 빠질 위험성을 느끼게 된다.

　그가 원하는 것은 '영생도 멸망도 제가 짓는 것/ 낙원도 지옥도 제가 짓는 것/ 火藥庫에 불을 지르기 전에/ 인간의 本性, 本然으로 돌아가자/ 아! 세계여 / 더러운 진흙 속에서/ 연꽃처럼 피어오르라'는 순수한 바람이다. 심지어 벌 한 마리, 나비 한 쌍이 세상 돌아가는 일을 아랑곳하지 않고 정성껏 꽃가루를 빠는 순결한 세계를 원하고 있다. 시조시인 김복근은 "이은상의 시정신으로 평화를 거론하는 것은 새삼스러울 것이 못 된다. 그에게서 평화는 신앙이었으며 종교였고, 문학적 자산이었다."고 하면서 "대화서사 시조집 『기원－분계선을 지나며』에서 숭고한 평화정신과 탈냉전의 포용정신을 엿볼 수 있다."고 하였다. 한마디로 '평화시조의 결정판'[3]이라고 하였다.

　그런데 현실에서의 노산은 결코 '세상 돌아가는 일을 아랑곳하지 않고 정성껏 꽃가루를 빠는' 삶을 살지는 않았다. 오히려 적극적으로 나서서 통일을 실현시키기 위한 활동을 열심히 하였다.

---

3　시조문학에 구현된 평화정신, 김복근, 261~263쪽, 『바람을 안고 살다』, 도서출판 경남, 2012년

### 평화를 위하여 죽을 때까지 반공청년운동에 매진

그는 시조를 통해서만 기도하는 것이 아니고, 반공청년운동을 통하여 평화를 이루고자 죽을 때까지 17년간 한국청년운동협의회 단체 활동을 하였다. 노산은 시조집 『기원』에서 이야기하는 평화에 이르기 위해서 나이 60세에 과감하게 반공청년운동을 선택하였다. 노산이 쓴 반공청년운동기념비 비문을 보면 읽는 이를 흥분하게 한다. 가슴이 뜨거워진다. 곧바로 멸공(滅共)을 위하여 뭔가 행동해야 될 것 같다. 남한의 강력한 보수정권을 지키기 위해, 독재 권력에 신음하는 북한을 해방시키기 위한 실천을 해야 할 것 같다. 기념비 비문에서는 김복근이 이야기하는 탈냉전의 포용정신이 느껴지지 않는다. 노산은 『기원』에서 자신이 원하는 것이 '평화'라고 확실하게 표현하고 있지만 그의 평화는 전쟁 없는 평화가 아니었다. '총칼이 아름다운 강산을 더럽힌다'는 표현으로 인해 노산이 전쟁 자체를 반대하는 것 같지만 그가 참여한 청년단체와 청년들에게 행한 연설을 보면 기본적으로 멸공과 북진통일을 이루어야만이 찾아오는 평화를 이야기하고 있다. 그의 나라 사랑은 더할 수 없이 극진하며 그에게 있어 종교였던 조국의 평화는 이승만 대통령의 북진통일에 의해서만 실현될 수 있다고 생각하고 있었다. 나는 『기원』을 읽으면서 요즘도 1991년 소련이 붕괴한 이후 탈냉전이라는 시대 상황의 큰 변화에도 불구하고 노산의 나라 사랑을 맹목적으로 좋아하는 사람들이 많다는 생각이 들었다. 이런 사람들은 자칫 북진통일론자가 될 위험성이 있다. 곰곰이 생각해보면 노산의 조국은 시대의 변화와 상관없이 항상 백척간두에 서 있었다. 그가 살아온 시대가 그러하기도 했다.

그의 나이 77세였다. 1980년 7월의 두 번째 휴전선 종주를 하고 나서는 서사 시조집 『기원(祈願)』이라는 마지막 시조집을 썼다. '분계선을 밟고'라는 부제에서부터 이 시조집이 하늘을 향한 노산의 애절한 기도임을 알 수 있다. 이 책의 첫 장은 경희대학교 조영식 이사장께 드리는 감사의 인사이고, 둘째 장에서는 책 제목 글씨를 쓴 일중 김충현과 한글 교정을 한 정재도에게 감사를 표시하고 있다. 그리고 1982년 3월 1일에 쓴 이 책의 머리말에서 인류의 역사는 상처투성이라고 하면서 그중에서도 우리의 분계선이야말로 '20세기의 상처'라고 부르고 있다. 그리고 '나는 진작 분계선이 설정된 지 10년이 되던 해에 분계선을 밟으며 기행문으로써 민족의 슬픈 소원을 호소한 일이 있었다. 그 뒤로 어느덧 또다시 10여 년 세월이 흘렀다. 날이 갈수록 분계선은 더욱더 굳어져만 가고, 그 위에 폭풍우를 머금은 험상궂은 먹구름조차 엉켜 돌기만 하는 분계선이라, 나는 지난 80년 7월 늙고 병든 몸을 일으켜 막대 짚고 나서서 다시 한 번 더 이 분계선을 찾아가 거기 쳐놓은 가시철망을 부둥켜안고 불타오르는 가슴을 풀어헤치고 시조형식의 시 42제목 205수를 읊었었다. 이제 그 시들을 정리하여 통일과 자유와 평화와 사랑을 갈구하는 모든 사람들의 가슴과 가슴에 호소하려는 것이다.'라고 하였다.

1980년은 그가 방광암 수술을 위해 미국을 방문했던 해이다. 노산은 왜 두 번째 종주를 위해 나섰을까? 그는 시조집 『기원』의 「서시(序詩)」에서 '지금 내가 왜 굳이/ 험하고 어려운 이 길을 가나/ 역사를 넝마 조각처럼 찢어놓은/ 분계선 가시철망/ 구름도/ 거기 찔리면/ 피가 흐르는 길인데/ 그래도 나는 가야지/ 가시철망 내 앞길 가로막으면/ 나는 거기서 시를 읊고/ 노래가 끝나면 통곡하고/ 하늘 끝/ 땅끝까지 들리라/ 슬픈 소원을 외치련다'라고 하였다. 분단고착의 현실에 대한 안타까움이 그로 하여금 슬픈 소원을 외치게 하였던 것이다.

77세의 나이도 막을 수 없었다. 그가 원하는 평화는 전쟁을 해서라도 이룩해야 할 평화이다. 통일에 대한 간절함과 평화에 대한 무조건적인 사랑은 극단주의에서 만나면 서로 충돌한다.

### 이승만 시절 평화통일은 위험한 용공사상

노산이 휴전선 1차 종주를 하기 6년 전, 정치인 조봉암은 1956년 제3대 대통령 선거에서 득표율 24%, 216만 표를 얻어 세상을 놀라게 했다. 대선 패배 후 조봉암은 수탈 없는 경제, 책임정치, 평화통일 등 3대 정강정책을 내걸고 진보당 창당에 매진했다. 북진통일 대신 평화통일을 내건 조봉암에 대해 이승만 대통령은 격노했다. 이승만은 1956년 8월 28일 국무회의에서 "조봉암은 아직도 공산당원임이 틀림없다. 이런 위험분자는 제거해야 할 것이다."라고 훈시했다. 결국 체포되어 재판을 받은 조봉암은 1959년 2월 대법원에서 간첩죄로 사형 판결을 받고, 그해 7월에 사형당하였다. 이로부터 반세기가 지난 2011년 1월, 조봉암은 재심에서 무죄 판결을 확정했다. 52년 만에 사법적 명예회복이 이뤄진 것이다.[4] 이제 평화통일을 주장하는 사람이 잡혀가던 일은 까마득한 옛날이야기가 되어버렸다. 지금은 북진통일을 주장하는 사람이

---

4  아버지 명예가 온전히 회복돼야 눈을 감지, 정희상, 33쪽,《시사IN》2019년 1월 22일 통권 592호

극소수이고, 평화통일이 주류가 되었다. 모두들 평화를 이룩하는 방법도 평화적이어야 한다고 생각한다. 요즘 노산의 나라사랑을 이야기하면서 경북 성주에 사드를 배치해야 한다고 주장하는 사람들이 있다. 그러나 시조집 『기원』에 수록된 「강둑에 주저앉아」를 보면 외세에 대한 노산의 분명한 입장을 알 수 있다.

'문득 보니 미국 병정/ 총 들고 길 앞을 막네/ 미군의 담당구역이라/ 통행증을 보이라 하네/ 남한 쪽/ 분계선 안에서마저/ 자유 없는 이 지역/ 산도 내 산이요/ 강도 내 강인데/ 날더러 그 누구 앞에/ 무슨 증을 뵈란 말요/ 강둑에 주저앉아 목을 놓고 울어버린다'

주체적이지 못한 민족의 분단현실에 대해 목 놓아 우는 노산의 모습이 눈에 보이는 듯하다.

'언덕 위에서 내려다뵈는/ 악마의 골짜기 군사분계선/ 옛날에 남북으로/ 기차 다니던 정거장 자리/ 레일은/ 우거진 잡초 속에/ 가로누운 채 잠들었고/ 녹쓴 레일 위에 괴물 같은 저 기관차/ 벌떡 일어나 우렁차게 울어/ 이 적막한 하늘 못 흔드느냐/ 지금 곧/ 북으로 북으로/ 냅다 한 번 달리자꾸나'

그의 절절한 나라 사랑은 어느 누구도 흉내 낼 수 없는 감동을 준다. 휴전선에 멈춰서 있는 기관차에게 '우렁차게 울어라'는 노산의 목소리가 귀에 들리는 듯하다. 노산의 '북으로 북으로'는 그의 꿈이었다.

노산은 생전에 도라산 풀숲에 녹슨 채 누워있는 철마를 보면서 북진통일을 노래했다. 이러한 감동이 크면 클수록 분단을 가로막고 있는 국제정치와 분단을 정치에 이용했던 독재 권력에 대해 분노해야 마땅하다. 그러나 노산의 간절한 통일에의 염원은 민족 주체성을 강조하는 동시에 강력한 국가지도자가 있어야 한다는 독재자 불가피론으로 연결되었다. 마치 일제강점기에 시조부흥운동을 하면서 역사소설을 쓰던 춘원 이광수와 비슷하다. 그는 독립에 관한 전망이 사라지자 일제와 타협하는 정치적 입장을 보이면서 전쟁을 일으킨 국가들이 선택한 파시즘을 강조하였다. 그렇게 연결되는 논리는 개조해야 할 민족보다 절대 권력자 중심으로 편향되었다. 춘원은 1931년 5월《동광》에 실은 「야수에의 복귀-청년아 단결하여 시대악과 싸우자」라는 글에서 식민지 조선 사회가 자본주의의 부정적인 요소를 없애기 위해 이탈리아의 파시즘을 배워야 한다고 주장했다.[5] 파시즘은 강력한 지도자를 필요로 한다.

### 평화통일을 말할 수 없던 시절의 북진통일

노산의 마지막 시집은 돌아가시기 5개월 전에 마지막 투병생활을 하던 경희의료원이 속한 경희대학교 출판국에서 5,000부 한정판으로 발간하였다. 시조시인 한춘섭은 '노산의 잔재주나 가식이 전무한 절필(絕筆) 최후의 역작'이라고 한다.[6] 김교한은 '회고와 애절한 소원의 문학이며 자유와 평화와 사랑을 갈구하는 마지막 통일 염원의 찬란한 고통

5    『동경삼재-동경 유학생 홍명희, 최남선, 이광수의 삶과 선택』, 류시현, 200쪽, 도서출판 산처럼, 2016년
6    『한국 시조시 논총』, 한춘섭, 413쪽, 을지출판공사, 1990년

의 문학이다.'고 하였다.[7] 문학평론가 신동한은 '민족의 얼을 시작품으로 승화시킨 역사적인 작품'[8]이며 '일찍이 어느 시인도 미치지 못한 차원 높은 문학세계'[9]라고 하였다. 시조시인 이근배는 '노산만큼 조국을 끌어안고 통곡으로 지새우며 노래한 시인은 없다.'고 하였다.[10] 그렇다. 노산은 간절한 마음으로 북진통일을 주장하였다. 다만 그가 기도한 조국 통일의 시대적 배경을 생각해 볼 필요가 있다. 왜냐하면 간절한 기도라는 이유로 전투적이며 극단적인 부분이 미화되어서는 안 되기 때문이다.

먼저 생각해보고자 하는 것은 그때나 지금이나 우리 사회에는 북진통일을 주장하는 사람과 평화통일을 주장하는 사람이 각각 있다는 사실이다. 다만 60여 년 전에는 북진통일은 자유롭게 주장할 수 있었지만 평화통일을 주장하면 반국가사범으로 몰려 구속되는 시절이었다. 『반세기의 신화』를 쓴 리영희는 6·25전쟁의 종전 협상 중에 이승만 대통령이 주장한 북진통일이 오히려 남북의 군사적 분쟁을 초래하고 있었음을 지적하였다.[11] 지금은 이승만 정부와는 정반대로 평화통일을 반대하는 사람을 찾아보기 힘들 정도로 세월이 많이 바뀌었다. 그럼에도 불구하고 노산의 통일염원이 북진통일인지 아닌지를 생각해보지 않는

---

7   『가고파, 내 고향 남쪽 바다』, 김교한 외, 40쪽, 경남시조시인협회, 도서출판 경남, 2017년

8   시집 기원에 나타난 민족사상, 신동한, 171~172쪽, 『노산의 문학과 인간』, 햇불사, 1982년

9   『노산시조론』, 김복근, 147쪽, 도서출판 경남, 2008년

10  『가고파, 내 고향 남쪽 바다』, 이근배 외, 139쪽, 경남시조시인협회, 도서출판 경남, 2017년

11  『반세기의 신화』, 리영희, 113쪽, 삼인, 1999년

사람들이 많다. 시조에 담긴 간절함이 먼저 가슴에 와 닿기 때문이다. 어떤 분들은 북진통일의 노산 시조를 평화통일이라고 주장하시는 경우도 있다. 이때의 북진은 북한을 해방시키기 위한 것이기 때문에 평화라는 주장이다. 이런 글이 70년대까지만 해도 교과서에 실렸고, 많은 청소년, 청년들이 읽었다. 그러나 지금은 전혀 사정이 달라졌다. 정복하기 위한 싸움을 원하지 않는다. 정복이 아니라 화해와 교류를 원한다. 이런 측면에서 노산의 간절한 나라 사랑은 소중하지만 그의 북진통일론은 더 이상 실천적 의미가 없다. 그가 회장으로 활동했던 한국청년운동협의회의 후신인 건국회의 통일론 역시 마찬가지이다. 만약 이 단체가 점령, 정복이 아니고 평화통일, 남북교류에 참여한다면 통일을 위한 대화를 풀어나가는 데 큰 힘이 될 것 같다.

# 10. 박정희 대통령과 함께 현충사를 성역화

노산은 충무공기념사업회 1955~61년, 1972~82년 회장

해방 후, 노산은 호남신문을 창간하면서 1945년 겨울, 제일 먼저 《호남신문》 지상에 「이충무공일대기」를 연재하고 이듬해인 1946년에 자신이 사장인 국학도서출판관에서 책으로 출판하였는데 신문 연재와 출판이라는 방식이 환산과 똑같다. 1948년 12월 8일에 윤보선, 조병옥 등이 참여한 충무공이순신기념사업회 창립 발기인 모임이 있었으며 초대 회장은 유석 조병옥이었다. 해군사관학교 제장명 교수는 1949년 노산 주도로 이충무공기념사업회가 조직되었다고 한다.[1] 1953년 조병옥[2]이 회장일 때의 사무국장은 일제 권승하였다.

노산이 6·25전쟁 전, 유석의 기념사업회에 참여한 것과 6·25전

---

1    『충무공 이순신의 흔적을 찾아서』, 제장명, 23쪽, 해군사관학교, 2018년
2    1894~1960년. 내무부장관 재임 중에 1951년 거창사건 책임으로 사직하였다. 1952년 대한체육회 회장을 거쳐, 1953년에 다시 내무부장관에 임명되었다. 1954년에는 대구에서 제3대 민의원에 당선되었고 1955년 민주당이 창당될 때 참여하였다가 1960년 대통령 후보로 선출되었으나 발병하여 도미 치료 중에 사망했다.

쟁 후 발족한 기념사업회에 대해서는 자료에 따라 조금씩 다르다.[3] 『노산 이은상 선생』을 쓴 김봉천은 노산이 사단법인 기념사업회가 창립된 1955년 10월부터 1961년 3월까지 초대 회장이었다고 한다.[4] 시조시인 한춘섭도 노산이 기념사업회를 발족시켰다고 한다.[5] 노산은 10년 후인 1972년 1월부터 돌아가실 때까지 회장을 역임했다.[6] 추측건대 영정 제작 위주로 유석이 회장이었던 사업회와 노산이 초대 회장을 한 사업회는 별개이거나 재창립했던 것 같다. 노산이 기념사업회 회장으로 있을 때, 전남대학교 후원재단 이사장이었는데 학교에서 1956년 충무공 정신 계승 마라톤대회를 주최하였다. 1955년부터 노산이 회장[7]일 때의 사무국장인 김용태(金龍泰)는 1962년까지 7년간 근무하였다. 이 당시는 국방부 장관과 3군 참모총장이 이사로 참여하였고 이승만 대통령이 사업기금을 후원해주었으며 동아일보가 주관하였다. 역점사업은 충무공전서 발간, 난중일기 국역사업이었다. 그런데 관련 자료에 의하면 정부의 산하단체인 애국선열조상건립위원회와 서울신문사의 공동주관으로 1968년 4월 27일 광화문에 이순신 장군 동상을 건립할 때의 충무공 기념사업회 회장도 노산이었다고 한다.

　　노산은 충무공기념사업회 회장을 하면서 여러 사업을 주도하고 정

3　　1955년, 사단법인 충무공기념사업회의 이사장은 이은상이었고, 회장은 이기붕이었다는 기록도 있다.
4　　『노산 이은상 선생』, 김봉천, 69, 127쪽, 창신고등학교, 2002년
5　　『한국 시조시 논총』, 한춘섭, 388쪽, 을지출판공사, 1990년
6　　『노산문학연구』, 노산문학회, 7~10쪽, 당현사, 1976년
7　　『약전으로 읽는 문학사1』, 근대문학 100년 연구총서편찬위원회, 218쪽, 소명출판, 2008년

춘원 이광수가 쓴 이순신 전기

부 및 사회 각계와 긴밀한 제휴하면서 혼신의 정력을 기울였다. 5·16 쿠데타 사전 모의 과정에 김용태가 참여하면서 문교부로부터 『충무공 전서』 제작비로 받은 지원금을 쿠데타 자금으로 사용하였다. 물론 회장인 노산으로부터 사전 동의를 받았다고 한다. 노산이 민주공화당 창당선언문 초안을 쓰게 된 것도 김용태의 제안인 듯하다. 왜냐하면 김용태는 노산을 5·16쿠데타

사전모의 과정에 참여시킬 생각도 하였다고 한다. 물론 사전누설 가능성 때문에 참여시키지는 않았다. 노산도 5·16쿠데타를 미리 알고 있었다.[8] 노산과 박정희가 연결된 데에는 김용태의 중간 역할이 있었다. 김용태는 군사혁명위원회 초대 위원장 장도영(1961년 5월 16일~5월 18일)의 비서실장 직무대리, 국가재건최고회의 초대 의장 장도영(1961년 5월 18일~7월 3일)의 초대 비서실장을 했다. 6·25전쟁 때 박정희 대통령이 중령 시절 대구 육군정보국에서 근무할 때 김종필의 소개로 대구 삼덕동 박정희 집에서 자취한 민간인으로 5·16군사쿠데타에 참여한 인물이다. 김용태와 김종필은 서울대 사범대 사회교육과 동창이다.

---

8    월간《조선》2002년 4월호

# 충무공의 노래

이은상 작사
김동진 작곡

1.보 라 우 리 눈 앞 에 나 타 나 는 그 의 모 습
2.그 날 땅 과 하 늘 을 울 리 시 던 그 의 맹 서

거 북 선 거 느 리 고 호 령 하 는 그 의 위 풍
저 언 덕 저 바 다 에 배 고 스 민 그 의 정 신

일 생 을 오 직 한 길 정 의 에 살 던 그 이 시
외 치 는 저 목 소 리 그 가 우 리 를 부 르 신

다 나 라 를 구 하 려 고 피 를 뿌 리 신 그 이 시 다
다 겨 레 의 길 잡 이 로 그 가 우 리 를 부 르 신 다

*(후렴)*

충 무 공 오 충 무 공 민 족 의 태 양 이 ＿ 여

충 무 공 오 충 무 공 역 사 의 면 류 관 이 여

박정희의 충무공 섬기기는 5·16 직후부터였다. 국가재건최고회의 의장에 취임, 명실상부한 최고 실권자로 등장한 지 며칠 후인 1961년 7월 어느 날. 5·16쿠데타 때 민간인으로 거사 자금을 조달한 김용태[9]가 장충동 의장 공관으로 갔다. 그는 "막상 거사는 성공했는데 국민 정서를 하나로 묶을 방안이 없어 고심하던 시기였지요. 기념사업회에서 펴낸 난중일기 국역본 『충무공전서』를 갖다 드리며 '이순신 장군의 애국·애족정신을 국민정신의 귀감으로 삼자'고 아이디어를 냈지요." 박정희는 시름에서 확 깨어나는 표정이었다. "맞아, 그거야. 이 충무공 정신이야말로 천추에 빛나는 우리의 국민정신일세. 국민들의 정신 무장을 반공 일변도로만 할 것이 아니야." 박정희는 즉석에서 "현충사를 성역화하자"는 김용태의 제안에다 "충무공 탄신일 기념행사도 내년부터 아산군청에서 모시도록 하라"고 자신의 아이디어까지 보탰다. 그러나 기념행사를 아산군청이 맡은 것은 1962년 한 해뿐. 박정희의 지시로 1963년엔 충남도청, 1964년엔 국방부, 1965년 이후엔 아예 정부가 주관하는 등 행사의 격이 거듭 높아졌다. 노산은 1962년 이후부터 충무공 탄신제 위원장, 명량해전도 감수 등을 했다.

### 현충사는 성역화, 탄신일은 국가기념일

시조시인 이근배에 의하면 '국난극복의 성웅 충무공을 겨레의 가슴에 더 깊이 심고 싶어 했던 노산은 국가재건최고회의 박정희 의장을

---

9  1926~2005년. 1963년부터 6대~10대 국회의원, 전 민주공화당 원내총무, 동서문화교류협회 회장, 1965~1966년 매헌 윤봉길기념사업회 초대 회장.

충남 아산 현충사 현판(글씨 박정희)

만나면서 그 뜻을 펴게 되었다. 이병도, 이선근, 박종화와 함께 새 지도자 박정희의 학술, 문화 쪽의 자문을 했던 노산은 박정희 정치이념의 상징 인물로 충무공 이순신을 강력히 천거하였다.'고 한다.[10] 이미 박정희는 충무공에 대해 특별한 존경심을 갖고 있었다. 5·16 군사쿠데타 이후 1962년부터 18년 동안의 집권 기간 중 아산 현충사에서 매년 4월 28일에 열리는 충무공 탄신기념제전에 열네 번이나 참석할 정도로 숭배하였다. 육영수 여사 서거 이후 외부 행사 참석을 자제하느라 1975년 딱 한 번 거르긴 했으나 며칠 뒤 둘째 딸 서영(육영재단 이사장), 아들 지만(삼양산업 대표)과 함께 참배하고는 현충사 직원들에게 "지난번에 오지 못해 미안하다"고 사과한 일도 있었다. '대통령이 참배할 때마다 노산은

---

10  『가고파, 내 고향 남쪽 바다』, 김교한 외, 78쪽, 경남시조시인협회, 도서출판 경남, 2017년

헬리콥터에 동승하여 해박한 지식과 능변에 박정희의 구릿빛 얼굴도 녹아들었다.'고 한다.[11] 박정희는 충무공 탄신일에 아산 현충사를 방문할 때에는 추모 행사에 참석하고 나서 경내의 활터에서 활을 쏘는 등 자신과 이순신을 동일한 이미지로 국민들에게 각인시키기도 했다.[12] 박정희 대통령은 이순신의 난중일기를 거의 외우다시피 하였다.

박정희 대통령은 군사정권의 정치적 정통성을 확보하는 차원에서 애국 군인의 상징인 이순신을 군인정신의 표상으로 삼았다. 이는 이순신에 대한 박정희의 개인적인 관심과 밀접한 관련이 있기도 하지만 더 중요한 추진 배경에는 1965년 한일국교정상화가 가로 놓여 있었다. 5·16쿠데타 직후 일본에 가서 유창한 일본말로 "나는 당신들이 존경하는 요시다 쇼인을 존경한다"고 했다. 바로 그 쇼인은 한반도 정벌을 외친 정한론자였다. 박정희는 자신의 현실적인 지지기반을 위해서도 한일국교 정상화는 반드시 필요했다. 그러나 한일국교정상화는 반일 민족주의적 감성이 강한 청년학생과 대중들을 자극하였고, 곧바로 격렬한 굴욕외교 반대투쟁에 직면하게 되었다. 박정희 정권은 대중들의 반일민족주의 정서라는 원심력을 체제 내의 구심력으로 전환시킬 필요가 있었다. 정치평론가 이상록은 이러한 전환에 이순신은 더할 나위 없이 적합한 인물이었다고 한다.[13]

박정희 대통령은 1962년 3월 1일, 충남도지사에게 현충사를 정화

---

11  『가고파, 내 고향 남쪽 바다』, 김교한 외, 78쪽, 경남시조시인협회, 도서출판 경남, 2017년
12  네이버지식백과, 충무공 탄신일(한국세시풍속사전, 국립민속박물관)
13  영웅숭배, 그 미몽(迷夢)의 기억을 찾아서, 이상록, 326쪽, 『대중독재의 영웅 만들기』, 권형진, 이종훈 엮음, 휴머니스트, 2005년

하라고 지시했다. 이에 따라 경내가 1,345평에서 5,359평으로 4배가량 확장되었고, 내삼문 안에 유물전시관을 건립하여 유물을 일반에게 공개하도록 하였다. 그해 4월 28일 국가원수로는 처음으로 충무공탄신기념제전에 참석하였다. 1965년 한일협정 조인과 국회 비준을 전후로 야당과 지식인의 반발이 지속되던 중이었다. 1966년 4월부터 박정희 대통령의 지시로 시작된 현충사 성역화는 처음에 충남도가 주관하다가 곧바로 문교부 문화재관리국으로 바뀌었다. 네 차례에 걸쳐 진행되었는데 1967년 3월에 10만 6천여 평에 착공하고 문화재법에 따라 사적 제155호로 지정하였다. 이때부터 현충사 관리를 법률로 보장하기 위해 국가기관인 현충사관리소를 설치하고, 소장에는 예비역 준장급이 임명되었다. 박정희 재임 중 현충사 관리소장 12명 중 6명이 1급 상당이었다. 충남에서는 차관급인 도지사 다음 서열 2위의 공직자였다. 조선시대 왕릉을 관리한 능참봉이 품계 중 가장 낮은 종9품이었던 데 비하면 실로 파격적인 대우였다. 물론 능참봉이 미관말직의 대명사이긴 하지만 그 자리는 양반만이 할 수 있는 벼슬자리였다.[14]

  1차 공사는 1969년 4월에 준공하였고, 이후에도 계속되어 1973년에는 21만 6천여 평으로, 다시 1974년에 이르러 현충사 사적보호구역으로 지정된 면적이 42만 5천여 평으로 대폭 확장되었고 약 30억 원이 투입된 대역사였다.[15] 또한 1967년에 충무공 422주년 탄신기념 현충사 성역화 기공식에서 충무공 탄신기념일을 국가행사로 할 것을 지시

---

14  능참봉, 면 서기, 9급 공무원, 정남구, 한겨레 2022년 7월 18일 26면
15  『한국현대사 산책』 1권, 강준만, 272쪽, 인물과 사상사, 2002년

한 이후 문교부는 1월 16일, 문교부령 제179호에 의해 4월 28일을 이충무공 탄신기념일로 제정했다. 1973년 3월 30일에는 '각종 기념일 등에 관한 규정'에서 기념일로 지정하였다.

### 박정희 역사관은 식민사관에서 이순신의 신격화로

충무공 탄신기념사에서 박정희 대통령이 빼놓지 않고 매년 강조했던 것은 이순신과 당파싸움에 얼룩진 조정의 모리배에 대한 이분법적 시각이었다. 이제 이순신과 조정의 모리배는 박정희와 반대를 일삼는 야당, 지식인들과 동일시되었다. 이런 사고방식은 결국 국민 여러분은 저들을 믿지 말고 나를 따르라는 이야기였다.[16] 임진왜란과 현재를 대비함으로써 박정희가 거둔 효과는 국민 순화와 집권 연장이었다.[17]

1963년 대통령 선거를 앞두고 낸 책『국가와 혁명과 나』에서 '조선의 역사를 당쟁과 사화의 역사'로 규정하고, '이 모든 악의 창고 같은 우리 역사는 차라리 불살라 버려야 옳은 것이다'라고 하였다. 전형적인 식민사관을 가졌던 박정희 대통령은 1960년대 말부터 민족의 긍정적 측면을 적극적으로 강조하는 쪽으로 변화하기 시작하면서 위인의 신격화를 위해 노력했다.[18] '우리의 반만년 역사는 한마디로 말해서 퇴영과 조잡과 침체의 연쇄사였다 할 것이다.…… 고식, 나태, 안일, 무사주의로 표현되는 소아병적인 봉건사회의 한 축소판'[19]이라고 생각했었는데

---

16  『네 무덤에 침을 뱉으마!』, 진중권, 146쪽, 개마고원, 1998년
17  『식민지의 적자들』, 공임순, 136~137쪽, 푸른 역사, 2005년
18  「박정희 정부의 민족문화사업과 국사교육」, 이소라, 18쪽, 연세대학교 교육대학원 석사학위 논문, 2013년
19  『한국 국민에게 고함』, 박정희, 625~626쪽, 동서문화사, 2006년

'창조, 협동, 애국은 서구의 논리에서도 지상의 생활신조이며 기본가치이겠지만 이것은 바로 우리 선조들이 지켜온 역사적 유산의 중심 가치, 즉 홍익인간의 이상이요, 화랑도의 정신이요, 서민사회의 이상'[20]으로 바뀐 것이다. 박정희의 입장이 이렇게 바뀐 이유는 처음에는 쿠데타의 당위성을 입증하기 위해 민족사를 부정했지만, 곧 자신이 기획한 쿠데타의 완수를 위해서는 민족의 공동체적 숙명에 호소하며 역사를 동원하지 않을 수 없었기 때문이었다.[21] 정치평론가 전재호는 박정희 대통령이 이순신의 신격화를 통하여 얻고자 했던 효과는 첫째 이순신이 가지고 있는 반일 이미지를 통해 자신의 친일적 이미지를 희석시키려 했다. 둘째 이순신의 구국 영웅 이미지를 통해 군인 출신 대통령의 통치를 합리화하려 했다. 셋째 박정희 대통령은 이순신과 자신을 동일시하는 논리로 야당 세력을 비판했다고 한다.[22]

표지에 박정희의 휘호를 두른 노산의 『성웅 이순신』(1969년)은 충무공 우상화를 통해 박정희 정권에 복무했고, 2년 후 시인 김지하는 박정희의 이러한 이순신 성웅화 작업을 비판하는 희곡 「구리 이순신」을 써서 《다리》지 1971년 11월호에 게재하였다. 「구리 이순신」은 엿장수의 푸념 소리에 잠이 깬 이순신 장군이 "아 답답하다, 누구 나 좀 꺼내주시오."라는 말로 시작한다. 놀란 엿장수에게 자신은 권력자를 지키며 민중들을 내려다보는 권력의 수문장이 아닌 '백성의 장수'인데 권력자

---

20  『민족의 저력』, 박정희, 256~257쪽, 광명출판사, 1971년
21  박정희의 '민족'창조와 동원된 국민통합, 최연식, 28, 50쪽, 『한국정치외교사논총』, 2007년
22  『반동적 근대주의자 박정희』, 전재호, 98쪽, 책세상, 2000년

들이 자신을 구리 속에 가둬 광화문에 세워 놓았다며 구해달라고 부탁한다. 이렇게 시작된 충무공과 엿장수 간의 대화에 또 다른 몇 명이 등장한다. 엿장수는 판소리투의 풍자로, 술 취한 거지 시인은 담시로 민중의 적들인 독재자와 도둑놈들을 가차 없이 비판한다. 마당극은 엿장수가 구리 이순신의 투구, 갑옷, 칼을 훔치는 것으로 오해한 순경에게 붙잡혀가는 것으로 끝난다. 이 마당극은 1971년 결성된 서울대 탈춤반에 의해 공연되었다.

춘원 이광수가 1931년에 쓴 소설 「이순신」은 '왜적과 용감하게 싸우는 이순신'이 아니라 '문약하고 시기심이 많은 선비 정치인들에 의하여 당하고 마는 비극적 군인'이었다.[23] 춘원은 1931년 6월 26일부터 시작하는 《동아일보》 연재를 앞두고 5월 30일자[24]에 쓴 작가의 말에서 '나는 이순신을 철갑선의 발명자로 숭상하는 것도 아니요, 임란의 전공자로 숭앙하는 것도 아닙니다. 그것도 위대한 공적이 아닌 것은 아니겠지마는, 내가 진실로 일생에 이순신을 숭앙하는 것은 그의 자기희생적, 초훼예적(超毁譽的), 그리고 끝없는 충의(애국심)인 것입니다. 군소배(群小輩)들이 자기를 모함하거나 말거나, 일에 성산(成算)이 있거나 말거나, 자기의 의무라고 믿는 바를 위하여 국궁진췌(鞠躬盡瘁)하여 마침내 죽는 순간까지 쉬지 아니하고 변치 아니한 그 충의, 그 인격을 숭앙하는 것입니다.'라고 하였다.[25] 춘원은 성웅에게 나는 없고, 오로지 국가만 있을 뿐이라고 생각하였다. 그래서 소설 「이순신」에는 이순신만 빼고 모

23  『박정희』 1권 군인의 길, 조갑제, 80쪽, 조갑제 닷컴, 2006년
24  『일본인과 이순신』, 이종각, 140쪽, 이상미디어, 2018년
25  『박정희』 1권 군인의 길, 조갑제, 78쪽, 조갑제 닷컴, 2006년

든 조선 사람들은 당파 싸움에 빠져 있고, 싸우다 도망간다. 한마디로 무능하다. 명나라 군대는 조선에서 강간과 노략질을 저지르는 장면이 있지만 일본군의 악행은 별로 나오지 않는다.

박정희 대통령은 이순신과 조선조 지배층에 대해서 춘원과 비슷한 생각을 갖고 있었다. 1960년대 현충사를 성역화할 때 자신의 조국 근대화 정책에 반대하는 지식인, 정치인들과 이순신을 모함했던 조선조의 선비들을 동일시했다.[26] 심지어 박정희 대통령은 충무공으로 상징되는 호국정신을 북한의 주체사상을 압도하는 하나의 이데올로기로까지 생각했다는 평가가 있을 정도였다. 노산 역시 국가 지도자의 역할을 생각할 때 이순신을 내세웠고, 나라가 힘든 일을 당할 때에도 그 답을 이순신에게서 찾았다.

그러나 쿠데타를 일으킨 박정희는 백의종군한 이순신과는 전혀 다른 인물이다. 정유재란 직전인 1597년 2월, 이순신이 통제사직을 잃고 한양으로 압송될 때 죄목 가운데 하나는 '기망조정(欺罔朝廷), 무군지죄(無君之罪)', 즉 '조정을 속이고, 임금을 능멸한 죄'였다. 이덕형은 임금께 충무공을 살려달라고 애걸하였으며, 정경달은 죽음을 무릅쓰고 임금께 "殿下, 若殺此人 其於社稷之亡何"라고 말했다.[27] 만약 죽이면 나라가 망할 수도 있다는 간청이었다. 『선조수정실록』에는 임금과 조정이 출전 명령을 내렸으나 '바닷길이 험난하고, 왜적이 필시 복병을 설치하고 기다릴 것'이라는 이유로 출전하지 않았다고 하는데 당시 통제사 이순신

---

26   『내 무덤에 침을 뱉어라』 1권, 조갑제, 368쪽, 조선일보사, 1998년

27   노산의 사상과 민족지적 방법, 김상일, 165쪽, 『노산문학연구』, 노산문학회, 1976년

을 직접 지휘했던 4도 도체찰사 이원익은 부산 앞바다로 출전했다고 한다.[28] 명량해전 때에도 같은 일이 있었다. 1597년 9월 조정은 이순신에게 바다를 버리고 육지에서 싸우라고 명령했으나 왜군에게 사통팔달의 바다를 내주는 결과가 될 것이라고 생각한 이순신은 '아직 신에게는 열두 척의 배가 남아 있습니다. … 제가 죽지 않고 살아 있는 한 적은 감히 우리를 깔보지 못할 것입니다.'라는 유명한 상소를 올렸다. 설령 전투 현장의 사정을 모르는 부당한 명령이라 하더라도 이순신은 쿠데타를 일으키지는 않았다. 박정희 장군과는 달랐다.

대통령 재임 중에 자필로 쓴 소년 시절 회고 기록[29]에 의하면 박정희 대통령은 1931년, 보통학교 5학년 때 춘원이 쓴 이순신을 읽고[30], 이순신 장군을 숭배하게 되었고, 6학년 때 나폴레옹 전기를 읽고, 나폴레옹을 숭배하였다고 한다.[31] 신채호로부터 이광수를 거쳐 박정희로 이어지는 동안에 이순신 장군은 영웅화되었고, 독재 권력의 명분이 되었다.

---

28　4도 도체찰사 이원익은 정유재란 때 선조의 명을 받아 통제사 이순신과 도원수 권율까지도 지휘하였다. 이원익은 한산도에 있는 이순신과 만나 작전계획을 논하고, 수군의 작전 상황을 수시로 조정에 보고했다. 정유재란 발발 첫날인 1597년 1월 12일의 장계에는 '가덕도의 동쪽 바다에 나아가 정박하여 장소포에 진을 치기도 하고 혹은 다대포의 앞바다에 진을 치기도 하면서 기회를 보아 맞아 싸운다.'는 이순신의 부산 출전계획이 기록되어 있다. 이를 근거로 예비역 해군 대령 고광섭은 충무공 사후 약 60년 뒤에 완성된 『선조수정실록』의 기록이 잘못된 것이므로 이순신은 항명하지 않았다고 주장한다.(이순신 항명설, 이젠 수정돼야, 고광섭, 한겨레 2022년 4월 28일 25면)

29　『일본인과 이순신』, 이종각, 139쪽, 이상미디어, 2018년

30　시기적으로 5학년이 아니고, 6학년 때였을 것이라는 견해도 있다.(『일본인과 이순신』, 이종각, 140쪽, 이상미디어, 2018년) 1934년, 박정희 대통령이 대구사범을 다닐 때는 이순신 전기도 교내 독서금지 도서였다.(『내 무덤에 침을 뱉어라』 2권, 조갑제, 66쪽, 조선일보사, 1998년)

31　『내 무덤에 침을 뱉어라』 1권, 조갑제, 365쪽, 조선일보사, 1998년

임금과 조정 신하와 이순신 장군 간의 대립과 갈등은 고독한 대통령과 저속한 반대 세력으로 이해되면서 자신과 이순신 장군을 동일시하게 되었다. 결국 박정희 대통령은 충무공에 대해 남다른 존경심을 갖고 있던 노산을 찾게 되었고 두 사람은 자연스럽게 친밀해졌다.[32] 역사를 정치적으로 이용하기 위한 역사 공부를 위해 노산뿐만 아니라 이선근 박사도 가까이했다. 이선근 박사는 박정희 대통령의 국사 가정교사라는 평가를 받기도 했다.

### 박정희 대통령은 세종대왕과 이순신을 합해놓은 인물

노산은 스스로 『이충무공전서』 속에 있는 충무공의 행적과 말씀과 사상과 정신은 나의 유일한 스승이고, 일생의 '지로침(指路針)'이라고 하였다. 이 정도로 충무공을 존경하던 노산은 평소에 '박정희는 세종대왕과 이순신 장군을 합해놓은 인물'[33]이라고 말하였다. 『불굴의 박정희』(전 10권)의 저자인 동서문화사 고정일 대표는 2017년 5월 8일 서울 중구 한국프레스센터에서 월간《조선》과 박정희 대통령 기념재단[34]이 연중기획으로 진행한 제7회 박정희 대통령 탄생 100주년 기념 시민강좌에서 주제 강연을 하였다. 고 대표는 노산의 이야기를 인용하면서 박 전

---

32  『노산 이은상 선생』, 김봉천, 104쪽, 창신고등학교, 2002년
33  카페 전두환 대통령을 사랑하는 모임, cafe.daum.net/leejongpirl, 자유게시판 12093 不屈魂 박정희
34  박정희 대통령기념재단(이사장 좌승희)이 주최하여 2017년 9월 6일 창원컨벤션센터에서 「창원기계공업단지 건설과 박정희 대통령」이라는 주제로 박정희 탄생 100돌 기념 창원학술대회가 열렸는데 기조연설을 한 조갑제 대표(조갑제 닷컴)는 유신체제의 목표는 중화학공업의 건설이었다고 주장하였다.(경남신문 2017년 9월 7일자)

대통령을 세종대왕과 이순신 장군을 합해놓은 인물인 이유를 다음과
같이 소개하였다.

"박정희 전 대통령은 세종대왕과 이순신 장군을 합해놓은 인물이
라고요. 세종대왕은 한글 창제를 비롯하여 훌륭한 업적을 남겼으나 백
성들 먹고사는 문제는 해결하지 못했습니다. 이순신은 목숨 바쳐 나라
를 구했지만 손자병법에 이르길 백번 싸워 백번 이기는 것이 최상은 아
니라고 합니다. 박 전 대통령은 남북한 체제경쟁에서 김일성과 싸우지
않고도 이겼고, 세종대왕도 못 이루었던 국민의 먹고사는 문제를 해결
한 사람입니다"[35]라고 하였다. 이맹기(대한해운그룹 전 회장) 전 해군 참모
총장은 박정희를 아예 "4백 년 만에 되살아난 이순신 장군"이라고 말하
였다.

---

35    5·16은 대한민국이 경제대국으로 나아가도록 한 진군의 나팔, 최우석, 월간《조선》,
      2017년 6월호

# 11. 신사임당을 존경하는 박정희와 이은상

박정희 정부는 1961년 5·16군사쿠데타로 집권하였기 때문에 정권의 합법성 측면에서 한계를 가지고 있었다. 박정희 개인은 만주군관학교와 일본 육사 출신이라는 이유로 친일파라는 주장이 제기되고 있었다. 그래서 박정희는 반공주의, 민족주의와 같은 이념을 강조함으로써 정치적 정당성을 확보하려고 노력하고, 민족중흥과 조국 근대화를 중요한 목표로 내걸고 역사와 문화를 통치에 적극적으로 활용했다. 박정희 대통령은 자신의 정권을 유지하기 위해 민족문화와 국사교육을 정치적으로 사용하였다. 어떤 분야보다도 중립성이 요구되어야 할 문화와 교육에 정치색이 더해졌던 것이다. 이를 위해서 이순신, 세종대왕, 신사임당과 같은 인물, 강화도와 경주지역을 중심으로 한 사적지 성역화 사업이 진행되었다. 사적지 성역화 사업은 박정희의 개인적인 관심과 정치적 목적에 의해 선별되었다.[1] 박정희 정부는 보다 종합적이고 체

---

1   「박정희 정부의 민족문화사업과 국사교육」, 이소라, 1쪽, 연세대학교 교육대학원 석사학위 논문, 2013년

계적인 문화정책을 추진하기 위해 1968년 7월 문화공보부를 발족하고, 1972년 문화정책의 근간인 문화예술진흥법을 제정하였다. 이어서 1973년에 한국문화예술진흥원이 설립되고, 제1차 문예중흥5개년계획을 수립한 다음 정부에서는 문예중흥을 선언하고 1978년에 한국정신문화연구원을 설립하였다.

### 사임당과 율곡의 영정은 이당 김은호가 그렸다

1962년 10월, 당시 국가재건최고회의 박정희 의장의 특별지시로 강원도지사 이용이 강릉 오죽헌을 보수하고, 같은 해 11월, 제1회 율곡제를 개최하였고, 이어서 매년 계속하였다. 1963년에 오죽헌을 보물 제165호로 지정하였으며 1964년 강릉시청에서 율곡기념협회(회장 장성택)가 창립되고, 강릉향교 안에 율곡의숙(栗谷義塾)을 설립하여 인가를 받았다. 1965년 10월에는 박정희 대통령의 하사금으로 오죽헌 경내에 율곡기념관이 건립되었다. 현판은 박정희 대통령의 휘호였다. 이때 율곡기념사업회에서는 영정을 제작하였는데 사임당 영정은 몽룡실에, 율곡의 영정은 정조대왕 어제각(御製閣)에 각각 봉안하였다. 영정은 이당 김은호가 그렸다.

사임당의 동상은 세 개가 있다. 1970년대 애국선열조상건립위원회(회장 장태화)가 제작하고 고려원양어업 사장 이학수가 헌납하여 서울 사직공원에 세운 것이 있고, 1974년 강원도청(도지사 박종성)이 강릉시 경포대 서쪽에 세운 것 그리고 1977년, 사임당 교육원 안에도 세워져 있다. 경포대 동상의 앞면에는 박정희 대통령의 글씨로 '신 사임당 상'

이라고 쓰여 있다.[2] 노산이 지은 사임당의 약력과 「사임당 찬가」를 김충현의 글씨로 새겼다. 사임당교육원은 강원도 명주군 주문진읍에 박정희 대통령의 분부를 받아 1977년, 강원도 교육위원회에서 건축하였다.

### 10만 양병설을 주장한 율곡의 어머니, 신사임당

5·16쿠데타가 일어난 지 1년이 지난 1962년 9월에 노산은 『사임당의 생애와 예술』(성문각) 초판을 출간하였다. 1966년에 재판을 찍었고 1994년까지 무려 7판을 거듭하였다. 사임당 탄생 457주년 되는 1961년 10월에 쓴 초판 책의 머리말에서는 어진 어머니, 어버이에 효도한 여성, 시문에 능한 부인, 글씨 잘 쓰던 부인, 그림 잘 그리던 여류화가 등 각각에 해당하는 사람들을 열거하면서 그 모든 여성들은 한두 가지에만 능할 뿐인데 뛰어난 인격자이면서, 덕이 높고 어진 어머니이면서, 어버이에게 효녀이고 학문에 능하고 글씨, 그림을 잘 그리고 자수까지 능한 종합적인 모범 부인은 사임당 신씨 부인이라고 소개하였다. 이 책을 내는 데에 그림 감정은 소전 손재형, 책 제목 글씨는 동교 민태식, 사진 촬영은 이경모가 담당하였다. 내용은 사임당의 약전, 시, 글씨, 그림, 유적 등 다섯 가지로 분류하여 설명하고 있으며 전체 420쪽 분량의 3분의 1이 부록인데 사임당의 부, 모, 남편, 아들, 딸, 사위의 약전, 율곡 기념사업, 사임당의 동상, 유적, 기념행사, 서화 발문의 원문과 해설을 함께 수록해 놓았다.

---

2　「박정희 정부의 민족문화사업과 국사교육」, 이소라, 29쪽, 연세대학교 교육대학원 석사 학위 논문, 2013년

노산은 송담서원에 있는 사임당의 그림 풀벌레 병풍 8폭에 대한 정호의 발문을 번역하기도 하였고, 직접 발문을 짓고 민태식이 글씨를 썼다. 정호는 송강 정철의 현손이다. 그 외에도 모든 그림의 발문을 번역해놓았다. 사임당이 직접 쓴 초서 6폭에 대해서도 노산이 직접 발문을 썼다. 안견의 산수화를 본떠서 사임당이 그린 산수화의 발문을 1978년에 노산이 지으면서 국립중앙박물관에 보관하게 된 배경을 설명하였다. 글씨는 갈물 이철경이 썼다.

경기도 파주군 천현면 자운산 기슭에 율곡과 그의 부인 노씨와 부모 등 여러 가족들의 분묘가 있으며 그 옆에 본래 있던 자운서원을 1973년에 묘역 전체를 정리하고, 1974년 유적정화기념비를 세웠는데 노산이 '박정희 대통령 각하의 특별한 분부로 묘역 전체를 정리하고, 삼문을 새로 짓고 경내를 정화하여 빛나는 업적을 남겼으므로 여기 그 전말을 새겨 전한다'라고 유적정화기를 짓고, 김충현이 쓰고, 경기도지사가 세웠다.

1976년에는 강릉시 북평에 있는 오죽헌 정화 사업을 실시하고 유적정화기념비를 세웠다. 공사를 시작한 지 6개월 만에 양반집의 아담한 별채에서 콘크리트로 지어진 새 건물로 바뀌었다. 당시 오죽헌과 사랑채를 제외한 모든 건물이 철거되었다. 축대와 담장의 모양, 계단의 장식도 바뀌었고, 흙과 함께 숨 쉬어온 나무도 흔적 없이 베어버렸다. 철거된 몇몇 건물은 1996년에 복원되었다. 녹색당 공동대표인 김찬휘는 서인의 쿠데타로 인조반정이 성공했고, 5·16쿠데타 주역은 서인의 태두인 율곡 생가를 정화한 묘한 인연이라고 한다.[3] 유적정화기에서 노산은 '박정희 대통령의 영단으로 이곳을 정화하여 새 면목을 갖추게 한 것은 참으로 천추에 전할 역사적인 사업'이라고 하였으며 여흥 민태식이 쓰고, 강원도시자 박종성이 세웠다.[4] 여성단체인 대한주부클럽연합회는 매년 5월 17일을 '신사임당의 날'로 정하고, 기념행사를 1969년부터 매년 개최하였으며 사임당상을 시상하고, 자운산의 사임당 묘소를 참배하였다. 지금 오죽헌에 가면 정문에 '세계 최초 모자 화폐 인물탄생지'란 문구와 함께 5만원권과 5천원권이 걸려있는 포토존이 있다.

### 무려 6판을 거듭한 『사임당과 율곡』

제3공화국(1963~1972년)이 출범한 지 3년이 지난 1966년에는 두 번째 책인 『사임당과 율곡』(성문각) 초판을 발간하였고, 1994년까지 무려 6판을 거듭하였다. 첫 번째 책인 『사임당의 생애와 예술』과 같은 출판사였다. 노산은 『사임당과 율곡』의 머리말에서 밝히기를 존경하는 인물에 관한 책이 필요하며 특히 국민의 눈높이에 맞는 대중적 교양본이 필요하여 사료에 근거하여 쉽게 쓰기 위해서 노력하였다고 한다. 교양본이 필요한 이유에 대해 '제 조상 중에 위대한 인물이 있는 걸 잊어버리고 남의 나라 인물을 칭송할 줄만 아는 것이 어떻게나 탄식스런 일인지 모른다'는 생각이었다. 앞부분에는 이은상 작사, 김동진 작곡의 「사임당의 노래」, 「율곡의 노래」가 수록되어 있다.

---

3   율곡 생가 성역화 빌미, 쿠데타 주역들이 남긴 폭력의 흔적, 김찬휘, 경향신문 2022년 8월 26일 24면
4   『사임당의 생애와 예술』, 이은상, 391, 395쪽, 성문각, 1989년

「사임당의 노래」를 보면 이미 국모의 이미지를 갖추고 있음을 느낄 수 있다. '고운 모습 흰 백합에 비기오리까/ 맑은 지혜 가을 달에 비기오리까/ 사임당 그 이름 귀하신 이름/ 뛰어난 학문 예술 높은 덕을 갖추신 이여/ 어찌 율곡 선생 어머님 만이로리까/ 역사 위에 길이 사실 겨레의 어머니외다/ 겨레의 어머니외다'

「율곡의 노래」는 매년 열리는 율곡제에서 불리었다. '해 돋는 동해의 나라/ 예국의 오랜 옛 터에/ 큰 인물 태어나시니/ 겨레의 스승이실레/ 눈부신 학문의 탑이/ 동방에 우뚝 솟았고/ 거룩한 구국의 정신/ 천추에 남아 빛나네/ 오! 율곡 선생/ 그 이름 높이 외우리/ 오! 율곡 선생/ 그 마음 길이 받드리' 율곡은 임진왜란이 일어나기 전에 10만 양병설을 주장하다가 8년 전에 죽었으나 부인 노 씨와 누이 매창(梅窓), 누이의 아들들은 모두 임진왜란 때에 참혹하게 죽었다고 한다.[5]

노산은 『사임당과 율곡』에서 사임당에 대해서는 효녀, 착한 아내, 어진 어머니의 모습을 그렸으며, 율곡에 대해서는 지방관이 되어 지방 행정을 쇄신하는 모습을 그렸다. 뿐만 아니라 재미있는 일화를 각각 수록해 놓았다. 사임당의 일화에는 유기 쟁반에 그린 그림, 치마폭에 그린 포도 그림에 관한 내용이 있고, 율곡의 일화에는 율곡을 임신했을 때의 꿈, 낳을 때의 꿈이 소개되어 있다.

박정희 정권은 새마을운동과 가족계획 등에서 여성을 동원하기 위해서 체제 내로 끌어들일 필요가 있었다. 석사학위 논문에서 이소라는

---

5    『사임당의 생애와 예술』, 이은상, 288쪽, 성문각, 1989년

이 과정에서 현모양처로 대표되는 신사임당을 적극 활용하였다[6]고 하였다. 박정희 대통령 시절에 율곡의 어머니인 신사임당이 국모의 이미지를 획득할 수 있었던 배경은 십만양병설을 주장한 율곡의 어머니이기 때문이다. 위기의 시대를 준비해야 한다는 박정희의 논리에 합당한 인물이었던 것이다. 박정희는 정치적 목적이고, 노산은 민족문화 측면이라고 나누어 볼 수도 있다. 결과적으로 국민들이 신사임당을 많이 알고, 좋아하게 되었다는 긍정적인 의미가 있긴 한데 과연 정치적으로 이용당한 신사임당은 당사자로서 그렇게 기분이 좋을 것 같지는 않다. 동양대학교 진중권 교수는 이 과정에서 노산은 앞장서서 역사 속의 인물을 대상으로 특정 이데올로기의 틀에 맞는 신화 만들기 작업을 하였다고 한다.[7] 경남대학교 이선미 교수는 '이은상은 이승만과 박정희 정권 시기에 국가의 통치 이념과 이데올로기의 규범이 될 만한 역사적 인물을 발굴하고, 이상적인 삶으로 서사화한다. 이 전기들은 통치 이데올로기를 내면화하는 교육과정에 활용되기도 하여 국가적인 이데올로그로 평가받았다'고 한다.[8]

6    「박정희 정부의 민족문화사업과 국사교육」, 이소라, 29쪽, 연세대학교 교육대학원 석사 학위논문, 2013년
7    『네 무덤에 침을 뱉으마!』, 진중권, 204쪽, 개마고원, 1998년
8    조국의 지리적 경계로서 휴전선과 냉전의 심상지리, 이선미, 171쪽, 《배달말》 59집, 배달 말학회, 2016년

# 12. 영남대학교 설립은 이은상과 이후락의 작품

야청 최해청(1905~1977년)은 해방 이후 시국을 걱정하는 모임인 삭망회(朔望會)를 조직하고, 대구시보사의 독립운동국장으로 있으면서 '해방 기운은 식어들고 일제 잔재가 고개를 든다'고 생각하면서 독립운동의 생활화를 위해 노력하며 대중강연을 하다가 1950년 4월 청구대학을 설립하였다. 청구대학은 가난해서 공부할 여건이 되지 않는 근로자를 위한 야간대학으로 출발하였다. 설립자인 최해청은 재단 이사 겸 학장으로 취임하고, 재단 이사장은 전기수를 추대했다. 1961년에는 청구공전, 청구중, 고등학교까지 설립하여 명실상부한 학교재단으로 성장하였다. 한편 대구대학은 노블레스 오블리주를 실천한 대표적인 인물로 꼽히는 경주 최 부자 집의 최준(1884~1970년)이 1947년에 설립한 학교이다. 최준은 대한광복회 재무를 맡아 상해임시정부에 거액의 자금을 기부한 인물이다. 일제가 몰수했던 재산을 해방 후 되찾았는데 이를 바탕으로 지역 유지들과 뜻을 모아 대구대학을 설립하였다. 개교준비

위원장은 이효상이었다.[1]

5·16 쿠데타 이후 두 대학은 위기에 봉착했다. 박정희 정권은 부실 대학을 정리하고 있었으며, 청구대는 1961년, 2년제로 강등되었다가 다시 4년제로 복귀한 후 명예 회복을 위해 무리한 시설 투자로 경영난에 봉착하였다. 설상가상으로 경리직원 비리 사건까지 터지자 1966년 12월 이사회(이사장 전기수)에서 최해청을 학장직에서 해임하였다. 이어서 1967년 6월 신축공사 현장에서 건물이 붕괴되는 대형 참사가 일어났다. 전대미문의 이 사고로 10명이 사망하고, 30여 명이 중경상을 입었다. 이때부터 설립자를 배신한 재단 이사들, 교수들, 노산 이은상 등이 등장하고 청와대와 진상 교섭이 벌어졌다. 대학 핵심 관계자는 자신들이 사법 처리를 당할 처지에 몰리자 청구대학을 사죄의 뜻에서 군사 정권에 바치고, 처벌을 면해보기로 계획했다. 이들은 설립자와 아무런 상의도 없이 결국 청구대학을 권력자에게 헌납하였다.

이러한 와중에도 설립자 야청에게 시종일관 조언과 위로를 아끼지 않고, 교수들 앞에서 학교문제를 관권에 의지하려는 발상을 의연하게 질타한 사람이 있었다. 바로 국문학자인 도남 조윤제였다. 야청은 그를 "진짜 경상도 사나이"라고 자기 일기에 적었다. 그는 대학이 안 되면 공전(工專)이라도 살려서 잘해보자고 하였다. 그는 드물게 소신 있는 교수였다. 4·19 때는 교수협의회 회장으로 광화문 교수데모에 앞장섰고, 1961년, 5·16쿠데타 후에 구속되어 교수직을 박탈당하였으나 무죄판결을 받고 석방되었다. 두 차례나 대학에서 해직된 도남 조윤제는

1    나라 발전에 기여하는 대학은 소중한 사회적 가치, 이권효, 동아일보 2014년 1월 22일

회갑 다음 해인 1965년, 대구 청구대학에 교수로 왔다. 그런데 같은 해 7월 한일협정에 반대하는 재경 교수단의 선언문에 서명하고, 의장단의 대표의장으로 추대되었다. 이튿날 중앙정보부에 연행되었다. 그 후에도 조국수호국민협의회[2] 집행위원으로 선임되는 등 소신을 굽히지 않자 9월 말에 문교부로부터 정치교수로 지목되어 대학에서 추방되었다. 조국수호국민협의회는 한일협정 비준반대투쟁 연합체였다. 노산은 이 단체의 결성대회 8인 준비소위원회 위원이었다.[3] 세 번째로 해직된 지 2년 만인 1967년, 다시 청구대학에 복직하였다. 1965년 62세의 나이로 청구대학에 처음 왔을 때 자기보다 5살 적은 최해태 교수에게 첫 대면에서 불문곡직하고 "내 자네한테 말 놓네"라고 했다고 한다. 총장의 동생인 최해태 교수의 회고에 의하면 노산이 52살일 때, 자신이 46살이었는데 처음 만났을 때 세련된 매너로 깍듯이 경어를 썼는데 도남은 영 달랐다. 대구대와 통합되어 출범한 영남대학교에서 71살인 1974년에 정년퇴직을 하였다.[4]

**조윤제는 학교문제를 정치권력에게 가져갔다고 힐책**

결국은 야청을 '생매장'하고 난 후 청구대학의 구 이사들은 이후락이 약속한 보상금을 못 받아 노산에게 독촉까지 하는 신세가 되었다. 1997년에 발간된 『영남대학교 50년사』와 영남대학교 교수회가 발간한

2    조윤제는 1965년 7월 31일 조국수호국민협의회 결성대회에서 21인 집행위원으로 선출되었다. 양주동, 박두진, 함석헌 등도 집행위원이었다.
3    동아일보 1965년 7월 28일 1면
4    풍죽처럼 사신 도남 조윤제 선생, 김시업, 226쪽, 『스승』, 도서출판 논형, 2008년

『학교법인 영남학원 정상화 백서』는 당시 상황을 다음과 같이 기술하고 있다.

　'…… 최해태 학장과 나(심재완 청구대 교수, 도서관장)는 우연히 일치된 묘안을 생각해보았다. 박정희 대통령에게 맡아달라고 간청하면 맡아주지 않을까라는 안이 나왔다. …… 이 일을 교섭할 사람은 이은상(청구대 국문학과 교수)이 적임이니 부탁하자는 데 의견일치를 보았다. 제안을 들은 이은상은 한 달이 지난 후, 학장실에서 만나니 "며칠 전 광주에서 이후락 대통령 비서실장을 만났어요. 취지를 잘 설명하고, 대통령과의 면담을 부탁했는데 잘 될 것 같습니다"라고 말하였다. …… 다시 한 달 후 이은상은 청와대 면담 이야기를 학장실에서 학장과 나에게 말해주었다. 이은상은 "대통령을 백 년 할 수 없는데 그만두면 빗자루 들고 돌아설 생각은 해보았는가? 회사 사장이 될 수 없고, 외국에는 대학 총장을 하는 일을 많이 보는데 가장 떳떳한 일 같은데……"로 시작하여 "대구는 각하의 고향입니다. 그동안 각하는 무관으로 대통령을 했으니 문관으로도 이름이 남아야 할 것 아닙니까?"[5]라고 능란한 말솜씨로 두 시간 동안이나 우리가 제시한 이야기를 펼치니 대통령이 수긍하더라는 전언이 있고 난 뒤…… 결국 1967년 8월 박정희 대통령의 사람들인 이동령(공화당 의원, 문경시멘트) 김성곤(공화당 재정위원장, 쌍용), 이후락(중앙정보부장), 이효상(전 국회의장), 백남억(전 공화당 의장) 등 공화당 중진들이 청구대학 이사로 추가되면서 청구대는 박정희 대통령의 영향력 아래로

---

5　21. 전직 대통령의 못다 이룬 총장 꿈(2) 박정희와 영남대, 이일형, 한국대학신문 2007년 10월 8일

들어갔다. 헌납한 것이다.'[6] 당시 최해태는 설립자 최해청의 동생이었고, 법대 학장으로 있다가 형의 후임으로 학장에 선임되어 있었다.

대구대학 역시 경영난에 허덕이다가 1964년 삼성문화재단의 이병철 회장에게로 소유권이 넘어갔다. 대학을 맡았을 때 이병철은 "한수 이남의 제일가는 대학으로 만들겠다."는 포부를 보였다.[7] 이병철이 대구대를 인수하면서 투입한 자금은 서울에서 대학을 하나 새로 설립할 수 있을 만큼 큰 것이었다. 교육, 문화의 서울 집중을 막고, 지방에도 골고루 대학을 키워 보자는 생각에서였다. 대구는 삼성물산의 발상지이고, 제일모직의 본 공장이 있어 삼성과는 인연이 깊은 지역이다.[8]

### 같은 날, 각 이사회가 합병을 결의하고, 합동이사회 열어 최종 의결

노산은 5월부터 5대 대통령 임기를 마치고 6대 대통령에 연임된 박정희에게 교육을 통한 인재 양성을 강조했다. 박정희는 1967년 5월 3일 국민의 직접선거에 의해 재대결한 신민당 윤보선 후보(40.9%)보다 훨씬 많은 51.4%의 득표율로 당선되었다. 박정희 대통령은 청구대학을 지원하겠다고 약속했으며 이 사실이 다음 날 주요 신문을 통해 알려졌다. 경쟁 관계에 있던 대구대는 위기를 느끼고, 이병철 회장을 찾아갔

---

6    군사정권이 뺏은 장물 영남대, 박근혜는 어떻게 사유화했나? 정웅재 기자, 민중의 소리, 2012년 11월 25일,(www.vop.co.kr/A00000567480.html), 한홍구의 유신과 오늘(23) 뇌물바구니 영남대, 교주 박정희는 1원이라도 내셨는가, 한겨레 2012년 12월 28일(https://www.hani.co.kr/arti/society/society_general/567444.html?_ga=2.209043154.137415264.1660019004-1713849522.1612932850)
7    영남대를 바로잡아야 시대를 바로잡는다, 이원영, 한겨레 2020년 10월 26일 27면
8    『湖巖自傳』, 이병철, 274쪽, 나남출판사, 2014년

다. 당시에 삼성은 성균관대학교도 인수해 운영하고 있었다.

이병철은 혁명정부 초기인 1961년부터 박정희의 경제개발 가정교사였다. 부정축재 혐의로 구속됐던 기업인 11명과 뒤늦게 일본에서 귀국한 이병철 등은 풀려나와 한국경제인협회를 만들고 회장을 맡았다. 당시 삼성물산 사장이었다. 이병철 같은 기업인들은 박정희와 자주 만나 경제개발, 외자유치 정책 수립 등을 하는 과정에 참여하면서 혁명정부가 농업 우선의 균형성장 정책을 버리고 공업과 수출 중심의 불균형 성장정책을 채택하도록 많은 영향을 끼쳤다.[9] 이병철은 애초 울산에 세운 한국비료를 통하여 대구대를 지원할 계획이었으나 1966년 사카린 밀수사건으로 정부에 헌납한 상태였기 때문에 아무런 대책이 없었다. 이병철의 장남으로서 한국비료 건설에 핵심적으로 참여했던 이맹희는 '한비 밀수사건은 박정희와 이병철의 공모 아래서 정부 기관들이 적극적으로 비호하는 가운데 광범위하게 이루어진 엄청난 규모의 조직적인 밀수였다.'고 하였다. 그러나 이 사건은 직원들이 개인적으로 저지른 사카린 밀수사건이라는 선에서 검찰 수사가 종결되었다.[10]

결국 정부가 5·16장학회를 통해 대구대를 지원하겠다는 결정을 하였다. 이에 대해 이병철은 사망 직전에 펴낸 자서전 『호암자전』에서 '당초 청구대학을 인수해서 종합대학으로 키울 계획을 하고 있던 박정희 대통령이 대구대학의 양도를 간청하기에 결국 넘겨주었다'고 하였다.[11] 이 소식이 알려지자 이번에는 청구대학에 비상이 걸렸다. 정부가

9    『박정희 5권 문제는 경제야』, 조갑제, 242쪽, 조갑제 닷컴, 2006년
10   『박정희 8권, 철부지 학생과 반동정객』, 조갑제, 210~211쪽, 조갑제닷컴, 2006년
11   『湖巖自傳』, 이병철, 274쪽, 나남출판사, 2014년

두 대학을 지원하면 어느 쪽도 제대로 발전하기 어렵다는 분위기가 형성되었다. 노산은 이 과정에서 두 대학을 통합하여 종합대학으로 만들면 문제를 해결할 수 있다고 판단하고 신성구와 함께 통합을 추진하였다.[12] 신성구[13]는 야청을 도와 청구대학 창설 때부터 참여한 인물이며 노산을 스승으로 모시는 사이였다.[14]

12월 15일, 반도호텔에서는 청구대학 이사회가, 삼성빌딩에서는 대구대학 이사회가 각각 열려서 두 대학의 합병을 공식 결의하였다. 그러고 나서 양쪽의 이사들이 반도호텔에 모여 통합을 최종 의결하였다. 이 자리에는 문교부 법무관도 참석하였다 청와대 이후락 비서실장의 주도로 영남대 설립 이사회가 열렸다. 이사들은 대부분 박정희의 최측근 또는 정권 실세들이었다. 결론적으로 영남대학은 군사정권의 실세들이 박정희의 지시를 받은 이후락 비서실장을 중심으로 일사불란하게 움직이면서 양 대학의 설립자로부터 학교를 빼앗아 박정희가 주인[15]이

---

12 영남대 높이 날다: 68년 전통과 비전, 인재 양성의 요람으로, 이권효, 동아일보 2015년 9월 8일

13 1923년 대구 출생. 광복회 대구지부 원로회원. 평생 여러 명문가와 문중, 애국지사, 각계각층 명사들에게 수십 개의 묘비문을 지어준 비문 장인이었다. 저서로『영남대학교 발전비사』(2013년),『현주문선과 명사의 글』(2015년)

14 60년 역사 '영남대의 뿌리' 비하인드 스토리, 이은경, 영남일보 2014년 4월 2일 29면

15 박정희 사망 후 영남대재단의 요청으로(60년 역사 '영남대의 뿌리' 비하인드 스토리, 이은경, 영남일보 2014년 4월 2일 29면) 1980년 4월 29세로 박근혜가 제5대 이사장에 취임해 영남학원 정관 1조를 개정하여 '교주 박정희 선생의 창학 정신에 입각하여'라는 문구를 넣었다. 박근혜 이사장 재임 기간의 부정입시 등 비리가 1988년 국정감사에서 다뤄지자 박근혜는 "영남학원에서 완전히 손을 떼겠다."면서 이사장에서 물러났다. 교육부는 영남학원을 관선 이사 체제로 관리하며 이사들을 파견했다. 20년이 지난 2009년 이명박 정권은 박근혜에게 7인 이사 중 4인의 추천권을 주었다. 그리고 '종전 이사'라는 이름을 달고 박근혜가 추천한 이사 4명이 들어왔다. 공주의 귀환이었다. 여전히 의료원장실이나 병원장실에는 박정희 사진이 걸려 있었다.(보호자 침대는 저절로 생긴 게 아니다, 정인

된 것이었다. 수원대 이원영 교수는 합병이라는 이름으로 박정희 대통령 개인에게 헌납한 일은 대학이 공적 존재에서 사적 소유물로 바뀌는 일대 사건이었다고 한다.[16]

이 강제 합병이 부당하다는 사설이 1967년 12월 23일자 매일신문에 실리긴 했으나 당시 사설을 쓴 논설위원은 파면당한 것으로 알려졌다. 말년에 청구대학 설립자 야청 최해청은 죽을 때까지 민주수호국민협의회 경북지부 공동대표를 맡아서 박 정권의 독재와 맞서 싸웠으며[17] 영남대학교를 장물(贓物)학교라고 규정하였다. 결국 노산은 양측으로부터 역할을 부여받은 입장이었는데 결과적으로 청구대학 설립자 최해청을 배신한 셈이다.

본래 청구대학 설립자 야청과 노산의 관계는 친밀하였다. 노산이 독야청청에서 야청을 따서 최해청[18]에게 호를 지어줄 만큼 두 사람은 친하였다. 노산은 이미 광주에서 호남신문 복간을 위해 노력하다가 사장을 그만둔 후인 1954년 10월에 대구 청구대학으로 왔다. 학교가 설립된 초기였다. 노산과 박정희의 관계도 친밀하였다. 이미 노산은 1963년 민주공화당 창당선언문 초안을 썼고 그 후에도 몇 차례 박정희

---

열, 54, 58쪽, 월간《작은책》, 2019년 10월호 통권 292호) 오랫동안 측근들이 영남대학교를 경영했다.

16  영남대를 바로잡아야 시대를 바로잡는다, 이원영, 한겨레 2020년 10월 26일 27면

17  유용원의 군사세계, 이슈 토론방 98653 최태민 관련된 최대 사학비리 영남대 사건 전말, 모든 이의 꿈, 2012년 11월 17일(bemil.chosun.com/nbrd)

18  최해청은 국제어인 에스페란토를 익혀 서양 사람들과 통신하고, 서양 문물에 접하는 창구로 사용했다. 2004년, 한국에스페란토협회(Korea Esperanto Asocio)는 '韓國 에스페란토 運動 後見人'으로서 『야청 최해청 선생』 기념 책자를 출판했다.(기획연재 대학비사 : 최찬식의 청구대학 증언, 교수신문 2008년 9월 22일) 노산은 1967년 3월 세계 에스페란토협회 국제이사였다.

의 연두교서를 집필한 바 있으며 국민교육헌장 제정을 위한 기초위원 장을 맡기도 했다.

## 영남대 교가는 이은상과 김동진의 작품

양 대학의 통합이 확정된 후에는 대학의 교명이 뜨거운 감자였다. 청구대가 대구대를 받아들이는 형식으로 통합이 이루어지면서 대구대 교수들은 교명 사수 가두시위를 벌이기도 했다. 이때 노산은 '영남은 전국에서 가장 많은 독립운동가를 배출했고, 훌륭한 학자도 많이 배출해 추로지향(鄒魯之鄕)[19]으로 불리는 곳이다. 그 특성을 계승해야 한다'고 하여 학교 이름을 영남대학교로 지었다. '영남(嶺南)'이란 교명(校名)의 유래는 청구대학에서 그즈음에 '영남의열제(嶺南義烈祭)'가 열린 것에서 힌트를 얻은 노산이 의견을 내었는데, 『영남대학교 50년사』에는 이후락이 자기의 '사안(私案)'으로 제안한 것으로 기록되어 있다.[20] 가곡 「가고파」를 합작한 노산과 김동진은 영남대 교가도 함께 만들었다.[21] 통합된 영남대학교에서 노산은 1969년 3월까지 근무하였다. 노산이 퇴직한 1969년에 오랜 친구인 이선근 박사가 영남대학교 총장으로 부임하였다.

청구대학 재단 이사장 전기수의 4남인 전재용(성형외과 의사)은 2007년 6월 14일 서울 논현동 자신의 병원에서 당시 한나라당 박근혜

---

19   공자와 맹자의 고향이라는 뜻으로, 예절을 알고 학문활동이 활발하게 이루어지는 곳을 이르는 말(다음 어학사전)
20   『영남대학교 50년사』, 279쪽, 영남대학교출판부, 1996년
21   『영남대학교 발전 비사』, 신성구, 삼광출판사, 2014년

# 교가

이은상 작사
김동진 작곡

보라여기 신라의옛땅 민족의혼이 살아뛰는곳

금호강기슭 달구벌언덕 장엄하다 진리의전당

어 둠과거 짓 물리치려고

밝 음과참 됨 가르치시네 너

슬기론 젊은얼들아 너억 센 젊은힘들아

새역사의 창조자되라 겨레를위해 인류를위해

아 조국과 함께크는 영남대학교

아 정의의 샘터여 학문의등대여

186

전 대표의 영남대 이사장 및 이사 시절의 비리 의혹을 제기하는 기자회견을 하였다. 이은상 전 영남대 교수가 당시 이후락 비서실장에게 보냈다는 3장짜리 친필 편지 사본을 공개하면서 "이 씨가 이 전 실장에게 편지로 대학 강제 편입 문제가 잘 해결되길 바란다는 부탁을 했지만 아무 소용이 없었다"고 주장하였다.[22] 2019년 봄에는 학봉 김성일 종가 등 24인의 영종회 종손들이 병산서원에 모여서 학교 문제를 논의했다. 영종회(嶺宗會)는 대구·경북지역 불천위(不遷位) 종가 종손들이 모여 2012년에 창립한 단체이다. 2020년에는 대구경북 지역의 많은 시민들이 '영남대 바로잡기' 캠페인에 서명하였다.[23]

현재 경북 경산시에 있는 영남대 중앙도서관에는 가로 24m, 세로 1m의 큰 그림이 걸려 있다. 박정희 대통령이 영남대 개교 3주년을 맞이하여 기증한 선물이다. 「낙동강 천리도」라는 이름의 이 작품을 세 명의 작가에게 주문하여 1970년 3월 1일 제작하였다. 그림은 대한민국예술원 회장을 역임한 유산 민경갑, 글은 노산 이은상, 글씨는 한국서예가협회 이사장을 지낸 일중 김충현이 맡았다. 이들은 낙동강 1,300리를 헬기를 타고 돌아보고 합작했다. 민경갑은 이 그림을 그리기 위해 250만 번 이상 붓을 잡았다고 한다. 청와대 접견실에 걸린 「장생」을 그린 작가이다.[24]

---

22    연합뉴스, 2007년 6월 14일
23    영남대를 바로잡아야 시대를 바로잡는다, 이원영, 한겨레 2020년 10월 26일 27면
24    헤럴드 경제 2018년 1월 24일

# 13. 대통령의 입각 권유를 거부한 사람들

### 3선 개헌을 앞둔 1968년, 국민교육헌장 제정 작업에도 참여

70~80년대 초·중등학교를 다닌 사람은 누구나 '우리는 민족중흥의 역사적 사명을 띠고 이 땅에 태어났다'로 시작하는 국민교육헌장을 지금도 외울 수 있다. 학생 시절에 교실에서 이걸 외운다고 얼마나 고생을 했는지 모른다. 자리에서 일어나 외우다가 더듬거려서 친구들 앞에서 창피를 당하기도 하고, 담임 선생님으로부터 손바닥을 맞기도 했다.

노산은 1968년에 박정희 대통령이 추진한 국민교육헌장 제정 작업에도 참여하였다. 7월 4일 박정희 대통령의 지시에 의해 권오병 문교부 장관의 주도로 만들어진 일종의 교육장전(敎育章典)인 국민교육헌장은 박종홍(대통령 교육문화담당 특별보좌관), 안호상[1], 이은상, 박준규(서

---

[1]  1902~1999년. 경남 의령 출생. 1929년 독일 예나대학에서 철학박사 학위를 받고 귀국했다. 조선어학회 활동, 김성수 초청으로 보성전문학교 교수, 대종교에 입문, 1948~1950년 초대 문교부 장관. 이광수의 소개로 시인 모윤숙(1910~1990년)과 1934년, 재혼해 세상을 떠들썩하게 하였다.(『창동야화』, 이상용, 117쪽, 행복한 숲, 2015) 결혼식에서 신부 입장을 할 때 모윤숙은 김활란 박사와 나란히 서서 들어갔다고 한다.(『문단골 사람들』, 이

울대), 이만갑(서울대), 김성근(서울사대), 정범모(서울사대), 이규호(연세대)[2] 등 26명의 기초위원과 48명의 심의위원이 초안을 작성하였다. 초안은 문교부가 7월 26일 발표하였다. 각계각층으로 구성된 심의위원에는 교육계의 박종홍, 이선근, 임영신, 김옥길, 문화계의 안호상, 이은상, 김팔봉, 박종화, 이병도, 종교계의 김수환, 이청담, 최덕신, 한경직 그리고 언론, 경제, 정치계 인사가 포함되어 있었다. 김팔봉은 국민교육헌장을 국민 모두가 암송하고 낭독하게 해야 한다고 주장하였다.[3]

3선 개헌을 앞둔 1968년 11월 26일 국회의 만장일치 동의에 따라 12월 5일 박정희 대통령이 선포하였다. 박정희 대통령이 쓴 국민교육헌장비가 서울 광진구 능동 어린이대공원에 세워져 있다. 1890년 일본의 메이지 천황 시대에 제정한 군국주의적, 국수주의적인 교육칙어와 매우 유사하다. 일본은 1948년 2차 세계대전에서 패망한 뒤 이를 가르치고 낭독하는 게 금지되었다. 그러나 박정희 대통령은 오히려 새롭게 제정한 것이다. 25년 동안 국민교육헌장은 '우리'라는 말을 다섯 번이나 사용하면서 '나'보다는 나라와 민족을 단위로 하는 '우리'를 강조하

---

호철, 161쪽, 프리미엄북스, 1997년) 안호상의 가부장적 권위에 실망하고 모윤숙의 친일 행위에 분개하여 1936년 딸을 낳은 이후 곧바로 별거하다가 20여 년이 지난 1960년대에 정식 이혼했다.(『글 속 풍경, 풍경 속 사람들』, 정규웅, 203쪽, 이가서, 2010년) 춘원 이광수는 1930년, 독일에서 갓 돌아온 안호상에게 독일어를 배웠다. 1974년 국사찾기협회 회장, 1992년부터 대종교 총전교로 재직 중 1995년 4월, 93세의 노구를 이끌고 단군이 하늘로 올라간 어천절 행사 초청장을 받고, 개천절에 정부 허가 없이 방북하여 국가보안법 위반으로 사법 처리되기도 했다.

2    『박정희 10권 10월의 결단』, 조갑제, 85쪽, 조갑제닷컴, 2006년
3    국민교육헌장의 사상적 배경과 철학자들의 역할, 김석수, 100쪽, 《역사문제연구》15호, 2005년

였고, 조국과 민족의 이름으로 개인을 억압하는 논리로 작동하였다.[4] 매년 12월 5일에 기념행사도 가졌는데 1994년 군사독재의 잔재라는 이유로 폐지되고, 교과서에서 삭제됨으로써 국민교육헌장은 사실상 폐기되었다. 2003년부터는 국가기념일에서도 삭제되었다.

국민교육헌장 제정과정에서 처음엔 노산이 책임지고, 기초위원회에서 초안을 작성했으나 시원찮다는 비판이 제기되어 본격적으로 박종홍과 안호상이 주도적으로 만들었다.[5] 철학계의 태두로 나름대로 존경받던 열암 박종홍(朴鍾鴻)[6]의 최악의 친독재 부역 행위로 꼽힌다. 멸사봉공을 강조한 국민교육헌장은 제일 마지막 부분 '대통령 박정희'까지 전문 393자로 되어 있다. 박종홍과 이은상은 교과서 편찬과정에서도 국가주의 강화에 큰 기여를 하였다. 성신여대 강진호 교수는 그의 저서 『국어 교과서의 탄생』(글누림)에서 '『국어』 교과서에서 국가주의 관련 담론이 전면적으로 등장한 것은 박정희 집권기인 2차 교과과정기(1963~1973년)에서였다.'고 한다. 이승만 정권 시절의 1차 교과과정기(1955~1963년)의 국어과 교육목표 제9항 '학생들의 개별적인 소질과 능력의 차이를 중시한다'가 빠지고 다른 항목과 중복되는 독서 관련 항목으로 대체된 것이 시사적이었다. 박종홍, 김기석, 최호진, 이은상 같은

---

4 국민교육헌장의 사상적 배경과 철학자들의 역할, 김석수, 125쪽, 《역사문제연구》 15호, 2005년

5 오피니언 – 국민교육헌장과 획일사회, 대구일보 2008년 12월 8일자

6 1903~1976년. 박정희 정권에서 문교 수석을 역임하였고 함석헌과 평양고보 동기이다. 두 사람은 일제시대 3.1운동에 참여했다가 연행되어 20일간 구금 생활을 했다. 박종홍은 반성문을 쓰고 다시 평양고보에 들어가고, 함석헌은 반성문을 쓰지 않아 퇴학당하고 오산고로 갔다. 조선총독부 학무과에 촉탁으로 들어가 식민지 지식인의 굴종의 길을 걸었다.(『한국 근현대 사회철학의 모색』, 김재현, 398, 428쪽, 경남대학교출판부, 2015년)

2~3차 『국어』 교과서의 주요 필자들은 박정희가 쿠데타 직후에 만든 국가재건최고회의와 재건국민운동본부의 핵심 성원들이었다. 이들이 교과서에 실린 논설과 수필 또는 시와 희곡 등을 통해 전파한 국가 이데올로기는 '오늘날까지도 우리의 몸과 마음을 지배하는 애국주의와 반공주의의 뿌리'라는 것이 강 교수의 판단이다. 그는 박종홍의 논설 「사상과 생활」과 「한국의 사상」, 이은상의 시조 「고지가 바로 저긴데」와 기행문 「피어린 육백 리」, 유치진의 희곡 「청춘은 조국과 더불어」 등이 대표적이다[7]라고 지적하였다. 결과적으로 북한의 우리식 사회주의를 제창한 황장엽의 김일성 주체사상이 김일성을 우상화했듯이 박종홍과 초대 교육부 장관이었던 안호상[8]의 우리식 민주주의인 일민주의는 반공과 분단, 국가 이데올로기가 되어 이승만과 박정희를 우상화[9]하였고, 그곳에서 노산도 중요한 역할을 했다.

유신체제가 출범하기 직전인 1968년에 노산이 쓴 「근대화론」[10]에

7    반공주의와 전체주의의 텃밭, 국어교과서, 한겨레신문 2018년 1월 26일
8    1948년까지 일민주의는 정치적 구호에 머물렀으나 1949년 4월 라디오 방송을 통해 구
      체화되면서 국가이념과 국가정책의 기본 방침으로 선언되었다. 1949년 12월에 안호상
      은 일민주의보급회 부회장에 취임하였다. 이 시기에 이승만의 『일민주의 정신과 민족운
      동』, 양우정의 『일민주의 개술』, 안호상의 『민족의 소리』, 『일민주의의 본바탕』 등이 출간
      되었다.(『길 위의 우리 철학』, 송인재 외, 287쪽, 한국철학사상연구회, 메멘토, 2018년) 서
      양철학 1세대인 안호상의 파시즘적 경향은 일제강점기부터였다. 1938년에 발표한 「히틀
      러, 아인스타인, 오이켄 제씨(諸氏)의 인상(印象)」에서 히틀러를 세계적 인물로 꼽고 유
      학 당시 생생하게 경험한 히틀러 연설에 대해 '그의 말은 진심으로 우러나오는 듯하며
      듣는 사람으로하여금 도취와 신뢰를 아끼지 못하게 한다.'라고 평했다.(『길 위의 우리 철
      학』, 송인재 외, 284쪽, 한국철학사상연구회, 메멘토, 2018년)
9    국민교육헌장의 사상적 배경과 철학자들의 역할, 김석수, 114쪽, 《역사문제연구》 15호,
      2005년
10   근대화론, 이은상, 400, 401쪽, 『짧은 일생을 영원한 조국에』, 횃불사, 1969년

192

서 근대화를 위한 민족의 나아갈 길을 제시하고 있는데 적을 안에서 찾지 말고 밖에서 찾을 것, 눈을 남(南)에만 던지지 말고, 북(北)으로 던질 것, 힘을 무용한 곳에 쓰지 말고, 미개척 국토를 개척하는 효과적인 곳에 쓰자고 하였다. 북은 외부이고 적이니 우리끼리는 한마음 한뜻으로 뭉치자는 말이다. 정부 정책을 반대하거나 노동자의 권익을 위해 노동쟁의를 일으키는 따위의 활동을 하지 말라는 뜻이다. 1인 독재를 위한 유신헌법에 대해서도 마찬가지이다.

1970년대에 들어오면서 박정희 대통령은 국정과 관련된 여러 분야의 지식과 경륜을 갖춘 인사들을 특별보좌관으로 임명하여 폭넓게 활용하였다. 특별보좌관의 주 임무는 여론을 수렴하고 정책을 연구하는 것이었다. 철학계의 원로였던 박종홍은 1968년 국민교육헌장을 작성한 후에 1969년 4월 도산서원 원장을 거쳐 교육문화 특별보좌관에 1970년 12월 10일 취임하였고, 박정희 대통령에게 '국민정신연구원' 건립을 건의하였다.[11] 이 과정에서 유신이념의 창출에도 깊이 개입하였다.[12] 박종홍은 4·19와 5·16을 같은 성격으로 보고 있었다. 그는 "4·19혁명, 5·16혁명도 이 나라 백성의 주체성을 살리자는 것이다. 학생도, 군인도 이 백성의 참뜻을 대신하여 궐기한 것이다."[13]고 주장했다. 물론 60년대 초부터 재건국민운동에도 중앙위원으로 참여하였다.

11  『한국학중앙연구원 30년사』, 61쪽, 한국학중앙연구원, 2009년
12  『한국 근현대 사회철학의 모색』, 김재현, 425쪽, 경남대학교출판부, 2015년
13  『박종홍 전집』 제6권, 박종홍, 377쪽, 민음사, 1988년

입각 권유를 거부한 게 유신시대에 저항(?)

일제강점기 조선어학회 사건으로 노산과 함께 징역을 산 서승효(徐承孝)는 해방 후 이승만 정권이 상공부 장관으로 영입하려 했지만 반쪽짜리 정부에서는 일하지 않겠다고 거절했다.[14]

노산에게도 박정희 정권 시절에 입각 권유가 있었다. 시인 김시종[15]에 의하면 1967년 자신의 첫 시집 『오뉘』의 머리말을 부탁하기 위해 성북구 안암동에 있는 노산의 자택에 들렀을 때 직접 들은 이야기이다. '제3공화국 출범할 때, 박정희 대통령이 노산 이은상 선생을 국회의장으로 추대하고자 제의가 있었지만 끝까지 시인으로 사시겠다는 이은상 선생의 뜻을 박정희 대통령도 이해하고 이효상 씨[16]가 국회의장직을 맡게 되었다.[17]'고 한다. 1963년 12월 박정희 대통령의 낙점으로 국회의장이 된 이효상은 무려 7년 6개월간 역대 최장수 국회의장을 지냈다. 3선 개헌 날치기 통과 때에는 의사봉 대신 주전자 뚜껑으로 책상을 두들기기도 했다.[18]

---

14   『한글만세, 주시경과 그의 제자들』, 이상각, 311쪽, 출판회사 유리창, 2013년
15   1980년 노산문학회 이사, 1988년 노산문학상 수상
16   국회의장직을 놓고 윤치영과 정구영이 경합하자 박정희 대통령이 제3자인 이효상을 선택했다는 이야기도 있다.(『박정희 7권 격랑을 뚫고서』, 조갑제, 43쪽, 조갑제 닷컴, 2006년)
17   『가고파, 내 고향 남쪽 바다』, 김교한 외, 82쪽, 경남시조시인협회, 도서출판 경남, 2017년
18   1961년 군사쿠데타로 정권을 장악한 박정희 장군은 2년간의 군정을 마치고 애초 약속과는 달리 군복을 벗고, 민주공화당 후보로 윤보선과의 치열한 선거전에 돌입하였다. 이때 민주공화당 경북지부장 이효상은 대구 유세에서 다음과 같은 허무맹랑한 열변을 토하였다. "박정희 후보는 신라 임금님의 자랑스런 후손이며 이제 그를 대통령으로 뽑아서 이 고장 사람으로 천 년 만의 임금님을 모시자!"(신라 왕의 후예를 섬긴 최장수 국회의장님, 김형민, 63쪽, 《시사IN》 2020년 2월 18일 통권 648호)

노산에게 입각 권유는 또 있었다. 중앙일보 문학기자 정규웅에 의하면 '유신정권 치하에서 박정희 대통령이 문공부 장관직을 제의했으나 고사했다. 전두환 정권 때 국정자문위원이 된 것도 그들의 일방적인 지명에 따른 것인데 왜 지탄받아야 하느냐'[19]는 논리가 있었다고 한다. 1972년 10월, 유신헌법을 선포한 직후, 정부에서 유신헌법을 반대하는 여론을 무마하기 위해 저명인사들을 불러서 언론 보도, 개인 연설 등을 한창 종용할 때였다. 이때 노산의 집을 방문한 황희영[20] 전 중앙대 교수에 의하면 밖에서 걸려 온 전화 내용을 전하는 비서에게 "이 노산은 평생 제복, 제모를 입어보고 써 본 일이 없다고 해. 내게 정부에서 주는 모자를 쓰고 다니라는 말은 하지 말아 달라고 해. 이 노산은, 노산 그대로 두는 것이 더 유익될 것이라고 해!"[21]라고 했다고 한다.

시조시인 김복근은 이 사례를 들면서 '유신정권에 저항하면서 당당하게 살았다'[22]면서, '불의를 보면 당당하게 자신의 주장을 굽히지 않았던 지사적인 인물'이라고 설명한다. 전화 내용을 정확히 확인할 수는 없지만 추측건대 고위 공직에 임명하겠다는 것 같다. 물론 이 제의를 뿌리치는 것도 쉬운 일은 아니지만 그렇다고 유신정권에 저항한 것이라고 보는 것은 비약이다. 지사적 인물이라는 평가 역시 지나친 것 같다. 거절과 저항은 전혀 다르다. 입각을 거절한 사람은 여럿 있었다. 5·16군사쿠데타가 일어났을 때 시인 구상은 공개적으로 지지하였다.

19   정규웅의 문단 뒤안길 24,《중앙SUNDAY》제124호, 2009년 7월 26일,
20   「노산 시조의 문장 구조적 특징」을 연구하기도 했다.
21   내가 본 노산 선생, 황희영, 574쪽, 『노산의 문학과 인간』, 햇불사, 1982년
22   이은상 시조연구, 김복근, 58쪽, 『노산시조론』, 도서출판 경남, 2008년

그러나 박정희 대통령이 서울대학교 총장이나 문교부 장관을 맡아달라고 부탁하였을 때, 단호히 거절하면서 "임자, 내가 당신을 도와주는 최상의 방법은 민간에 남아 있는 것이오."[23]라고 하였다. 박정희 대통령이 친구처럼 지내는 선우휘에게 감사원장을 제의하였다. 그러나 그는 일본의 단가인 하이쿠(俳句)를 인용하며 거절했다고 한다. "들에 핀 꽃이 어여쁘다 해서 집안에 옮겨 심으면 아름답겠느냐?"[24] 선우휘는 감사원장 자리를 끝까지 고사하였다. 그 뒤 두 사람은 만나서 허심탄회한 분위기에서 술도 한 잔 했는데 그 자리에서 감히 그 누구도 흉내 못할 맞담배를 피웠다는 이야기도 전해진다.[25] 거절도 쉽지 않은 일임에는 틀림없다. 그러나 이런 일이 있었다고 해서 이들을 유신정권에 저항했다고 보는 사람은 아무도 없다. 왜냐하면 유신을 공개적으로 반대하지는 않았기 때문이다.

### 앞장서서 유신과 유신정권을 찬양한 노산과 문인들

앞장서서 유신을 찬양한 문인들도 많다. 시인 박목월은《서울신문》 1972년 11월 18일자에 기고한 「10월 유신의 사명과 동기」라는 글에서 '지금까지의 과열, 혼란, 낭비를 거듭해온 선거제도를 물리치고 당권, 당리에만 사로잡혀 몰지각한 조국의 정치 현실에서 탈피하려는 그야말로 과감하고 혁신적인 것'이라고 주장하였다.[26] 박목월은 박정희 전기

---

23    문중13회 카페, cafe.daum.net/mj13h, 우리들의 이야기, 5291 권력과 문인(2016년 12월 1월)

24    『통 큰 사람들』, 남재희, 140쪽, 리더스 하우스, 2014년

25    『이유식의 문단수첩 엿보기』, 이유식, 234쪽, 도서출판 청어, 2012년

26    『한국현대사 산책』 1권, 강준만, 245쪽, 인물과 사상사, 2002년

도 썼다.[27] 소설가 이인화는『영원한 제국』을 통하여 개혁군주 정조에 박정희의 상을 오버랩시켰고, 곧이어『인간의 길』을 통해 노골적으로 박정희를 찬양·미화했다. 그 후 뚜렷한 이유 없이 필생의 업이라고 자랑하던 전기소설『인간의 길』의 집필을 중단하였다.[28]

한국문인협회장 김동리[29]는 전국 문인들에게 왕복엽서 한 장씩 발송하였다. 유신헌법에 대한 찬반 의사 표명을 분명히 하기 위해 찬성과 반대의 두 칸 중에 동그라미를 한 개 쳐서 반송하라고 했다. 대답이 없으면 찬성으로 간주한다는 단서가 붙어있었다. 그런데 그 당시에는 유신체제에 대한 어떠한 비판도 긴급조치법 위반이어서 곧바로 체포되는 상황이었다. 어느 누구도 반대 칸에 동그라미를 칠 수 없었다. 몽땅 찬성이었다. 문인협회 회장이 실시한 이 여론조사 방법은 다른 어떤 방법보다도 권력에 아부하는 데 가장 효과가 있었을 것이다.[30]

노산은 1972년 10월 청우회 중앙본부 회장으로 있으면서 '무질서와 비능률을 배제하여 국기를 공고히 하려는 박 대통령의 영단에 적극 찬동한다'는 뜻의 유신지지 성명을 발표했다.[31] 각종 매체에 기고한 시론, 대담을 통하여도 유신정권을 찬양하고 유신정권의 독재 이데올로

---

27  『진실과 거짓, 인물 한국사』, 하성환, 143쪽, 도서출판 살림터, 2017년

28  죽은 독재자의 사회, 진중권, 344, 348쪽,『개발독재와 박정희시대』, 창비, 2004년

29  김동리는《시조문학》(1982. 겨울호) 故 이은상 선생 추모특집에서 '20이라는 젊은 나이와 그 뛰어난 문재에도 불구하고 자유시나 소설을 젖혀두고 시조를 택하시게 된 일 결코 범연한 일이 아니었습니다. 선생은 이 나라 이 겨레의 마음과 영혼을 기리고 읊으실 사명을 타고 세상에 오셨던 것입니다.'라고 말했다.(『가고파 내 고향 남쪽 바다』, 김교한 외, 38~39쪽, 도서출판 경남, 2017년)

30  『한국현대사 산책』 2권, 강준만, 127쪽, 인물과 사상사, 2002년

31  나무위키의 자료임 (namu.wiki/w/이은상)

기인 「한국적 민주주의」 이념을 지지하고 선전했다.[32] 1978년《유신정우》3월호에서 노산은 문태갑과의 대담에서 '광의로 볼 때 근대화, 새마을운동, 유신, 이 세 단어는 서로 다른 운동이 아니라 한 얼굴에 명함만을 서로 바꾸면서 쉼 없이 자극을 주는 역할을 했습니다. …… 분명이 운동은 성공을 거두고 말 것입니다. …… (이것을) 결코 정치적인 의미로서만 파악해서는 안되겠다는 것이지요.'라고 했다. 노산이 유신을 찬양하면서 분명 성공할 거라고 했지만 오히려 정반대였다. 박정희 정권 시절, 무소불위의 권력을 휘둘렀던 마산 출신의 3인방이 있었는데 청와대의 박종규 경호실장과 군부의 노재현 국방장관, 문화예술계의 이은상이었다.[33] 당시의 각종 기록에 의하면 문화예술인 가운데 청와대를 무시로 드나들 수 있었던 유일한 사람이 이은상이었다고 한다.[34] 노산은 박정희 정권과 대단히 친했다.[35]

### 1인 독재시대에 위험을 무릅쓰고 어둠을 밝힌 문인들

5·16군사쿠데타를 일으킨 지 11년, 3선 제한 헌법을 고친 지 3년, 고전을 면치 못했던 4·27 선거로 대통령에 취임한 지 1년 반 만에 1972년 10월 17일, 전국에 비상계엄령을 선포하고 국회해산, 정당 및 일체의 정치 활동을 금지한 채 비상국무회의를 설치하였다. 3선 개헌에 이어 또다시 개헌하기도 어려운 상황이었다. 정상적인 방법으로는 재

32  『노산 이은상 선생』, 김봉천, 102쪽, 창신고등학교, 2002년
33  『토호세력의 뿌리』, 김주완, 347쪽, 도서출판 불휘, 2005년
34  경남도민일보 2003년 2월 24일자
35  『노산 이은상 선생』, 김봉천, 102쪽, 창신고등학교, 2002년

집권이 불가능하다고 판단했다. 결국 군대를 동원하여 헌법 기능을 마비시키고, 영구집권을 위한 무혈 친위쿠데타[36]인 10월 유신을 단행하였다. 유신의 주요 내용은 국민 직선제에서 통일주체국민회의 대의원에 의한 간선제, 대통령에게 긴급조치권, 국회해산권, 대통령이 정수의 3분의 1에 해당하는 국회의원 및 법관의 임면권 등 모든 권력을 대통령 1인에게 집중시키는 것이었다. 유신을 선포함으로써 박정희 대통령은 무소불위의 권력을 휘두르는 골리앗이 되었다. 모든 국민은 숨을 죽이고 있었고, 모든 언론은 폐간 불안에, 모든 대학은 폐교 협박에 시달리는 공포의 암흑기[37]였다.

그러나 어둠을 밝히기 위해 위험을 무릅쓴 문인들이 있었다. 1974년 11월의 자유실천문인협회 발족에 앞서서 '문학인 101인 선언'을 발표했다. 광주에 있던 시인 양성우도 열심히 활동했다. 1975년 2월 12일, 광주YWCA 회관에서 열린 민청학련사건 관련 구속자 석방 환영회에서 양성우는 자신의 시 「겨울 공화국」을 낭독했다. 이 시에 나타난 시대적 아픔에 공감한 행사 참석자들에 의해 입에서 입으로 전파돼 곧바로 광주 일대에 화제를 불러일으켰다. 다행히 긴급조치 4, 5호가 해제된 시기여서 구속은 되지 않았다. 그러나 양성우가 재직하던 중앙여고에서 사직압력이 있었다. 중앙여고는 금호그룹을 창업하고, 사세를 확장하고 있던 박인천이 이사장이었다. 양성우가 사퇴하지 않고 버티자 학교 측은 박인천을 위원장으로 하는 징계위원회를 열어 파면했다. 양

36 『한국현대사 다이제스트 100』, 김삼웅, 208~210쪽, 가람기획, 2013년
37 『딸에게 들려주는 역사 이야기』 1권, 김형민, 126쪽, 푸른역사, 2017년

성우의 출근 투쟁과 학생들의 항의 시위가 있었고, 서무과에는 정보기관원들이 진을 치고 있었다. 결국 양성우는 광주를 떠날 수밖에 없었다. 2년 후인 1977년 6월 말, 「노예수첩」, 「우리는 열 번이고 책을 던졌다」는 두 편의 시로 3년 형을 선고받고 복역하였다. 고은과 조태일은 구속된 양성우의 시를 모아 시집 『겨울 공화국』을 펴냈다는 이유로 구속됐다가 한 달 후 기소유예로 석방되는 등[38] 한국사회의 민주화와 표현의 자유를 위한 문인들의 노력은 끊이지 않고 힘겹게 진행되고 있었다.

### 한글전용정책 수립과 세종대왕기념사업회 활동

박정희 대통령이 이순신 장군 다음으로 숭배한 역사적인 인물은 세종대왕이었다.[39] 1970년에는 한글날을 국경일로 지정했으며 1975년에 건립한 민족문화의 전당을 세종문화회관으로 명명했고, 어린이회관 앞에 세종대왕의 동상을 세웠으며[40], 동시에 한글전용정책을 추진하였다. 박정희 대통령은 애초 한글 전용이 아니었다. 1964년부터 교과서를 일본처럼 한자혼용 방식으로 하겠다고 발표하였다. 그런데 1967년 10월 9일 한글날, 한글 전용을 주장하는 서울대, 고려대 국어운동대학생회 공동주최로 고려대 캠퍼스에서 한글전용 선언대회를 열고, 대통령과 문교부 장관에게 드리는 건의문을 채택, 발송하고 거리에서 국민들께 드리는 호소문을 나누어주는 행사를 하였다. 박정희

---

38  『글 속 풍경, 풍경 속 사람들』, 정규웅, 132~135쪽, 이가서, 2010년
39  『한국현대사 산책』 3권, 강준만, 37쪽, 인물과 사상사, 2002년
40  민족주의와 역사의 이용, 박정희 체제의 전통문화정책, 전재호, 97쪽, 《사회과학연구》 7, 1998년

대통령은 이 내용을 신문에서 보고 대통령의 문화담당 특보였던 노산을 급히 청와대로 들어오라고 했다. 이미 1966년부터 한글학회 이사였던 노산은 일찍부터 한글전용을 주장하고 있었다. 대통령이 부르는 까닭을 짐작한 노산은 한글전용운동의 근본 취지를 글로 적어 가지고 청와대로 들어갔다. 그로부터 얼마 뒤 한갑수는 청와대의 요청으로 한글전용 5개년계획 시안을 만들어 전달했다.[41] 박정희 대통령은 1967년 11월 16일, 한글은 세계에서 가장 과학적이고 잘 만들어진 문자인데 아직도 한문을 혼용함은 부끄러운 일이며, 새 세대를 위하여 한글전용을 강력히 밀고 나가야 한다고 주장하였다. 실제로는 1968년 초반만 해도 문교부는 각급 학교에서 한자 교육을 양성화하고, 한자의 약자를 제정하도록 했다. 그런데 박정희 정부는 1968년 3월 한글전용 5개년 계획을 발표하였다. 앞으로 5년 이내에 특별한 경우를 제외하고는 공문서는 물론 신문, 잡지 등 모든 글자살이에서 한자를 일절 쓰지 못한다는 아주 강력하고도 획기적인 시책이었다.[42] 노산은 이 공로를 인정받아 1969년 10월 9일 한글날 기념식에서 한글공로상 대통령상을 받았다. 조선어학회사건으로 함께 징역을 산 이우식은 1963년에 한글공로상을 받았다. 대종교에서는 이극로의 영향을 받아 일찍부터 경전을 한글화하는 노력을 했는데 노산이 감수한 한글 대종교 경전이 1969년에 출간되었다.[43] 대종교 홈페이지의 인물란 어문분야에 '대종교 경전

41  리대로의 한글말 사랑 한마당, cafe.daum.net/urimalmadang, 리대로 글과 보도기사, 564,
    이대로 회장 국민 여론 무시하는 문화재청의 행정편의주의 맹비난, 2016년 6월 14일
42  리대로의 한글말 사랑 한마당, cafe.daum.net/urimalmadang, 리대로 글과 보도기사, 801,
    아, 국어운동의 큰 별, 눈메 한갑수 선생님, 나라임자, 2017년 4월 12일
43  대종교 홈페이지, 경일알림-개천 4474년 6월 4일 제74-23호, 2017년 6월 5일 (http://

한글화의 주역, 이은상'이라는 제목으로 얼굴 사진과 함께 등재되어
있다. 이곳에는 안확, 이극로, 신명균, 이윤재, 한징, 백남규 등 대부분
조선어학회 인물들이 올려져 있다.

그리고 1970년 10월 9일 한글날 524돌을 맞이하여 박정희 대통령
은 한글전용으로 자주성을 확립하자는 요지의 치사를 하였다.[44] 그 후
노산은 한글회관 건립위원회 위원장으로서 1977년 회관 준공을 위하
여 노력하기도 했다. 1946년 호남신문사에 있을 때부터 가로쓰기[45]를
실천한 노산은 한글전용이 민족정기를 세울 수 있는 기회라고 생각했
고, 박정희 대통령은 자신이 민족주체성을 세우는 정권임을 과시할 수
있는 기회라고 생각했다. 위로부터 시작된 한글전용정책에 의해 MBC
방송프로그램 MBC 페스티벌은 MBC 대향연으로, 해외토픽은 해외
소식으로 바뀌었고 각 방송국에서는 패티 김을 김혜자로, 김 세레나를
김세나로 부르는 해프닝이 일어나기도 했다.[46]

박정희 정권은 이순신의 신격화와 세종대왕 찬양정책을 통해 자신
을 민족적 위기에서 나라를 구해냄과 동시에 위대한 민족문화를 부활,
발전시킨 인물로 부각시켰다.[47] 한편으로는 주체적 민족문화를 강조하
면서 다른 한편으로는 유신체제가 지닌 폭압성을 유화시키는 방편이었
다. 그리고 세종대왕이 이룩한 문화적 업적을 강조하면서 유신체제의

---

www.daejonggyo.or.kr/modules/board/bd_view.html?no=253&al=asc&id=cyber&or=
bd_order&p=1)

44    『박정희 대통령 연설문집』 7, 290, 291쪽, 대통령비서실, 1971년

45    『노산 이은상 선생』, 김봉천, 64쪽, 창신고등학교, 2002년

46    『한국현대사 산책』 3권, 강준만, 39쪽, 인물과 사상사, 2002년

47    『반동적 근대주의자 박정희』, 전재호, 102쪽, 책세상, 2000년

최종 목표가 민족문화의 전성기 도래라고 표방하고, 이를 통해 현재의 고난과 역경을 국민들이 이겨나갈 것을 강조하였다.[48]

노산은 1973년에 5·16민족상을 수상하였는데 1966년 3월에 설립된 재단법인 5·16민족상은 학예, 교육, 사회, 산업 등 4개 부문 시상을 초기에 하였다. 법인의 총재는 박정희, 이사장은 김종필이었다. 최현배는 이미 1967년에 5·16민족상을 받았다.

---

48 「역사적 인물의 영웅화와 기념의 문화정치」, 권오헌, 178, 179쪽, 고려대학교 박사학위 논문, 2010년

# 14. 비통한 심정으로 쓴 박정희 대통령 묘비문

### 비통함과 존경을 담은 박정희 대통령 비문과 조가

1979년 10월 26일 박정희 대통령이 죽었을 때 노산은 그의 영전에 헌시를 바쳤다. 이 헌시는 김동진이 작곡하여 조가(弔歌)로 만들었다. 1979년 11월 3일, 박정희 대통령의 영결식은 중앙청 앞 광장에서 열렸다. 5년 전 육영수 여사의 영결식이 있었던 바로 그곳이었다. 박대통령의 유해는 국화꽃 7만 송이로 에워싸여 있었다. 장례위원장인 최규하 대통령 권한대행이 건국훈장 대한민국장을 영전에 바쳤다. 이때 국립교향악단이 「짜라투스트라는 이렇게 말했다」는 교향곡을 연주했다. 독일의 리하르트 슈트라우스가 작곡한 이 장엄한 곡은 낮은음에서 시작하여 고음으로 치달은 뒤에 꼭지점에 도달했다가 갑자기 사라진다. 철학자 니체가 쓴 같은 이름의 책 서문을 음악으로 표현한 작품이다. 영결식 기도는 김수환 추기경과 강신명 목사 등이 하였다. 150호짜리 영정은 정형모 화백이 그렸다. 육영수 여사가 죽은 뒤에 청와대

에 걸어두기 위한 초상화도 정 화백이 그렸다.¹ 이 자리에서 노산 이은
상이 작사한 조가가 합창으로 울려 퍼졌다. '태산이 무너진 듯 강물이
갈라진 듯 이 충격 이 비통 어디다 비기리까……' 박정희 대통령의 장
례는 국장으로 거행하였다. 국장은 장의 기간이 최대 9일이며, 관공서
에서는 장례 기간 내내 조기를 게양한다.² 이 시는 동작동 국립묘지 박
대통령 묘역에 각인되어 있다. 비문「박정희 대통령 영전에」는 민족의
영도자, 역사의 중흥자라는 칭송과 함께 노산의 비통한 심정과 무한한
존경이 담겨 있다.

'태산이 무너진 듯 강물이 갈라진 듯

이 충격 이 비통 어디다 비기리까

이 가을 어인 광풍 낙엽 지듯 가시어도

가지마다 황금열매 주렁주렁 열렸소이다

오천년 이 겨레의 찌든 가난 몰아내고

조상의 얼과 전통 찾아서 되살리고

세계의 한국으로 큰 발자국 내디뎠고

민족의 영도자외다, 역사의 중흥자외다

자유와 평화통일, 그제 님의 이상과 소원

착한 국민 되라시고 억센 나라 만들다가

십자가 지신 오늘 붉은 피 흘리셔도

---

1    『내 무덤에 침을 뱉어라』, 조갑제, 297쪽, 조선일보사, 1998년
2    김종필 증언록 笑而不答, 때론 돕고 때론 대들었던 혈맹의 동지, 중앙일보 2015년 8월
     28일

피의 값 헛되지 않아 보람 더욱 찾으리다

육십 년 한평생 국민의 동반자였고

오직 한길 나라 사랑 그 길에 바친 이여

굳센 의지 끈질긴 실천 그 누구도 못 지을 업적

민족사의 금자탑이라 두고두고 우러보리다

우리는 슬기론 겨레 어떤 고난 닥쳐와도

끼치신 뜻을 이어 어김없이 가오리다

몸 부디 편히 쉬시고 이 나라 수호신 되어

못다 한 일 이루도록 큰 힘 되어 주소서'[3]


이 비문에는 박정희의 업적을 지나치게 미화시켜 놓았다. 자신의 권력을 위해 민주주의를 말살한 10월 유신에 대한 언급이 없다. 유신은 영구집권을 위한 친위 쿠데타였다. 노산은 박정희 대통령을 민족의 영도자, 역사의 중흥자라고 생각했다. 그래서 모든 권력을 대통령 1인에게 집중시킨 10월 유신이, 그가 보기에는 '억센 나라 만들다가' 있었던 어쩔 수 없는 일이었다. 일반적으로 군이 고인의 좋지 않은 부분은 비문에 쓰지 않는다. 비문에 없는 걸로 봐서 노산도 5·16군사쿠데타와 유신헌법을 좋게는 생각하지 않은 것 같다. 그런데 비문만 보면 그야말로 훌륭한 역사적 인물이다. 장기집권을 위해 사람을 죽이고, 감옥에 가둔 독재자의 모습은 전혀 찾아볼 수 없다. 엄청난 왜곡이다. 물론 비문을 썼다는 것만으로 노산이 독재 부역을 했다고 볼 수는 없다. 평소에 어떤

---

3    『노산 이은상 선생』, 김봉천, 104, 357쪽, 창신고등학교, 2002년

관계였는지를 함께 살펴보아야 한다. 근거 없이 폄하하거나 인간적으로만 존경할 것이 아니라 사실에 근거한 객관적인 평가가 필요하다.

이 비문을 쓰고 난 한 달 후인 1979년 11월 30일, 「육영수 여사 휘호탑」 비문도 썼다. 충북 옥천의 죽향초등학교에는 이 학교를 졸업한 시인 정지용의 작은 기념비와 그 앞에 대리석으로 된 큰 육영수 휘호탑이 서 있다. 뒷면에는 「휘호탑을 세우면서」라는 제목으로 노산이 쓴 비문이 적혀 있는데 '학교에 다니시던 시절 교동 아가씨로 불리우셨던 육영수 여사님은 착하고 깔끔하신 성품에 늘 맑은 미소를 띠우셨고'[4]라고 하였다. 노산이 방광암으로 한창 고생을 하던 시기에 썼다. 사실 『육영수 여사』에 대해서는 박목월이 쓴 전기[5]가 가장 유명하다. 박목월은 '육

---

4    『부끄러운 문화답사』, 다큐인포, 206쪽, 북이즈, 2004년
5    1976년에 삼중당에서 출간한 이 전기 집필에는 박목월의 간곡한 권유를 뿌리칠 수 없어 박재삼도 참여했다. 정치와는 상관없다는 생각에서 참여하였는데 욕을 많이 먹었다고 한다. 출판되고 나서 박정희 대통령이 박목월과 박재삼을 술자리에 초대하였는데 옛 노래를 좋아하는 박정희와 박재삼은 「짝사랑」 노래 대결을 했다고 한다.(『글 속 풍경, 풍경 속 사람들』, 정규웅, 208, 209쪽, 이가서, 2010년) 박목월은 한양대 국문학과 교수로 있던 1963년에 육영수 여사의 시작(詩作) 개인 교습을 담당하기도 했다.(『20세기 한국문학의 탐험』 2권, 장석주, 255쪽, 시공사, 2013년) 육영수는 박목월의 시 「나그네」를 좋아했다. 청와대로부터 '문학 가정교사' 제의를 받고 고민하다가 아내의 간곡한 권유로 1963년 11월부터 강의를 시작했다. 박목월이 1968년 2월 한국시인협회 회장으로 선출되었을 때는 몇몇 시인들을 초청하여 축하의 자리를 마련하기도 했다. 어느 비 오는 날 청와대에서 육영수와 박목월이 걷는 중에 고인 빗물에 치맛자락이 젖을 것 같아 살짝 들어 올려주었다는 일화도 있다. 한국시인협회가 주최해 2009년 1월 18~19일, 박목월의 고향 경주에서 열린 『청록집』 발간 60주년 기념 시축제에서 두 번째 주제발표를 한 평론가 남진우의 발표에서 나온 일화이다.(『글 속 풍경, 풍경 속 사람들』, 정규웅, 212쪽, 이가서, 2010년) 육영수의 후원으로 한국시인협회는 『오늘의 한국시인집』이라는 기획으로 1969년부터 1971년까지 2년간 30여 명의 시집을 출간했다. 자신의 후원이 알려지는 것을 원하지 않아서 다만 책의 한 귀퉁이에 '어느 고마우신 분의 뜻'에 의해 시집을 낼 수 있었다는 사실을 간략하게 적어 놓았다. 문단 일각에서는 '권력과 문학의 유착', '권력에 기생하는 문학'이라는 비난이 있었다.

영수 여사를 사랑하는 모임'까지 만들었다.[6]

### 30년 친구 박정희를 위한 시인 구상의 진혼시

박정희(1917~1979년)와 구상(1919~2004년)은 1952년 피란지 대구에서부터 알고 지내는 친구 사이였다. 북한에서 월남한 구상이 피난 행렬을 따라 대구로 내려와 국방부 기관지인 진중(陣中)신문《승리일보》의 편집책임자로 있을 때 박정희의 상관인 이용문을 통해서 알게 된 사이였다.[7] 《승리일보》를 주관하던 육군본부 작전국장이 이용문 준장이었고, 차장이 박정희 대령이었다. 박정희가 34세, 구상이 32세였다. 자주 만나면서 우정을 쌓았다. 구상은 9·28수복 며칠 전에 군용 지프를 타고, 아직 북한군이 남아 있던 서울로 들어가《승리일보》를 거리에 살포하는 대담성을 보인 일화도 있다.[8] 구상에게는 친구 박정희의 쿠데타는 예상할 수 있는 충격이었다. 3일 후 박정희와 만나서 나눈 대화 내용을 『모과 옹두리에도 사연이』란 자전시집에 실었다. 박정희는 친구에게 미국특사를 권유했는데 자신은 그냥 남산골샌님으로 놔두라고 하였단다. 그래도 포기하지 않은 박정희는 구상을 최고회의 의장 상임고문으로 내정하고, 친지를 통하여 설득하였으나 구상은 끝내 거절하고《경향신문》도쿄 특파원으로 떠났다.[9]

10·26사태를 한 달여 앞둔 1979년 9월, 구상이 마지막으로 박정

---

6  『글 속 풍경, 풍경 속 사람들』, 정규웅, 207, 208, 213쪽, 이가서, 2010년
7  『내 무덤에 침을 뱉어라 3. 혁명전야』, 조갑제, 22쪽, 조선일보사, 1998년
8  『1980년대 글동네의 그리운 풍경들』, 정규웅, 175쪽, 책이 있는 마을, 2018년
9  『박정희 4권, 5.16의 24시』, 조갑제, 323~325쪽, 조갑제 닷컴, 2006년

희를 찾아가 간곡하게 은퇴를 권유했으나 박정희는 묵묵부답이었다고 한다.[10] 한 달 후인 10월, 그는 베네딕트 수도원에서 「나자렛 예수」를 쓰다가 박정희의 피살 소식을 들었다. 곧바로 진혼시(鎭魂詩)를 썼다. '설령 그가 당신 뜻에 어긋난 잘못이 있었거나/ 그 스스로가 깨닫지 못한 허물이 있었더라도/ 그가 앞장서 애쓰며 흘린 땀과/ 그가 마침내 무참히 흘린 피를 굽어보사/ 그의 영혼이 당신 안에 길이 살게 하소서' 구상이 대령에서 대통령 시절까지 인간 박정희와 교우하면서 남긴 7편의 시 중에서 마지막 편이었다.

12년 전이었다. 외국에서 폐병 수술을 받고 귀국한 구상은 1967년 7월 1일, 중앙청 광장에서 친구 박정희의 제6대 대통령 취임 경축시를 낭독하였다. '당신의 영광에는 우리의 다짐이 있다/ 썩고 곪은 것은 제 살이라도 도려내고/ 눈 뒤집힌 편싸움과 패가름을 막아서/ 꿀벌과 같은 질서와 화목을 이룰/ 우리와 당신의 굳은 다짐이 있다' 이날, 야당은 서울운동장에서 6·8 총선 부정 진상 보고대회를 열었다. 야당이 불참한 대통령 취임식[11]에서 경축시를 낭독했다. 그런 그가 1970년부터 3년간의 미국생활에서 돌아와서 만난 박정희는 유신체제의 심장이 되어 있었다. 몇 년 전과는 너무 달라져 있었다고 한다. 구상은 또 시를 썼다. '그는 샤먼이 되어 있었다/ 그 장하던 의기(義氣)가 돈키호테의 광기(狂氣)로 변하고/ 그 질박(質朴)하던 성정(性情)이 방자(放恣)로 바뀌어 있었다'고 하였다.[12]

10  『1980년대 글동네의 그리운 풍경들』, 정규웅, 176쪽, 책이 있는 마을, 2018년
11  『박정희 10권 10월의 결단』, 조갑제, 161쪽, 조갑제닷컴, 2006년
12  『내 무덤에 침을 뱉어라 1』, 초인의 노래, 조갑제, 310~314쪽, 조선일보사, 1998년

구상은 친구를 걱정하는데 노산은 안보를 걱정하였다. 박정희 대통령은 유신체제에 대한 거센 국민의 저항에 직면했는데 베트남의 공산화를 계기로 반유신운동에 대한 탄압을 강화하였다. 1975년 4월 29일 국가안보와 시국에 관한 대통령 특별담화를 발표하면서 베트남 패망의 원인이 학생들의 반정부시위 등 국론분열이었음을 강조하였다. 담화는 TV와 라디오를 통해 전국에 생중계되었다. 이어서 1975년 5월 8일, 종로구 인의동의 재향군인회 향군회관에서 광복회, 반공연맹, 경제계, 언론계, 학계, 종교계, 사회단체 등 38개 단체가 모여서 총력안보국민협의회[13]를 만들었는데 '앞으로 어떤 국론 분열적 언동도 민족의 이름으로 그 책임을 묻고, 주시할 것이며 배타적 안보관이나 자조적인 패배주의를 몰아내기 위해 적극 노력할 것'을 다짐했다. 창립총회에서는 이맹기 회장이 의장으로 선출되었다. 노산은 1977년 6월~1982년 9월 총력안보중앙협의회 고문을 역임했다고 한다.[14] 이틀 후인 5월 10일, 전국에 11개 시도협의회가 발족하였는데 노산은 총력안보서울시협의회 회장을 맡았다.[15] 같은 날 서울 여의도 5·16광장에서는 150만 명이 모여 총력안보서울시민궐기대회를 했다. 대한뉴스 제1031호[16]를 보면 참가자들의 혈서 작성과 김일성 허수아비 화형식을

---

13 총력안보중앙협의회로 이름을 바꾸었다가 박정희 대통령 사후인 1981년 12월 23일, 국무총리 훈령에 의해 중앙협의회와 11개 시도협의회를 한국반공연맹으로 이관한 뒤 11개 시도협의회를 해체하고 중앙협의회만 존속해오다 1997년 해체하였다.

14 『가고파, 내 고향 남쪽 바다』(경남시조시인협회, 2017년) 303쪽. 다른 자료에는 1976년 총력안보국민협의회 의장 혹은 1977년 전국 중앙회 의장 직무대행을 맡았다는 기록도 있다.

15 더는 기념하지 않는 게 이은상 위하는 길, 윤성효, 오마이뉴스 부산경남 2016년 5월 29일

16 1975년 5월 17일 제작. 긴급조치 9호도 같이 보도하였다.

하였다. 3일 후인 5월 13일, 대통령 긴급조치 9호를 선포했다. 당장에 전쟁이 날 것처럼 긴박한 분위기가 조성되면서 전국적으로 종교계, 지역단체, 각급 학교가 참여하는 대대적인 총력안보 국민궐기대회가 열렸다.

### 똑같이 충무공을 존경하는 박정희와 이은상

박정희는 충무공에 대해 특별한 존경심을 갖고 있었다. 5·16군사쿠데타 이후 1962년부터 18년 동안의 집권 기간 중 충무공 탄신기념제전에 열네 번이나 참석할 정도로 숭배하였다. 이순신의 난중일기를 거의 외우다시피 하였다. 1966년부터 시작된 현충사의 성역화는 1974년에 이르러 42만여 평이 되었고, 약 30억 원이 투입된 대역사였다.[17] 심지어 박정희 대통령은 충무공으로 상징되는 호국정신을 북한의 주체사상을 압도하는 하나의 이데올로기로까지 생각했다는 평가가 있을 정도였다. 이은상의 호를 지어준 이광수도 1931년 소설 『이순신』을 썼다. 이들에게 이순신은 어떤 모습이었을까? 오직 나라 사랑, '민족반역자도, 독재자도 욕하지 않는다. 일본제국이든 대한제국이든 국가라면 무조건받들 뿐이었다.'[18] 성웅에게는 나는 없고, 국가만 있을 뿐이라고 생각하였다. 결국 박정희 대통령은 이 충무공에 대해 남다른 존경심을 갖고 있던 노산을 찾게 되었고 두 사람은 자연스럽게 친밀해졌다.[19] 노산은 평

17  『한국현대사 산책』 1권, 강준만, 272쪽, 인물과 사상사, 2002년
18  『실록 박정희』, 중앙일보 특별취재팀, 303쪽, 중앙M&B, 1998년
19  『노산 이은상 선생』, 김봉천, 104쪽, 창신고등학교, 2002년

소에도 '박정희 대통령은 세종대왕과 이순신 장군을 합해놓은 인물'[20] 이라고 말하였다.

또 한 사람은 이선근 박사[21]이다. 그는 이승만 대통령 정부에서 1954년 문교부 장관을 했고, 박정희 대통령의 국사 가정교사라는 평가를 받기도 했다. 이선근 박사는 박정희 대통령의 역사관 정립에 결정적인 영향력을 미친 정신적 스승이었다. 육영수 여사와 내외간에 국사 강의를 듣기도 했다. 감명을 받은 박정희 대통령은 1975년 5월 21일~1976년 5월 18일 1년 넘게 일주일에 두 번씩 국무회의가 끝난 시간에 이선근 박사를 초치하여 우리나라 역사에 대한 강의를 하게

---

20  박정희는 세종과 이순신을 합한 정도의 위인, 정재욱, 13쪽, 《감사해요, 박정희》 통권 49호, 박정희 대통령 기념재단, 2016년

21  1905~1983년. 노산보다 두 살 적다. 1919년 3.1운동에 참가했다가 심한 고문을 당했고 신간회 동경지부 간부를 역임했다. 1925년 노산이 다녔던 와세다대학을 다닐 때 이은상, 양주동, 이선근은 한 집 한 방에서 하숙을 했다.(『가고파, 내 고향 남쪽 바다』, 김교한 외, 61쪽, 경남시조시인협회, 도서출판 경남, 2017) 1929년 조선일보사에 입사하여 1년 반만에 최연소 정치부장, 이듬해 약관 25세로 편집국장 대리, 1934년 한성도서주식회사 상임 취체역. 이 출판사에서 노산은 『조선사화집』(1931년), 『노산시조집』(1932년) 등을 출간하였다. 1937년 만주로 가서 만주제국협화회 전국연합협의회 빈강성 협의원을 수차례 역임하였다. 협화회는 관동군의 지도로 1932년 발족해 만주국 정부의 정신적 모체 역할을 한 전 인종적 조직체로 최고의결기관인 전국연합협의회는 국회에, 협의원은 국회의원에 해당된다.(『친일파는 살아 있다』, 정운현, 210쪽, 책으로 보는 세상, 2011년), 관동군의 군량미 보급기지 역할을 한 만몽산업주식회사 상무 취체역, 안가농장개척사무소 소장을 하였음. 항일세력을 토벌하던 관동군을 지원한 조선인 주축의 대표적인 친일 조직인 동남지구특별공작후원회(고문 최남선) 상무위원(『나는 황국신민이로소이다』, 정운현, 133쪽, 개마고원, 1999년). 해방 후 서울대에서 화랑도 연구로 박사학위를 받았고 『한국독립운동사』를 저술, 국사편찬위원회 초대 위원장을 했다. 이선근의 1968년 총무처 독립유공자 상훈심의회 심사위원 위촉이 적절치 않다는 지적이 있었다.(『친일파』 2권, 김삼웅, 43, 155쪽, 학민사, 1992년) 1972년 국민훈장 무궁화장, 1974년 5.16민족상 학예 부문 수상. 노산은 1973년에 5·16민족상 학술 부문 수상을 했다. 국립묘지 독립유공자 제1묘역에 안장되어 있다.(『부끄러운 문화답사』, 다큐인포, 328쪽, 북이즈, 2004년),

하였으며 이선근 박사가 영남대 총장(1969~1974년)이나 동국대 총장
(1974년)에 부임한 것도 박정희 대통령의 특별한 당부로 이루어졌다. 이
러한 일로 박정희 대통령과 교류가 깊었고, 특히 문화재위원장을 18년
간 하면서 정신문화연구원의 필요성을 강조하였는데 1978년 한국정
신문화연구원(지금의 한국학중앙연구원)이 개원하면서 초대 원장으로
1980년까지 재직하였다.[22] 1970년 초에 전라도에 막심한 한해가 들어
박정희 대통령이 고창으로 한해 지역을 시찰하면서 고창 읍성을 둘러
보았다. 동행자는 문화재위원장인 이선근과 문화재보호협회 이사인 노
산 이은상이었다. 이때 문화재 안내를 고창문화원이 맡아서 안내하였
다.[23]

　　2017년 11월 박정희 대통령 탄생 100주년 기념사업추진위원회
는 서울 광화문광장에 박정희 동상을 건립하겠다는 계획을 발표하였
고, 이를 위한 범국민 모금운동도 제안했다. 실제로 경기도의 한 주물
제작소에 광화문광장에 세울 4m 높이의 박정희 동상이 제작 의뢰됐다
는 보도가 있기도 했다. 그러나 서울시가 곧바로 불허 방침을 밝혔다.[24]
2013년 11월 14일, 박정희 탄신제에 참석한 남유진 구미시장은 박정
희 대통령이 반인반신(半人半神)이라고 발언해 주목을 받았다. 그는
2017년 초, 지자체 단체장 중에서 처음으로 박근혜 탄핵 반대 집회에
참여하였고, 우정국 앞에서 박정희 탄생 100주년 기념 우표 발행 촉구

---

22　『한국학중앙연구원 30년사』, 62쪽, 한국학중앙연구원, 2009년
23　『한국문화원연합회 50년사』, 이종인, 김종, 한춘섭, 83쪽, 한국문화원연합회, 2013년
24　촛불이 없었다면, 37쪽,《시사IN》2017년 11월 4일 통권 529호

1인 시위를 했다.[25] 그러나 기념 우표는 발행되지 않았다.

## 자유민주주의를 위한 민주공화당 창당선언문 초안 작성

군사쿠데타로 3·15와 4·19를 짓밟고 박정희가 집권하자 노산은 공화당 창당선언문[26] 초안을 써주었다. 그런데 창당한 지 한 달 만에 박정희는 주체세력 간의 암투로 인해 공화당 해체를 결심하였다. 4월 8일 언론에 해체 발표를 하기 위해 당의장 김정렬은 창당선언문 초안을 써준 노산을 찾아가서 해체 성명서를 써 달라고 부탁하였다고 한다.[27] 이 해체는 우여곡절 끝에 발표시간 직전에 취소되었다. 그 후 노산은 계속해서 박정희의 문화행정 자문역으로 박정희 정권의 문화, 교육정책에서 중요한 역할을 하였다.[28]

1963년에 쓴 민주공화당 창당선언문[29]에서는 '일인 일당을 위한 국헌의 농락과 역사상 유례가 없는 부정선거의 연속으로 항구적 집권을 꿈꾸던 독재정권과 이념의 빈곤 및 부패로 걷잡을 수 없는 무질서와 혼란을 초래하여 조국을 누란의 위기로 쓸어 넣고 말았던 무능정권은 한국의 민주화와 근대화의 지상과제를 저버리고 조국의 역사 위에 커다란 상처를 입히고도 오히려 뉘우침이 없었음을 우리는 눈여겨 보아왔다. …… 정치 상황 속에서 4·19와 5·16 혁명이 일어난 것은 너무나도 당연한 귀결이 아닐 수 없다.'고 5·16 쿠데타의 정당성을 주장

---

25  《시사IN》 2017년 9월 2일, 39쪽

26  『노산 이은상 선생』, 김봉천, 103쪽, 창신고등학교, 2002년

27  『박정희 6권 대통령 선거』, 조갑제, 179쪽, 조갑제 닷컴, 2006년

28  문화권력 이은상, 김재현, 506쪽, 『이은상·조두남 논쟁』, 도서출판 불휘, 2006년

29  『한국전쟁과 기독교』, 윤정란, 254쪽, 한울아카데미, 2016년

# 고 박대통령 영전에

이은상 작사
김동진 작곡

하였다. 불과 3년 전에 이승만과 이기붕의 당선을 위해 이순신 같은 분이라고 지지 유세를 했는데 갑자기 독재정권, 무능정권으로 매도하고 있다. 보통 사람이라면 대단히 낯 뜨거운 일이다. 뿐만 아니라 4·19와 5·16을 모두 '백척간두에 선 조국의 운명을 바로잡고 민족중흥의 대업을 이룩하려는 민족적 양심의 발로'이므로 '우리는 4·19와 5·16 혁명의 이념을 계승하고 이 나라에 진정한 자유민주주의의 꽃을 피게' 하기 위해 민주공화당 창당을 선언한다고 하였다. 대단히 설득력 있는 논리적인 전개이며 절실히 필요한 당면과제를 제시한 것 같다. 그런데 실제로는 전혀 다른 4·19와 5·16을 똑같게 보고 있을 뿐만 아니라 5·16을 혁명이라고 한다.

불과 9년 후에 자신들이 「항구적 집권을 꿈꾸었던 독재정권」이라고 비난했던 자유당과 같은 독재정권이 되기 위해 유신헌법을 제정한 역사적 사실을 생각하면 5·16은 혁명이 아니고 쿠데타이다. 그러나 선언문에는 혁명이라고 표현하였다. 노산은 초안을 썼기 때문에 선언문과 똑같지는 않을 것이다. 그러나 내용의 기본 흐름은 평소 노산의 생각이 담겨 있으며 뛰어난 문장에서도 노산을 느낄 수 있다.

노산보다 두 살이 많은 함석헌(1901~1989년)은 5·16군사쿠데타 직후, 군인들의 총칼이 번득이고 있을 때에 5·16을 4·19와 비교하며 가짜 혁명이라고 외쳤다.《사상계》1961년 7월호(통권 96호)에 「5·16을 어떻게 볼까」라는 글에서 '그때(4·19)는 맨주먹으로 일어났다. 이번엔 칼을 뽑았다. 그때는 믿은 것이 정의의 법칙, 너와 나 사이에 다 같이 있는 양심의 도리였지만, 이번에 믿은 것은 연알(총알)과 화약이었다. 그때는 대낮에 내놓고 행진했지만, 이번엔 밤중에 몰래 했다.', '국민이 겁

이 나게 하여 가지고는 …… 다스리기는 쉬울지 몰라도 혁명은 못한다',
'5·16은 꽃 한번 핀 것이다. …… 꽃은 떨어져야 열매 맺는다. 5·16은
빨리 그 사명을 다하고 잊어져야 한다'고 했다. 즉 5·16쿠데타는 혁명
이 아니며, 군인은 혁명을 하지 못한다고 명확히 밝히면서 민정 이양을
주장했던 것이다.[30]

### 노산이 선택한 언론, 교육, 문화 국민운동

평소 '생각하는 백성이라야 산다'고 한 함석헌과는 달리 노산의 애
국은 강력한 지도자가 분단된 조국에 반드시 필요하다는 생각이었다.
노산은 그냥 앉아서 기다릴 수가 없었다. 노산은 4·19혁명에 대해서도
실망하고, 5·16쿠데타에 대해서도 실망하였다. 혁명과 쿠데타의 차이
보다 정치지도자에 대한 기대와 실망이 컸다. 1964년 4월 1일에 쓴 「대
인난(待人難)」에는 그의 안타까운 나라 사랑이 담겨 있다. "왜정 36년
동안 헐벗고 매 맞고 하면서도 다만 '그'[31]라고 부르는 「자유와 민주의
시대」가 오기만을 기다렸었다. 마침내 오기는 왔다. 그러나 정작 오고
보니 모습은 비슷한 채 바로 그는 아니었다. 그러기에 우리는 또 기다렸
다. 6·25가 왔다. 4·19가 왔다. 5·16이 왔다. 그랬으나 번번이 그때마

---

30  『저항인 함석헌 평전』, 김삼웅, 388쪽, 현암사, 2013년
31  '待人(기다림)'에 대해서는 고려 말엽 최사립이 송도 천수문에서 친구를 기다리며 쓴 시
    를 노산은 애송하였다고 한다. '천수문 앞에 버들개지 날리는데/ 술 한 병 차고 와 님 기
    다리네/ 해는 지고 눈이 뚫어지라 바라보건만/ 가까이들 오고 보면 또 아니고 또 아니
    고'(『노산문학선』, 이은상, 327쪽, 탐구당, 1964년) '그'에 대해서는 중용에 '그 사람이 있
    으면 그 정치가 왕성해지고, 그 사람이 없으면 그 정치가 무너지고 만다'(새 대통령에게
    바란다, 이은상, 71쪽, 《정경문화》 1980년 9월)

다 기다리던 그는 아니었다. 모두가 얼토당토않은 딴 손님들이었다. 때는 저무는데 우리는 오늘도 아직 그를 못 만난 것이 이리도 안타깝다. 그러나 우리는 그를 한시바삐 만나야 한다. 그러기에 다만 우두커니 서서 언제까지고 그가 오기만을 기다리고 있을 수는 없다. 그가 미처 안 온다면 우리가 가야겠다. 우리가 가야 한다"[32]라고 할 정도로 간절하였다. 비록 4·19에 대해서도, 5·16에 대해서도 실망은 했지만 그렇다고 해서 가만히 있어서는 안되겠다는 생각을 하고 적극 나선 것이다.

노산이 선택한 방법은 언론, 교육, 문화와 국민운동이었다. 노산은 안중근 의사 숭모회장, 동학혁명기념사업회 이사, 독립운동사편찬위원장, 단재 신채호 선생 기념사업회장, 백범 선생 탄신 100주년 축전 집행위원장, 독립동지회 고문, 범독립운동자대회 고문 등을 역임하였다.[33] 노산과 비교되는 인물이 윤치영[34]이다. 친일파인 윤치영은 이승만 기념

---

32  待人難, 이은상, 328쪽, 『노산문학선』, 탐구당, 1964년

33  『노산 이은상 선생』, 김봉천, 126~128쪽, 창신고등학교, 2002년. 이 책에는 노산이 1962년 3월부터 안중근 의사 숭모회 회장을 하였다고 하나 숭모회 홈페이지 연력에는 1963년 12월 4일 사단법인 설립을 하였다고 되어 있다.

34  1898~1996년. 미국 유학 초기에 이승만의 비서실장으로 독립운동을 하였다. 귀국하여 1940년 12월 20일, 친일잡지 《동양지광》이 주최한 미·영 타도 대좌담회에 연사로 참석하여 팔굉일우와 황민의 사명을 외쳤으며(독립유공자 다시 선정해야 한다, 정운현, 208쪽, 『바로 잡아야 할 우리 역사 37장면』, 역사비평사, 1993년) 매일신보 논설에서 대동아공영권 건설을 주장하는 등 친일을 하였다. 1948년 반민법이 제정되어 활동하던 당시 초대 내무부 장관으로 반민특위 해체의 지휘책임자였다. 백범 암살자 안두희에게 군사재판부가 사형을 구형하자 무기가 선고되도록 고문 경찰의 원흉인 노덕술과 함께 감형을 요청하기도 했다.(『친일파』 2권, 김삼웅, 67, 69쪽, 학민사, 1992년) 1948년 7월 조병옥이 이끄는 미군정 직속의 경무부와 장택상의 수도경찰청이 대립하고 있을 때 고문치사 혐의로 노덕술(당시 수도경찰청 관방장)이 경무부 수사국에 구속되었는데 윤치영은 이승만의 측근이자 내무부 장관으로서 노덕술의 구명에 앞장섰다.(『대한민국史』 1권, 한홍구, 115쪽, 한겨레출판, 2006년) 1949년 이승만 계열의 대한국민당 당수를 역임하였다.

사업회장, 독립유공자 유족 중앙회장, 이준 열사 기념사업회 총재를 했으며 1963년에는 안중근 의사 숭모회를 만들어 초대·3대 회장을 하였다. 이은상은 2대 회장을 역임하였다. 청우회는 노산이 2~10대를, 윤치영이 11~13대 회장을 역임했다. 이 당시 역사적 인물에 대한 각종 기념사업, 숭모 사업에 참여하는 친일파에 대하여 독립운동 정신과 배치된다는 논란이 있었다.[35] 여러 기념사업회 활동과 친일 논란에서 윤치영과 노산은 비슷한 부분이 많다. 그러나 이승만 정부에서 초대 내무부장관, 국회의원을 역임한 윤치영과는 달리 노산은 한 번도 벼슬을 하지 않았다. 윤치영은 5·16군사쿠데타를 지지하고, 박정희의 민정 참여를 강력히 주장하였다. 1963년 김종필과 함께 민주공화당을 만들면서 창당 발기위원으로 참여하였고, 이어서 중앙상임위원, 당의장 등을 하고, 1965년 서울특별시장, 국회의원, 1970년 민주공화당 총재 상임고문 등을 하였다.

「대인난」을 쓴 지 4년 후, 1968년 5월 17일, 창신학교 개교 60주년 기념강연회에서 노산은 '역사가 어느 방향으로 가느냐는 것, 그 역사를 잘못 이끌어 놓을 것 같으면 커다란 문제가 생겨날 것입니다.'라고 방향을 강조했다. 이미 박정희 정권의 방향은 '10월 유신'으로 가고 있었다. 이 강연회에서 노산은 '(나라 사랑은) 국민과 같이 가야 합니다. 모든 지도자들이 앞에 갑니다. 영양부족증에 걸린 국민 대중이 뒤에 처져갑니다. 그 거리가 멀어갑니다. 거리가 멀수록 독주합니다. 독주한다는 것이

---

35  『부끄러운 문화답사』, 다큐인포, 9쪽, 북이즈, 2004년

곧 독재자로 전락하는 요인이 됩니다.'[36]라고 말했다. 노산이 본 국민은 나라를 이끌어가는 건강한 주인이 아니고 영양부족증에 걸려 있었다. 뒤에 처져있는 국민을 이끌어야 할 지도자들은 멀리 앞서가고 있다.

---

36    『노산 이은상 선생』, 김봉천, 187, 190쪽, 창신고등학교, 2002년

## 15. 전두환의 대통령 당선을 축하한 노산

**쿠데타로 권력을 장악한 전두환의 대통령 당선을 경하하였다**

알고 보니 노산은 이승만과 박정희에 이어서 전두환 정권에 대해서도 마찬가지였다. 12·12 군사쿠데타로 권력을 장악한 전두환은 1980년 8월 27일 서울 장충체육관에서 열린 통일주체국민회의 제7차 회의에 단독후보로 나섰다. 유신헌법에 의해 대의원이 대통령을 뽑는 방식으로 진행되었다. 전체 대의원 2,540명 중에서 참석 대의원 2,525명으로 99.4% 출석에 투표율 100%이고, 그중에서 찬성 2,524표, 무효 1표로 총투표수 대비 99.99%의 찬성으로 11대 대통령에 당선되었다. 이런 찬성률에 대해 기적이라고 이야기하는 사람도 있고, 하나마나한 선거였다는 사람도 있다. 9월 1일 대통령에 취임한 전두환은 곧바로 헌법 개정에 착수했다.

《정경문화》1980년 9월호는 「한국의 새 지도자, 전두환 대통령」이라는 특집을 꾸몄다. 77세의 노산은 「새 대통령에게 바란다」라는 제목과 '새 시대, 새 역사의 지도자상'이라는 부제로 글을 썼다. 직책은 민족문화협회 회장이었다. 먼저 '11대 전두환 대통령의 당선을 경하하며 아울러 국민의 한 사람으로서 새 대통령에게 바라는 국민의 간절한 뜻을 이 자리를 빌어 드리고자 한다'고 밝혔다. 글의 곳곳에는 한국적 민주사회, 한국적 특수성이라는 표현이 등장한다. 이러한 생각은 결국 전두환과 정치군인들의 등장을 정당화시키는 논리였다. '10·26사태 이후 두어 차례나 위급한 고비를 극복할 수 있었던 것은 얼마나 다행한 일인지 모른다. 그러나 아직도 우리 앞에는 안팎으로 닥쳐오는 난관이 겹겹이 가로놓여 있기 때문에, 모든 여론들이 한결같이 큰 힘을 발휘할 수 있는 강력한 지도자를 원하고 있다"는 식으로 강력한 지도자의 등장을 모두 원하고 있다는 착각을 하고 있다. 그리고 10·26사태 이후에 있었던 두어 차례의 고비는 12·12와 5·18을 지칭하는 것 같은데 하극상과 유혈진압을 '극복'이라는 어울리지 않는 용어를 사용하면서 '다행'이라고까지 표현하는 걸로 봐서 철저히 진압군의 입장에 서 있는 걸 알 수 있다. 5·18의 가해자이며 12·12 반란의 주범이라는 생각은 전혀 하지 않은 채 대통령 100% 당선을 경하한 것이다. 물론 노산은 당선자에게 국제적 통찰력의 소유자, 강력한 지도자는 국민의 동반자다, 인재를 사랑하고 널리 물어야 한다, 법치와 덕치의 겸행, 국민의 스승으로서의 지도자가 되라는 등의 7가지를 부탁하였다. 지도자라면 누구에게나 적용될 수 있는 평범한 내용이다. 결론 부분에서는 국민에게도 부탁을 했다. 새 역사 창조를 위해서 같은 배를 탄 국민들은 욕하고 비웃지 말고 부정적인 사고방식을 버려야 한다는 점을 강조하였다. 제목 옆에는 자필 서

---

1    새 대통령에게 바란다, 이은상, 70, 74, 81쪽,《정경문화》1980년 9월호

명을 남겨 놓았는데 편집자의 의도인 것 같다. 『노산 이은상 선생』을 쓴 김봉천은 '숱한 고난을 겪어온 삶의 선배로서 그리고 얼마 남지 않은 (자신의) 삶을 바라보며 충정 어린 마음으로 권고하고 있는 내용'이라고 하였다.[2] 이 글에는 그런 측면도 분명히 있다.

그러나 「가고파」를 지은 노산이 강력한 지도자라고 당선을 경하한 전두환이 일으킨 12·12가 무엇인가. 1997년 4월 17일 대법원은 '12·12는 군사 반란으로 5·17 비상계엄확대와 5·18 광주유혈진압은 국헌문란 목적으로 진행한 내란'[3]으로 규정했다. 대법원 판결에 의해 전두환은 군사 반란과 내란수괴죄로 처벌받았다.

### 이선근, 조병화, 서정주, 김춘수, 이병주, 천금성

물론 이 당시에 노산만 전두환에게 덕담을 한 것은 아니다. 5·18 광주의 상처가 채 아물지 않은 시점이었다. 이승만 정부에서 문교부 장관을 지낸 이선근은 대통령선거 1주일 전인 《서울신문》 1980년 8월 20일자에 '전두환 장군을 다음 대통령으로 선출해야 된다는 데 국민의 여망이 모여지고 있다는 사실은 우리 국민의 의식수준이 높음을 단적으로 나타낸 것'이라는 낯 뜨거운 말을 하였다.[4] 시인 조병화는 1980년 8월 28일 《경향신문》에, 9월 7일 《일요신문》에 전두환의 대통령 취임 축시를 게재하였다. 중앙일보 문학기자 정규웅은 80년의 제5공화국의

---

2   『노산 이은상 선생』, 김봉천, 106쪽, 창신고등학교, 2002년
3   바람직하지 않은 사면, 정희상, 56쪽, 《시사IN》2017년 4월 29일, 제502호
4   『나는 황국신민이로소이다』, 정운현, 134쪽, 개마고원, 1999년

출범 때 일부 문인들이 '전두환 찬양시' 집필에 '동원'되었다고 한다.[5]

시인 서정주는 일관되게 이승만 대통령의 전기[6]도 쓰고, 박정희 대통령의 찬시도 쓰고, 대통령에 출마한 전두환 찬조 TV 연설도 하였다.[7] 1980년 광주민주화운동을 북한 공산당의 행위로 규탄하기도 했고, 라디오와 TV에 출연해서 전두환을 찬양하였다. 그리고 그 대가로 5공 국가보위비상대책위원회 위원이 되었다.[8] 심지어 1987년에는 전두환 대통령의 4·13 호헌조치에 대해 '구국의 결단'이라는 지지 성명을 내었으나 터무니없는 결단이었다. 결국 4·13 호헌조치는 국민들의 반대에 부닥쳐 대통령 직선제 개헌으로 노태우가 항복 선언을 하였다. 서정주는 「전두환 대통령 각하 제56회 탄신일에 드리는 송시」라는 시를 써서 '단군 이래 최고의 미소'를 가졌다고 전두환을 찬양하였다.[9] 자기보다 나이 어린 사람에게 하기에는 낯 뜨거운 일이다. 그의 나이 72세였다. 마치 노산이 1956년, 이승만 대통령 제80회 탄신일에 「송가」라는 제목의 헌수송을 써서 찬양한 것과 똑같은 내용이다.

'한강을 넓고 깊고 또 맑게 만드신 이여/ 이 나라 역사의 흐름도 그렇게만 하신 이여/ 이 겨레의 영원한 찬양을 두고두고 받으소서/ …… /

---

5    『글 속 풍경, 풍경 속 사람들』, 정규웅, 177쪽, 이가서, 2010년

6    '이승만 박사 기념사업회 회장을 맡았던 윤보선의 권유에 이승만 박사의 전기를 집필해 달라는 부탁을 즐거이 수락하여 이승만의 거처에 무시로 드나들면서 대담도 하고 자료를 모으면서'라고 시인 이선관은 시 「발견 여덟」에서 적고 있다.(『이선관 시전집』, 707쪽, 불휘미디어, 2015년)

7    문중 13회 카페, cafe.daum.net/mj13j, 우리들의 이야기, 5291 권력과 문인(2016년 12월 1일)

8    『진실과 거짓, 인물 한국사』, 하성환, 143쪽, 도서출판 살림터, 2017년

9    택시운전사와 미당 서정주, 김륭, 경남도민일보 2017년 8월 29일

1986년 가을 남북을 두루 살리기 위한/ 평화의 댐 건설을 발의하시어서는/ 통일을 염원하는 남북 육천만 동포의 지지를 얻으셨나니/ …… / 이 겨레의 모든 선현들의 찬양과/ 시간과 공간의 영원한 찬양과/ 하늘의 찬양이 두루 님께로 오시나이다."[10]

대여 김춘수(1922~2004년)는 1981년 제5공화국 출범 때 제11대 전국구 국회의원이 되었다. 정규웅 기자는 경북지역 학계에서 인물을 찾던 안동 출신의 민정당 사무총장 권정달의 추천이었다고 한다. 권력의 점잖은 요구에 못 이겨 승낙한 것인지, 거절하기가 부담스러웠는지는 알 수 없다. 생전에 그는 이러한 자신의 이력에 대한 이야기가 오갈 때마다 몹시 곤혹스러워 하면서 100% 피동적인 사건이었다고 말하였다. 그런데 국회의원 재임 중인 1983년 그가 재직했던 경북대학교에서 명예 문학박사 학위를 받고, 예술원 회원으로 이름을 올렸으며 임기가 끝난 다음에는 위인설관의 문예진흥원 고문, 방송심의위원회 위원장, 한국방송공사 이사를 지냈고 은관문화훈장까지 받았다.[11] 순전히 타의로 전두환 정권에 참여했다고 보기에는 지나치게 화려한 직책들이다. 많은 사람들의 존경을 받아온 80여 세의 원로(?)들이 앞서거니 뒤서거니 강력한 지도자, 국민의 여망이라는 터무니없는 발언을 하였던 것이다. 원로는 원로다워야 할 책임이 있다. 자신을 존경하고 자신의 작품을 사랑하는 사람들에 대한 최소한의 예의이기 때문이다. 『지리산』의 작가 나림 이병주는 노골적으로 전두환 대통령을 예찬하였다. 1991년에 쓴

10  『진실과 거짓, 인물 한국사』, 하성환, 142쪽, 도서출판 살림터, 2017년
11  『글 속 풍경, 풍경 속 사람들』, 정규웅, 196쪽, 이가서, 2010년

월간 정경문화 1980년 9월호 목차

『대통령들의 초상-우리의 역사를 위한 변명』이 대표적이다. 연설문 작
성까지 맡아서 했다. 1988년 11월, 전두환 대통령이 백담사에 갈 때 발
표했던 성명서 역시 이병주가 썼다고 신문에 보도되었다.[12] 천금성은
전두환의 전기인『황강에서 북악까지』를 썼다.

---

12   『통 큰 사람들』, 남재희, 54쪽, 리더스 하우스, 2014년

1980년 10월 22일 국민투표에서 91.6%의 찬성으로 통과된 개정 헌법은 신군부의 장기집권을 보장하는 한편 그들의 입맛대로 정당 체제를 재편할 수 있는 길을 열어 주었다.[13] 하극상으로 권력을 쥔 전두환 대통령은 1981년 2월 25일 전국에서 4명의 후보자를 대상으로 선거인단에 의해 실시된 간접선거에서 투표율 100%, 유효투표 총수의 90.2%를 얻어 6개월 만에 다시 제12대 대통령으로 당선되었으며 자신의 권력을 정당화하기 위해 두 달 후인 4월 23일, 전임 대통령, 전직 삼부요인과 각계원로 25명을 자문위원으로 위촉하여 국정자문회의를 발족시켰다. 전두환 대통령은 치사에서 '정의로운 민주복지국가 건설을 위해 국민 참여의 깃발이 높이 게양되었다. 국정자문회의[14]는 이러한 국민 총참여와 화합을 촉진하는 표상'[15]이라고 했다.

국정자문회의는 법에 따라 최규하 전 대통령이 의장이 되고, 위원들이 장방형 테이블 앞에 앉아서 매달 각 부처의 행정 현황을 보고받고, 또 앞으로의 방침에 대하여 의견을 개진하는 대통령 직속 헌법기관이었다. 위원의 대부분은 전 총리, 국회의장, 대장급 군인 그리고 사회 각

---

13  『전두환과 80년대 민주화운동』, 정해구, 88쪽, 역사비평사, 2011년

14  박정희 정부 때인 1963년 12월 17일 제정된 정치자문회의설치법에 의해 처음으로 도입되었다가 1980년 12월 17일. 폐지되었다. 전두환 정부는 이름을 국정자문회의로 바꾸어 1980년 10월 27일. 제5공화국의 제8차 개정 헌법 제66조에 규정하였으며 1980년 12월 18일 제정된 국정자문회의법은 1988년 2월 25일까지 계속되었다. 그 후 국가원로자문회의로 명칭을 바꾸어 1987년 제6공화국 헌법 제90조에 규정되어 존속되었으나 1988년 2월에 제정된 국가원로자문회의법은 위헌성이 문제 되어 제정 1년 만인 1989년 3월에 폐지되었다.

15  대한뉴스 제1329호

분야의 원로급 인사들이었다. 허정 전 내각 수반, 민복기 전 대법원장, 윤치영 전 공화당 당의장, 박순천 전 민중당 대표, 유진오 전 신민당 당수, 홍종인[16] 박물관협회장, 이영복 천도교 교령, 강원룡 목사, 노산 이은상, 유달영[17], 백낙준, 이병도[18], 이재형[19], 신현확[20] 등도 포함되었다. 위촉장은 전두환 대통령이 직접 전달하였다.[21] 이때 노산은 지병인 방광암으로 고생하고 있었다. 1980년, 치료하기 위해 미국을 다녀오기도 했고, 1981년 한방치료를 위해 대만을 다녀오기도 했다. 1981년 12월에 경희대 의료원에서 방광을 들어내는 대수술을 했다. 위촉받은 지 불과 1년 5개월 만에 돌아가셨다.

한춘섭은 『한국 時調詩 논총』에서 '80년대 들어서 지니게 된 국정

---

16  조선총독부 기관지 《매일신보》의 사회부장과 전쟁협력단체인 국민총력조선연맹 이사를 지냈다. 1968년 총무처 독립유공자 상훈심의회 심사위원으로 위촉된 것이 적절치 않다는 지적이 있었다.(『친일파는 살아 있다』, 정운현, 211쪽, 책으로 보는 세상, 2011년)

17  김교신과 유달영의 사제관계는 남달랐다고 한다. 격월간지 《성서조선》 제158호의 권두문 조와(弔蛙, 개구리의 죽음을 애도함)가 발단이 되어 함석헌, 송두용, 유달영 등은 서대문형무소에서 1년 동안 같이 있었고, 나중에는 사돈이 되기까지 했다. 덴마크식 농촌을 만들자는 꿈을 갖게 된 것도 김교신의 영향이라고 한다.(영혼의 눈으로 만난 위대한 스승, 김교신 선생, 김정환, 169, 176쪽, 『스승』, 도서출판 논형, 2008년)

18  서울대 명예교수. 1925~1927년 총독부 수사관보. 이후 촉탁으로 조선사편수회에 참여하여 식민사관을 뿌리내리는 데 일조했다. 1956년 김창룡의 묘비명을 썼고, 4대 대통령 윤보선과 사돈이다. 3.1문화상 심사위원, 1962년 문교부 독립유공자 공적조사위원, 1968년 총무처 독립유공자 상훈심의회 심사위원 위촉이 적절치 않다는 지적이 있었다.(『친일파는 살아 있다』, 정운현, 209쪽, 책으로 보는 세상, 2011년)

19  1938년 이후 금융조합 이사를 역임한 금융관리. 당시 금융조합 설립은 총독의 허가사항이고 이사는 총독이 임명하였다.(『친일파』 2권, 김삼웅, 66쪽, 학민사, 1992년) 이승만 정부에서 상공부장관, 신민당 부총재를 하다가 전두환 정부에서 전국구(1번) 국회의원, 국회의장, 민정당 상임고문을 역임했다.

20  『신현확의 증언』, 신철식, 351쪽, 메디치미디어, 2017년

21  나의 인생 노트, 유달영, 문화일보, 1997년 10월 9일

자문위원, 범독립운동자대회 고문 등의 직함은 노산의 직접적인 활동에 해당되지 않는 명예직 중에서도 타의에 의한 것이었다.'[22]고 하였다. 독재 부역에 적극적이던 노산은 생전에도 명예직으로 대우를 받았고, 사후에도 대접을 받았다. '그는 사후에 금관문화훈장[23] 1등급을 추서 받았고, 국정자문위원의 명예와 수다(數多)한 각 단체의 고문, 회장이라는 직함으로 사회장(社會葬) 예우를 받아 국립묘지 국가유공자 제1묘역에 잠들고 있다'[24] 다방면에서의 업적과 권력자에 대한 협조가 그만큼 지대했던 것이다.

　　1982년 9월 18일 향년 79세로 노산이 돌아가셨을 때 백낙준[25]은 이은상 선생 사회장 장례위원장을 맡았다.[26] 장례위원회 고문 김상협, 박순천, 윤보선, 이희승, 최규하 등 27명, 지도위원 곽종원, 안호상, 이병도, 정인승, 함석헌 등 101명, 장례위원장 백낙준, 집행위원장 송지영, 총무, 의전 등의 75명, 장례위원 2,549명 등 장례에 관계한 인사만 해도 총 2,652명임을 김복근은 밝히고 있다.[27] 박정희 대통령의 유신체제

22　『한국 시조시 논총』, 한춘섭, 389쪽, 을지출판공사, 1990년
23　마산의 조각가 문신도 1995년 사망 후에 대한민국 금관문화훈장이 추서되었다.
24　『한국 시조시 논총』, 한춘섭, 419쪽, 을지출판공사, 1990년
25　1930년대 이은상과 백낙준은 함께 금강산에 갔었다.(『노산 이은상 선생』, 김봉천, 50쪽, 창신고등학교, 2002년), 1931년 6월 4~6일에 중앙엡윗청년회 주최와 동아일보사 학예부 후원으로 여자 상식강좌가 중앙예배당에서 열렸는데 이윤재, 이은상, 백낙준이 강연을 하였다. 1934년 이극로, 이윤재가 주도하여 조선어학회가 표준어를 정하기 위해 사정 작업을 하였는데 백낙준은 사정위원으로 참여했다.(『우리말 보급의 거목, 이윤재』, 박용규, 81, 103쪽, 역사공간, 2013년)
26　『노산 이은상 선생』, 김봉천, 81쪽, 창신고등학교, 2002년
27　노산문학의 본질적 가치와 사적 의의, 김복근, 5쪽,『제50회 마산예술제 문학의 밤, 특강』, 2012년 10월 20일

를 반대한 경력이 있는 백낙준[28] 국정자문위원도 사회장으로 장례를 치르고 국립묘지 국가유공자 제1묘역에 안치되었다. 국립묘지는 국가원수묘역, 애국지사묘역, 국가유공자묘역, 장군묘역, 장병묘역, 경찰묘역 등 6가지로 나누어져 있다. 그 중에서 국가유공자묘역 제1묘역에는 버마 외교 순국 사절, 이은상, 장택상, 정일형, 이선근, 백낙준, 백두진 등이 안치되어 있다. 월간《말》지의 신준영 기자는 국립묘지가 진정 민족의 얼이 서린 곳이 되기 위해서는 최소한 10여 명은 묻혀서는 안된다면서 이승만, 박정희, 이갑성, 이은상, 백낙준, 이선근 등을 열거하였다.[29]

노산의 묘비문은 송지영[30]이 썼다. '한평생 밟으신 길 마음의 길/

---

28  예일대학에서 박사학위를 받고 귀국하여 기독교 황민화에 앞장섰다. 1942년 4월 29일 쇼와의 생일 천장절에 맞춰 창간한《기독교신문》의 편집위원으로 친일 논설을 기고하였다.(『부끄러운 문화답사』, 다큐인포, 327쪽, 북이즈, 2004년) 백낙준의 3·1문화상 심사위원, 1968년 총무처 독립유공자 상훈심의회 심사위원 위촉이 적절치 않다는 지적이 있었다.(『친일파는 살아 있다』, 정운현, 210쪽, 책으로 보는 세상, 2011년) 고은은『만인보』에서「백낙준」에 대해 다음과 같이 소개하였다. '4월 혁명 이후/ 양원제 참의원 의장이었다/ 그 어글어글한 얼굴은/ 과연 대인의 풍모/ 한 학원의 대부였고/ 한 국가의 원로였다// 70년대 이래 온건한 재야인사였다가/ 수많은 제자 남기고/ 세상 떠났다// 그런데 부고에서 밝혀진 것은 / 아들들이 다 미국 시민권자/ 일찍이 국제적이었으므로/ 그러나 일찍이 애국적이었으므로/ 그 자신은 끝까지 국내에 있어야 했다/ 묵중하다'(『고은 전집』 제14권, 고은, 371쪽, 김영사, 2002년)

29  동작동 국립묘지에 묻힌 사람들, 신준영, 229쪽,『바로 잡아야 할 우리 역사 37장면』, 역사비평사, 1993년

30  1916~1989년. 언론인, 소설가. 일제 말기에 만선일보에 근무했으며(『친일파는 살아 있다』, 정운현, 275쪽, 책으로 보는 세상, 2011년) 해방 후에 이범석 장군의 글을 대필하기도 했고 5·16쿠데타 후 민족일보 관련으로 사형 언도를 받았다가 국제펜클럽의 탄원으로 무기로 감형되어 1968년 7월, 8년 2개월 만에 출소. 사후에 가족이 재심 신청을 하여 2014년에 무죄 판결. 국제신문 주간, 조선일보 편집국장, 한국문예진흥원장, 국회의원, 한국방송공사 이사장 역임. 노산이 한국문화원연합회 회장으로 재임 중이던 1978년 5월에 문예진흥원 강당에서 전통문화 선양에 관한 심포지엄을 송지영의 사회로 개최하였다. 1982년 1월에 창립 20주년 기념행사와 함께 열린 전국 문화원장 세미나에서 송지영이

나라 사랑 겨레 사랑 오직 한길/ 풀 한 포기 나무 한 그루에도/ 두루 사랑으로 누비신 조국강산/ 학문의 바다 변함없이 물굽이/ 고금을 꿰뚫어 우뚝 솟아 계시니/ 해와 달 더불어 빛을 다툼이라/ 높고 깊고 넓으심 헤아린다라'

---

「새문화 정책과 지방문화 창달」을 주제로 강연하였다.(『한국문화원연합회 50년사』, 이종인, 김종, 한춘섭, 253, 255쪽, 한국문화원연합회, 2013년)

# 16. 1947년 대도론과 1961년 새길론

노산이 노래하지 않은 강과 산이 없을 정도

그의 삶을 단적으로 보여주는 사례를 소개하면 1963년 서울 동대문 근처 안암정사에 살 때 자기 집 마당에 우리나라 지도 모양으로 못을 파서 갈대도 심고, 금붕어를 기르기도 했다.[1] 1963년 8월 5일에 쓴 「벽로기(碧蘆記)」는 연못에 대해 '내 집 마당 구석에 조그마한 못이 있다. …… 이 못은 우리나라 지도형으로 팠고 또 마침 못 가에 앉아 쉴만한 빈 땅이 영남 쪽이라 정든 낙동강이 그리워서도 나는 매양 못 가에 나가 앉아 향수에 잠겨 보는 것이다.'[2]라고 했다.

노산은 '대대로 이 겨레의 피와 눈물과 정과 사랑이 고이고 맺힌 내 조국의 강산[3]'을 다니면서 평생 노래했다. 제주에서 백두산, 압록강까지 그의 발길이 미치지 않은 곳이 없고, 그가 노래하지 않은 강과 산

---

1   碧蘆記, 이은상, 249쪽, 『노산문학선』, 탐구당, 1964년
2   『노산문학선』, 이은상, 249쪽, 탐구당, 1964년
3   榮山江讚, 이은상, 265쪽, 『노산문학선』, 탐구당, 1964년

이 없을 정도이다.[4] 그의 기행시조는 '단순한 고적 순례나 명승 유람이 아니다. 역사를 재발견하고, 민족정신을 고취 시키고자 하는 것이 대부분이다.[5] 1964년에는 그의 시조 「푸른 민족」이 청와대 국가안전보장회의실에 걸리기도 했다.[6] '산 첩첩 물 첩첩/ 아름답다 내 나라여/ 자유와 정의와 사랑 위에/ 오래거라 내 역사여/ 가슴에 손 얹고 비는 말씀/ 이 겨레 잘살게 하옵소서'[7] 그는 '무궁한 대자연 속에 평화의 노래를 부를 지어라'[8]고 노래한 천왕봉 찬가를 썼고, 달 밝은 밤이면 물새 소리조차 구슬픈 낙동강[9], 구한 말의 지사 황매천이 경술년 합병되기 전년에 지나갔던 영산강[10]을 노래했지만 지리산과 한라산에서 낮에는 국군에 의해, 밤에는 빨치산에 의해 처참하게 죽은 민간인학살에 대한 글은 찾아보기 힘들다. 드물게 4·19학생혁명 이후에 거창민간인학살사건과 일본 오키나와 전투에서 죽은 조선인 원혼을 위한 위령탑 비문을 적었을 뿐이다.

노산은 해방 직후 우리 사회가 겪는 혼란을 보면서 새로운 나라 건설에 대해 많은 생각을 하였다. 반민특위가 강제 해산된 지 6개월, 백범이 암살된 지 5개월[11]이 지난 1949년 11월에 쓴 「상국삼도(賞菊三到)」

---

4  이은상 시조 연구, 김복근, 90쪽, 『노산시조론』, 도서출판 경남, 2008년
5  노산의 삶과 문학에 대한 재조명, 김복근, 181쪽, 『노산시조론』, 도서출판 경남, 2008년
6  『노산문학선』, 이은상, 27쪽, 탐구당. 1964년. 제목을 「기원(祈願)」으로 바꾸고 3수를 첨가하여 마지막 시집인 『기원』(1982년)에 실린 대표작이다.(노산의 삶과 문학에 대한 재조명, 김복근, 196쪽, 『노산시조론』, 도서출판 경남, 2008년)
7  『노산문학선』, 이은상, 27쪽, 탐구당. 1964년
8  天王峰讚歌, 이은상, 96쪽, 『노산문학선』, 탐구당, 1964년
9  碧蘆記, 이은상, 249쪽, 『노산문학선』, 탐구당, 1964년
10  榮山江讚, 이은상, 269쪽, 『노산문학선』, 탐구당, 1964년
11  경찰이 국가기관인 반민특위를 습격한 것이 1949년 6월 6일. 20일 후인 6월 26일에 백범

를 보면 '거리마다 저속한 악취에 휩싸인 우리 사회에 하 맑은 국화 향기를 뿌리고 싶다. 얼굴마다에 살기(殺氣)를 띠어 평화를 잃어버린 이 민족 앞에 백국화(白菊花) 깨끗한 빛깔을 보여주고 싶다. 그리고 서푼 어치 권욕(權慾)과 이욕(利慾)에 천금(千金)의 양심을 팔아버리는 이 시대를 위하여 국화의 높은 기백을 전하고 싶다'고 하였다.[12] 자신의 호를 지어준 춘원 이

광수와 와세다대학 유학을 주선해준 육당 최남선을 구속시킨 반민특위 활동과 고하 송진우, 설산 장덕수, 몽양 여운형, 백범 김구 등의 암살을 지켜본 노산은 좌, 우익 모두를 가리키며 '얼굴 마다에 살기'를 띠고 있다고 표현한 것 같다.

　　1955년 8월에 쓴 「소박(素朴)에의 길」은 정치에 대한 실망을 이야기한다. 50년대 '술수의 정치란 것이 반드시 현대에서 시작된 것이 아니지마는 오늘의 정치는 술수를 쓰다 못해 바로 술수, 그것이 되고 말았다'고 안타까워하면서도 자유당 정권의 정치적 탄압과 인권유린에 대해서는 아무런 주장이 없다. 심지어 친일파들의 호의호식에 비교하여

<hr />

암살당함.

12　賞菊三到, 이은상, 284쪽,『노산문학선』, 탐구당, 1964년

독립운동가 가족의 가난한 생활을 안타까워하면서도 정작 친일잔재를 깨끗이 청산하자는 간절한 목소리는 들리지 않는다. 물론 글을 쓰지 않았다는 것만으로 관심이 없었다고 단정할 수는 없다. 노산은 숙종 때 선산에 살았던 향랑(香娘)의 한, 낙동강에 몸을 던진 계집종 박생비(朴生婢)[13] 등 역사에 나타나는 '약자의 아픔'에 연민의 정을 갖기도 했으나 1950년대의 현실에서는 그의 남다른 조국애가 오히려 국가지도자의 역할을 더욱 중요하게 생각하고 있었다. 특히 6·25전쟁이 끝난 시점부터는 더 심하였다.

1958년에 지은 조국에 바치는 노래인 「불사조(不死鳥)」에 의하면 조국을 의인화하면서 '당신은 내 면류관이요/ 내 기도요/ 내 노래입니다/ 그리워 바라보다/ 다시 보매 내 자신입니다/ 이 순간/ 당신과 나는/ 분명 둘 아닌 하나입니다'[14]라고 하였다. 조국과 노산은 둘이 아니고 하나였다. 노산은 그렇게 사랑하는 조국의 번영과 발전을 위하여 헌신적으로 노력하였다. 무려 40여 개 단체장을 맡아서 누구보다 정력적으로 바쁘게 살았다. 그의 극진한 나라 사랑이 어떻게 권력자 찬양으로 나타나게 된 것인지는 「대도론」과 「새길론」에 잘 나타나 있다.

노산은 『대도론』에서 좌우익의 폭력을 염려했다

친일 청산과 남북협상, 단독정부 반대가 중요한 현안이었던 해방 직후에 노산이 쓴 수필집 『대도론(大道論)』에서 민족의 앞날에 대한 그

13  『노산문학선』, 이은상, 161, 208, 319, 325쪽, 탐구당, 1964년
14  불사조, 이은상, 25쪽, 『노산문학선』, 탐구당, 1964년

의 생각을 살펴볼 수 있다. 단독정부가 수립되기 전인 1947년 3월 전남 광주에 있는 호남신문사 부속 인서관(印書館)에서 발간한 책이다. 당시에 노산은 호남신문사 사장이었다. 앞부분에는 '이 적은 책을 민족정신에 순(殉)하신 환산 이윤재 선생 영전에 바치나이다'라고 스승에 대한 애틋한 마음을 표하고 있다. 이 책은 그동안 신문에 실었던 짧은 글을 모아놓은 것이다. 해방 직후의 노산은 김구 계열의 민족주의자였다. 심지어 우리 민족을 얕잡아본 소동파를 지극히 싫어하기도 했다. 또 다른 글에서는 당시에 '북에는 소병(蘇兵), 남에는 미군이 제각기 만전을 친다'[15]고 하며 미·소에 대해서도 중립적이었다. 기미독립선언서에 서명한 33인 중에서 '오늘은 그 이름을 삭말(削抹)[16]하여 버리고, 더러워진 몸을 구학(溝壑)[17]에 던져 우리와 세계를 달리해야 할 사람도 있음을 발견할 때 나는 다시금 분함을 참지 못하여 몇 번이나 탄식을 거듭하였다'고 한다. 독립운동가의 변절을 안타까워한다. 해방 직후의 정당, 정치, 사회단체들의 수많은 성명서, 강령 등에 대해서도 노산은 강대국에 대한 의존을 지적하면서 민족적 지조가 중요함을 강조하였다.

당시의 이념적 갈등에 대해서는 '좌경 사상인은 우경 인물에 대하여 모조리 죽일 놈으로 악인 규정을 내리고, 우경 사상인은 좌경 인물이라면 덮어놓고 악인으로 단정하는 슬픈 현상을 보이고 있다'고 걱정하고 있다. 그의 민족주체성은 시조에 대해서도 마찬가지였다. '해방 이후 진보적 사상을 가졌다는 이 중에서도 시라면 의례히 한시를 말하고

---

15  『대도론』, 이은상, 4, 14쪽, 호남신문사, 1947년
16  기록이나 문헌 따위의 내용이나 문구를 지우거나 없앰.
17  땅이 움푹하게 패인 곳.

한시를 짓고, 제 민족의 국문학적 전통은 돌아볼 줄 모르며 의연히 사대적 태도를 가지는 그것'을 가소롭다고 하였다.[18]

### 친일과 항일을 구별하지 말자는 노산의 『새길론』

그런데 『대도론』을 쓴 지 15년이 지나고 6·25전쟁이라는 동족상잔의 민족적 아픔을 겪으면서 달라진 노산은 오랜 동료로부터 배신이라고 비난받았다. 친일파와 함께하는 이승만 정권의 실체 그리고 친일파 박정희 정권의 등장이라는 현실을 적극적으로 받아들였던 것이다. 노산이 생각한 민족정기와 대동단결은 과거의 친일과 항일의 구별을 뛰어넘는 것이었다. 말하자면 더 이상 친일, 항일에 얽매지 말자는 것이었다. 5·16쿠데타가 일어난 직후 1961년 10월에 쓴 「새길론」에 의하면 새 길은 이것저것을 구분하지 않고 '남과 함께 가는 길이요, 남을 도와주는 길이요, 서로가 흥하는 길이요, 모두가 같이 사는 길'이다. 이 길을 가는 데에 어려움이나 고난이 있다 하더라도 '우리는 목숨을 걸고라도 이 길을 향하여 돌진해가야 합니다'[19]라고 하였다.

4·19혁명과 5·16쿠데타가 있고 난 후인 1964년 4월 11일에 쓴 「사상의 보호색」에서는 친일과 항일이 지나간 일이라고 생각하고 있다. '이제 나는 잠깐 지나간 왜정 때를 돌이켜본다. 망명도 하고 혹은 옥살이도 하던 이들이 있었던 반면에 저들에게 붙어서 말로, 글로, 행동으로 앞잡이가 되었던 이들이 있었던 것을 생각하면 새삼스레나마 괘씸한

18  『대도론』, 이은상, 23, 88쪽, 호남신문사, 1947년
19  새길론, 이은상, 534쪽, 『노산문학선』, 탐구당, 1964년

생각이 가슴을 치민다. 그러나 해방이 와서 이것저것 다 없어지고 모두가 새 시대의 은혜를 입게 된 것만큼은 그들을 위해서 다행한 일이요 또 그런데다 어느새 20년 세월이 가버리고 나니 오늘 와선 누가 누군지 거의 분간조차 못 하게 되고 말았다'[20]라고 말하였다.

이것저것 다 없어졌다는 표현과 20년 세월이 지나니 누가 누군지 분간할 수 없다는 것은 친일과 항일 전력을 구분한다는 게 특별한 의미가 없다는 뜻인 것 같다. 심지어 해방이 되어 친일파들이 새 시대의 은혜를 입은 것은 그들을 위해서 다행이라는 표현은 친일 청산을 하지 못하고 반민특위가 해체된 것이 그들에게는 다행이라는 뜻으로 이해된다. 이 부분에서 그의 민족정기는 모호해진다. 이승만은 권력 유지가 시급하여 친일파를 적극 옹호하였다. 1949년 이승만 대통령은 민족정기를 세우기는커녕 담화를 통하여 초기부터 반민특위를 견제하기 시작하였다. 요지는 반민특위가 삼권분립의 원칙에 위반되며 안보 상황이 위급한 때 경찰을 동요시켜서는 안 된다는 것이었다. 이에 대하여 대법원장(반민특위 특별재판부장) 김병로는 반민특위 활동이 불법이 아니라는 담화를 발표하고 정부의 협조를 촉구하였다. 그러나 이승만 대통령은 계속 비협조로 일관하더니 2월 24일 반민법을 유명무실하게 만드는 반민법 개정안을 제2회 39차 국회 본회의에 상정하였다. 결과는 부결되었으며, 특위의 활동은 계속되었으나 오래 가지 못했다. 우여곡절을 거치다가 결국 반민특위는 해체되고, 친일파가 득세하는 나라가 되었다. 민족정기를 세우는 것이 불가능해진 시점에 노산은 대도와 새길을 함

---

20    사상의 보호색, 이은상, 329쪽, 『노산문학선』, 탐구당, 1964년

께 가기 위해서는 친일, 항일을 구분하지 말자고 하였다.

이런 현실적인 논리는 이승만, 조병옥의 생각도 같았다. 미 군정청 경무부장으로서 정치인의 친일 비리에 관한 정보를 갖고 있던 조병옥은 '친일(pro Jap)은 먹고 살다 보니 저지런 일(pro Job)'이라고 하였다. 조병옥은 여운형과 안재홍이 조선 총독 고이소 구니아키(小磯國昭)에게 불려가 대동아전쟁에 협력하겠다고 맹서한 전력을 공격하였고, 김규식의 아들이 상해에서 일본군의 스파이로 8년 동안 활약한 사실을 들추면서 고의로 영달을 위해 민족운동을 방해하였거나 민족운동자를 살해한 자가 아니면 감싸야 한다고 주장하였다.[21] 이승만 역시 친일파 처단을 주장하는 김구와 달랐다. "민족 반역자나 친일파는 일소해야 하지만 지금은 우선 우리의 힘을 뭉쳐놓고 볼 일이다. 우리의 강토를 찾아낸 다음에 우리의 손으로 재판하여야 하며 지금은 누가 친일파이고, 누가 반역자인지 모른다"고 하였다. 친일 논쟁에서 주한 미육군 사령관 하지 장군은 이승만 편을 들었다.[22]

초대 교육부 장관이었던 안호상의 일민주의 역시 말로는 좋은 것 같지만 실상은 친일파를 포용하면서 정치적 세력을 확대하기 위한 수단에 불과하였다.[23] 노산은 1968년 5월 17일, 창신학교 개교 60주년 기념강연회에서도 '청아한 소리가 영원히 울리는 종을 만드는 데는 금도 들고, 은도 들고, 무쇠 조각도 들어간다'[24]는 통합론을 주장하였다.

21    『인물로 보는 해방정국의 풍경』, 신복룡, 146쪽, 지식산업사, 2018년
22    『인물로 보는 해방정국의 풍경』, 신복룡, 147쪽, 지식산업사, 2018년
23    『한국 근현대 사회철학의 모색』, 김재현, 393쪽, 경남대학교출판부, 2015년
24    『노산 이은상 선생』, 김봉천, 193쪽, 창신고등학교, 2002년

노산은 사랑하는 조국이 발전하기 위한 새 길에서는 이것, 저것을 구분하지 않고 다 함께 가야 한다고 생각했다. 그래서 이승만 대통령의 생일을 축하하는 마음으로 4·19 학생혁명기념탑의 비문을 쓰면서도 3·15와 4·19 희생자에 대해 아무런 책임감을 느끼지 않았고, 경북 영덕의 친일파 문명기의 묘비문을 쓴 손으로 3·1운동 기념탑 비문을 쓰면서도 아무런 양심의 가책을 느끼지 않았다. 새길을 가기 위해 서로 다른 세력이 연합하듯이 그의 이율배반적인 행동 역시 별다른 심리적 갈등 없이 공존할 수 있었다.

### 나라를 구한 이순신 장군에게서 배웠다는 『새길론』

해방 후 새 나라 건설을 위해 한평생 앞장선 노산의 삶을 이해할 수 있는 핵심이 『노산문학선』 제일 마지막에 실려 있는 「새길론」이다. 이 새길론은 젊었을 때부터 존경해온 이순신 장군에게서 배운 것이었다고 한다. 노산은 충무공에 대해 공부하기 시작한 지 40여 년이 지나서 유신정권에 대한 국민적 저항이 드세게 일어난 1975년 4월에 『충무공의 생애와 사상』을 삼성문화문고로 출간했다. 이 당시에 박정희 대통령은 민주회복국민회의의 개헌투쟁에 자극을 받아 2월 12일 국민투표를 실시하였고, 이틀 전에는 비상계엄령을 선포하였다. 자유언론실천운동을 벌이던 조선일보, 동아일보 기자 150여 명이 쫓겨났다. 드디어 4월 30일 남베트남 패망을 빌미로 안보를 강조하면서 5월 13일 헌법에 대한 일체의 논의를 금지한 긴급조치 9호가 공표된 시기였다.

노산은 『충무공의 생애와 사상』에서 충무공의 정신을 다섯 가지로 요약하였다. 제힘으로 사는 정신(자주, 자립), 정의를 목표 삼는 정신(정과 부정, 의와 불의), 국토를 사랑하는 정신(애국, 우국, 구국), 국민과 같이 가는 정신(백성 사랑, 부하 사랑), 새길을 뚫고 가는 정신(창조) 등이다. 앞의 네 가지 정신들이 종합적으로 결실을 맺기 위해서는 새길을 뚫는 창조정신을 실천해야 한다고 강조하였다. 새길을 뚫고 가는 힘과 의욕을 유산으로 우리에게 남기신 충무공이 이 시대 민족의 스승이라고 하면서 '아무리 악조건밖에 없는 현실일망정 그 현실 속에서 새길을 뚫어야 한다. 없는 데서 있는 것을 만드는 것이 새길이요, 막힌 것을 열어 놓는 것이 새길이요, 죽음에서 삶을 찾을 수 있게 하는 것이 새길'이라고 하였다. 1961년에 쓴 「새길론」과 1975년에 쓴 충무공에게서 배워야 하는 다섯 가지 정신이 일맥상통하고 있음을 확인할 수 있다. 노산은 충무공이 평생을 통하여 역사상에서 가장 크고 높은 거룩한 영웅[25]이라고 하였다.

그는 해방 이후 우리의 시대적 상황을 '난국'이라고 진단하고, 충무공의 애국, 우국, 구국적 삶을 이어받기 위해 노력하였다. 그런데 위기에 처한 나라를 구하기 위해 노심초사하며 헌신하신 이순신의 나라 사랑이 노산에 이르러서는 '고착된 비극성'[26]으로 나타났다. 시조시인 김복근은 노산이 쓴 수많은 민족시는 대부분 조국의 비극적 운명을 읊은 비가[27]라고 했다. 이러한 비가적 성격은 이미 비극적 상황 공간으로 고정되어 있음으로써 예정된 것이기도 하다. 항상 조국은 절박한 위기에 처해져 있었으며, 그 조국을 노산은 진심으로 걱정하고 사랑하였다. 그의 나라 사랑은 비가일 수밖에 없었다. 그래서 끓는 피와 뜨거운 눈물

---

25 『충무공의 생애와 사상』, 이은상, 238, 270쪽, 삼성문화재단, 1975년
26 『시조문학의 공간과 구조』, 오승희, 114쪽, 시조와 비평사, 1993년
27 이은상 시조연구, 김복근, 140쪽, 『노산시조론』, 도서출판 경남, 2008년

로 조국에 대하여 수많은 시조를 썼으며, 새 시대 건설과정에 친일과 항일을 구분하지 않는 삶을 살았던 것이다. 강력한 지도자였던 박정희 대통령 역시 같은 생각을 갖고 있었다. 그는 자신의 삶은 물론 국민의 삶까지 늘 전쟁으로 여겼다. 유신 초기인 1974년 7월 16일 공개적으로 "우리가 직면하고 있는 오늘의 상황은 준전시 상태가 아니라 전쟁을 하고 있는 상태라고 해야 할 것이다.'라는 발언까지 했다.[28]

### 민주주의를 이야기하면서, 현실에서는 독재자를 옹호하는 이중성

노산은 「새길론」에서 통일을 향하여 '우리가 가야 할 새길은 남과 더불어, 많은 사람과 더불어 공존공용하고, 동행동락하는 민주주의 길입니다'[29]라고 민주주의를 제시하였다. 이 글을 읽으면 누구나 노산을 민주주의자라고 생각한다. 그러나 「새길론」은 5·16쿠데타가 일어난 1961년 10월에 쓴 글이지만 군사정부의 반민주성에 대해서는 아무런 언급이 없다. 노산은 자유와 평화를 이룩하기 위한 싸움을 잠시라도 소홀히 해서는 안 된다고 부르짖으면서 강렬하고 중후하고 의연한 자세로 새길을 가야 한다고 하였다. 바로 5·16군사정권이 자유와 평화를 위해 싸우고 있다는 뜻이다. 「새길론」의 공존공용과 동행동락은 좌우와 남북 그리고 여와 야를 모두 인정하는 것이 아니고, 5·16군사정권을 중심으로 하는 주류에 모든 국민들이 따라가는 것을 말한다. 즉 쿠데타 세력에게 순응하자는 것을 마치 민주주의인 것처럼 말한 것일 뿐이다. 민

---

28  한양지사건, 허황된 문인간첩단 사건의 누명, 임헌영, 296쪽, 『분단시대의 피고들』, 한승헌 선생 화갑기념문집간행위원회, 범우사, 1994년
29  새길론, 이은상, 529, 534쪽, 『노산문학선』, 탐구당, 1964년

주주의를 위한다는 말로 군사 독재를 옹호하였다. 70년대 초에 박정희 대통령이 유신을 한국적 민주주의라고 한 것과 똑같다. 유신은 민주주의가 아니라 독재이기 때문에 이런 말장난은 모두 국민을 속이는 거짓말이다. 「새길론」에서 노산이 말하는 평화를 위해 싸움도 해야 된다는 논리는 민주주의를 위해서라면 비민주적인 방법도 의연한 자세로 불사하겠다는 것과 같은 뜻이다. 상호 모순의 이중성이다. 「가고파」의 시인이라면 당연히 평화뿐만 아니라 평화로 가는 길도 평화로워야 한다고 생각할 것 같다. 그런데 실제 새길에서 만난 모습은 다르다.

시조 「산언덕을 넘으며」에서 '현실의 먼지 바람이/ 이리떼처럼 덮쳐온대도/ 나는 오히려 바위보다도/ 더 오만한 자세로/ 오뉴월/ 황소걸음처럼/ 뚜벅뚜벅 걸어본다'고 하였다. 다양한 통일 논의가 중요하다는 생각이 아니고 자신의 소신을 흔들리지 않고 뚜벅뚜벅 일방통행식으로 걸어가겠다는 각오이다. 이런 소신을 갖고 있었기 때문에 현실에서 일어나는 일은 먼지 바람에 불과하였으며 그러한 사람들은 이리떼라고 비난하였던 것이다. 글에서는 민주주의를 이야기하면서도 현실에서는 분단이라는 이유로 독재자를 옹호하는 이중성을 갖고 있었다. 하나는 거짓이고, 또 하나는 현실이었다. 이런 이중성은 자신이 간절히 원하는 통일의 길을 방해하는 이리떼도 있고, 먼지 바람도 있다는 현실 인식에 근거하고 있다. 그래서 이리떼를 물리치는 중후한 지도자가 더욱 필요했다. 노산의 사고체계에서 대통령이 강력한 지도자라야 하는 이유가 여기에 있다.

강릉대 김용섭 교수에 의하면 '노산은 「조국아」로 절규되는 시조들을 통해 그의 조국애, 민족애는 일방적, 일변도로 절대성을 지닌 신앙'이 되었기 때문에 항상 고난을 딛고 일어서는 희망을 보았고, 조국과 민족의 영원성을 믿었으며, 맹목적으로 앞을 보고 나아가려고 했다. 그리고 죽기 전까지, 17년 동안 우익 청년단체 활동을 하면서 '식어가는 (조국)사랑의 피를 끓'이기 위해 노력하였다. 노산은 고난을 딛고 일어서기 위해서는 강력한 지도자가 필요하다고 생각했으며 그 지도력의 반민주성은 불가피하다고 보았다. 그래서 이승만 대통령의 80회 생일을 축하하고, 박정희 대통령을 추모하는 헌시를 쓰고, 전두환 대통령 당선을 경하하면서 진정 어린 충언[30]을 하였던 것이다.

---

30  이은상 선생 폄훼 철판비는 없어져야 한다, 오하룡, 143쪽,《창원의 숨결》2015년 제3호, 창원문화원